I0876486

Kohlhammer

Münchener philosophische Studien

Fortsetzung der „Pullacher Philosophischen Forschungen“
begründet von Walter Brugger S. J. und Johannes B. Lotz S. J.

In Verbindung mit den Professoren der Hochschule für Philosophie, München
(Philosophische Fakultät S. J.)

Herausgegeben von
Bruno Niederbacher S. J., Georg Sans S. J. und Josef Schmidt S. J.

Neue Folge
Band 36

Sebastian Gäb (Hrsg.)

Religion und Pluralität

Verlag W. Kohlhammer

1. Auflage 2020

Gesamtherstellung: W. Kohlhammer GmbH, Stuttgart

Print:
ISBN 978-3-17- 037703-5

E-Book-Format:
pdf: ISBN 978-3-17- 037704-2

Vorwort

Der vorliegende Band fing an als Sammlung der Vorträge im Rahmen einer im Sommersemester 2017 an der Universität Trier veranstalteten Vorlesungsreihe zum Thema Religion und Pluralität, entwickelte sich aber rasch darüber hinaus. Einige der damaligen Vorträge sind nicht mehr vertreten, einige andere kamen hinzu, die in ähnlicher Form auf dem Kongress der Europäischen Gesellschaft für Religionsphilosophie in Prag zum Thema „Religionsphilosophie in einer pluralen Welt" im August 2018 gehalten wurden, wieder andere wurden speziell für diesen Band verfasst. Ihnen allen ist gemeinsam, dass sie auf unterschiedliche Weise und aus ganz verschiedenen Richtungen Wege suchen, mit dem Problem der Pluralität der Religionen umzugehen und neue Denkansätze in die laufende Debatte einzubringen. Das zentrale Thema dieses Buches – Pluralität – spiegelt sich auch in der Auswahl der Autorinnen und Autoren wider, die aus unterschiedlichen Nationen mit unterschiedlichen akademischen Traditionen und aus ebenso unterschiedlichen philosophischen Strömungen und Schulen stammen.

Ich danke allen Beitragenden für Ihre Bereitschaft, an diesem Band mitzuwirken. Ebenso danke ich Professor Peter Welsen, der die Trierer Vorlesungsreihe im Jahr 2017 ermöglicht hat. Besonderer Dank gilt auch meinen beiden Mitarbeiterinnen Lisa Erlmann, die an der Übersetzung der Texte von Victoria Harrison und Katherine Dormandy mitgewirkt und die Mühen des Korrekturlesens auf sich genommen hat, und Amina Saleh, der die Formatierung und Erstellung der Satzvorlage zu verdanken sind. Schließlich danke ich auch den Herausgebern der *Münchener philosophischen Studien* für die Aufnahme in ihre Reihe und den Mitarbeiterinnen und Mitarbeitern des Kohlhammer Verlags für die freundliche und gelungene Zusammenarbeit.

München, im März 2020

Inhalt

Religion und Pluralität.
Eine Einführung

Sebastian Gäb

Dass es in der Welt viele verschiedene Religionen gibt, ist eine nicht zu bestreitende Tatsache. Neben großen Weltreligionen wie dem Christentum, dem Islam oder dem Buddhismus existieren kleinere, manchmal regional begrenzte, manchmal über die ganze Welt verstreute Religionsgemeinschaften wie das Judentum, die Sikhs oder der Jainismus. Darüber hinaus gibt es die sogenannten indigenen Religionen Afrikas, Asiens, Amerikas und Australiens. Und blickt man zurück in die Vergangenheit, finden sich zahllose Religionen und Kulte, die heute ausgestorben oder auf einen Bruchteil ihrer ehemaligen Größe zusammengeschrumpft sind, wie die Religionen des antiken Griechenland und Ägypten, der Manichäismus oder der Zoroastrismus.

Was Religionen eigentlich sind, ist dabei alles andere als klar. Es erweist sich notorisch als schwierig, zu erklären, was genau mit „Religion" gemeint sein soll: Zu groß und vielfältig sind die Unterschiede, als dass sich ein einziges universales Merkmal finden ließe, zu fließend die Übergänge zu anderen Bereichen von Kultur und Gesellschaft, um die Sphäre des Religiösen klar von allem anderen abzugrenzen. Der Begriff der Religion entzieht sich beharrlich allen Versuchen einer einfachen Definition, sodass uns nichts anderes übrig bleibt, als ihn offen zu lassen.[1] Das heißt: Religionen weisen zwar eine gewisse Familienähnlichkeit auf, was aber nicht bedeutet, dass es deshalb ein eindeutiges Merkmal geben müsste, das allen Religionen gemeinsam ist. Religionen sind multidimensionale Phänomene. Sie sind charakterisiert durch eine Vielzahl verschiedener Aspekte in unterschiedlich starker Ausprägung, die sich im menschlichen Handeln und Denken manifestieren: Religionen sind Weltanschauungen (sie vertreten eine bestimmte Lehre oder Dogmatik hinsichtlich der Frage, was die Welt ist, woher sie stammt, was die Rolle des Menschen darin ist etc.); sie haben eine rituelle Dimension (sie kennen bestimmte Arten formellen Handelns, denen eine besondere Bedeutsamkeit zukommt); sie haben soziale Organisationsformen (sie bilden Gemeinden, Gesellschaften oder Institutionen, innerhalb derer sie dem einzelnen verschiedene Rollen zuweisen); sie verfügen über eine Mythologie oder ein Korpus von Erzählungen, eine Ethik oder einen Handlungskodex; sie verwenden eine eigene Symbolik oder Bildlichkeit und ermöglichen bestimmte Erfahrungen der Transzendenz oder

---

[1] Zur Definition des Religionsbegriffs siehe Löffler 2006: 9–16, Stolz 1997: 11–34 und Hock 2006: 10–19.

der Heiligkeit. Diese Liste ist sicher nicht vollständig und keines dieser Merkmale ist essentiell – das Gewicht, das ihnen in den jeweiligen Religionen zukommt, schwankt erheblich. Die rituelle Dimension ist z. B. im Katholizismus viel stärker ausgeprägt als im Protestantismus und während der Islam eine komplexe dogmatische Dimension hat, fehlt diese in der griechischen Religion fast komplett. Dennoch erlauben uns Kriterien wie diese, mit einiger Sicherheit Phänomene als Religionen zu erkennen, selbst wenn es hin und wieder Zweifelsfälle geben wird (Ist der Konfuzianismus eine Religion? Der Sozialismus?).

Diese Offenheit und Vagheit des Religionsbegriffs zu akzeptieren, macht es uns leichter, eine hartnäckige Illusion zu überwinden: dass es nämlich eine bestimmte Menge von historisch abgrenzbaren Religionen mit klar definierten Dogmen und Moralvorschriften gibt, denen wir dann Namen geben können wie „das Christentum" oder „der Hinduismus". In Wirklichkeit sind dies bestenfalls heuristische Fiktionen, mit denen wir die Vielfalt und Komplexität real existierender religiöser Phänomene reduzieren, um sie verständlich und vergleichbar zu machen.[2] Statt einer monolithischen Einheit verbirgt sich hinter jedem dieser Begriffe eine Vielfalt von unterschiedlichen Strömungen und Individuen, die sich in den theoretischen oder praktischen Dimensionen der jeweiligen Religion uneins sind. Die Idee, es könnte definitiv gesagt werden, was diese oder jene Religion ihrem Wesen nach ist, ist naiv. Man vergleiche nur einmal den deutschen Katholizismus des Jahres 2020 mit dem brasilianischen (oder dem deutschen Katholizismus des Jahres 1820). Religiöse Pluralität existiert also nicht bloß zwischen diversen Religionen (interreligiöse Pluralität), sondern auch in den Religionen selbst (intrareligiöse Pluralität). Wir sollten der Versuchung widerstehen, die eine oder andere Form der Pluralität (oder beide) zu ignorieren und in einer fiktiven Einheit aufgehen zu lassen. Pluralität ist unvermeidlich.

Es existiert also eine Vielfalt von Religionen, so viel ist klar. Aber warum sollte diese Pluralität ein Problem sein? Es gibt doch auch viele Sprachen, aber diese Pluralität ist vor allem ein Problem für Übersetzer, nicht für Philosophinnen. Doch Sprachen sind nur Werkzeuge, und die Frage, welche Sprache die *richtige* ist, macht keinen Sinn, solange sie ihren Zweck als Mittel der Kommunikation erfüllt. Anders bei Religionen: Jede Religion vertritt, sei es implizit oder explizit, eine bestimmte Theorie der Wirklichkeit und der Dinge, die es in ihr gibt. Ob es einen Gott gibt oder mehrere (oder keinen), welche Eigenschaften diese Götter haben, ob die Geschichte ein Ende hat oder nicht, ob Menschen nach ihrem Tod weiterexistieren können und wenn ja, auf welche Weise – all dies sind Fragen, auf die in den unterschiedlichen Religionen unterschiedliche Antworten gegeben werden (explizit in den Dogmen und Lehren

2 Was nicht bedeutet, dass Religionen nicht real sind. Selbstverständlich gibt es das Christentum, nur nicht in der Form, die unsere gewöhnliche Ausdrucksweise nahelegt.

oder implizit in der Praxis). In diesen Antworten manifestieren sich die Vorstellungen der jeweiligen Religion von der Wirklichkeit. Indem sie Fragen wie diese beantwortet, erhebt eine Religion einen bestimmten Wahrheitsanspruch, der erfüllt sein kann – oder nicht. Religionen können, anders als Sprachen, wahr oder falsch sein.[3] Das Christentum z. B. sieht es als wahr an, dass Jesus für unsere Sünden gestorben ist; der Islam, dass es keinen Gott außer Gott gibt und dass Mohammed sein Prophet ist; der Buddhismus, dass alle Dinge leidvoll, unbeständig und ohne Selbst sind. Nun ist es aber so, dass – zumindest auf den ersten Blick – diese Behauptungen einander widersprechen[4] und daher nicht gemeinsam wahr sein können. Religionen erheben *konkurrierende* Wahrheitsansprüche, so dass die Pluralität der Religionen auch eine Pluralität miteinander inkompatibler Weltdeutungen ist. Darin liegt der Kern des Problems: Pluralität impliziert einen Konflikt der Wahrheitsansprüche.

Alle weiteren Fragen im Kontext religiöser Pluralität entstehen aus diesem Problem der konkurrierenden Wahrheitsansprüche oder lassen sich zumindest nicht davon trennen. Denn was wahr ist und was falsch, bleibt nicht ohne Konsequenzen für das reale Leben. Nicht wenige Religionen sehen das Dasein im Allgemeinen und den Menschen im Speziellen als defizitär und in irgendeiner Form als erlösungsbedürftig an. Der richtige Weg zur Erlösung hängt natürlich davon ab, wie wir die Welt verstehen und was das Defizit ist, das behoben werden soll – ist es Leiden, Sünde, Getrenntsein vom Einen? Religionen diagnostizieren eine Krankheit und empfehlen eine Therapie. Wie in der Medizin, so gilt auch in der Religion: Es kommt auf die Tatsachen an. Eine Therapie kann nur wirksam sein, wenn die Krankheit korrekt diagnostiziert wird. Welche Religion eine wahre Vorstellung von der Realität hat, ist also unmittelbar für uns relevant, denn sollen wir eine Chance auf Erlösung haben, dann nur, wenn wir die Wirklichkeit richtig erkennen. Und dann ist es auch vernünftig, ein Interesse zu haben an der Antwort auf die Frage, ob irgendeine Religion die wahre ist.

Intellektuelle Bescheidenheit und eine realistische Einschätzung unserer eigenen kognitiven Beschränkungen sollten uns allerdings schnell zur Einsicht führen, dass wir *de facto* nicht wissen, ob irgendeine Religion wirklich wahr ist und falls ja, welche. Wir befinden uns in einer unbequemen Lage: Einerseits werden konkurrierende Wahrheitsansprüche vorgetragen, aber andererseits ist nicht entscheidbar, welcher dieser Wahrheitsansprüche berechtigt ist. Aus dieser Ungewissheit entstehen für uns zwei mehr oder weniger praktische Probleme. Zum einen: Wie sollen wir mit unseren *eigenen* religiösen Überzeugungen

---

[3] Genaugenommen ist nicht die Religion selbst wahr oder falsch (Religionen sind im wörtlichen Sinne nicht die Art von Ding, die wahr oder falsch sein kann, weil Religionen keinen propositionalen Gehalt haben). Vielmehr ist diese Redeweise so zu verstehen, dass eine Religion wahr ist (im abgeleiteten Sinne), wenn die Behauptungen, die in ihr über die Wirklichkeit aufgestellt werden, wahr sind.

[4] Bzw. zumeist widersprechen sich nicht die Aussagen selbst, sondern sie implizieren andere, einander widersprechende Aussagen.

umgehen angesichts der Tatsache, dass andere, die nicht weniger gebildet und vernünftig sind als wir, auf der Basis der gleichen Fakten zu unterschiedlichen Ergebnissen kommen? Christen, Muslime oder Buddhisten verfügen über kein Geheimwissen; alle Fakten der Realität liegen ihnen gleichermaßen vor Augen. Es gibt auch keinen Grund anzunehmen, dass uns die Zugehörigkeit zu einer bestimmten Religion einen epistemischen Vorteil gegenüber anderen verschaffen könnte – andere sind nicht weniger vernünftig als wir. Aber wieso konvergieren dann nicht alle Religionen der Welt auf ein gemeinsames Ziel, wie es auch z. B. die Naturwissenschaften tun? Wäre es dann vernünftig, an den eigenen Überzeugungen festzuhalten oder sie zu verwerfen? Zum anderen: Wie sollen wir uns den religiösen Überzeugungen der *anderen* gegenüber verhalten? Wer glaubt, im Besitz der Wahrheit und des einzig richtigen Weges zur Erlösung zu sein, wird sich nicht selten moralisch geradezu verpflichtet sehen, dieses Wissen mit anderen zu teilen. Sind aber zwei oder mehr unterschiedlicher Meinung darüber, worin die Wahrheit besteht, wie sollen sie dann einander begegnen? Ist das einzig Richtige der Versuch, die anderen umzustimmen? Oder gebietet es der Respekt, sie in ihrem (vermeintlichen) Irrtum zu belassen?

Systematischer ausgedrückt: Alle Probleme, die sich aus der faktischen Pluralität der Religionen ergeben, können auf drei distinkte, aber wechselseitig sich beeinflussende Probleme reduziert werden: (1) Das metaphysische Problem – was ist die Natur der religiösen Wirklichkeit bzw. welche vermeintlichen religiösen Entitäten und Ereignisse sind auch *real*? (2) Das epistemische Problem – was ist eine *rationale* Haltung zu meinen eigenen Überzeugungen im Angesicht inkompatibler Wahrheitsansprüche? (3) Das ethische Problem – wie sollte ich mich denen gegenüber verhalten, die meine Wahrheitsansprüche nicht teilen, und wie sollte eine Gesellschaft mit einer internen Vielfalt inkompatibler Wahrheitsansprüche umgehen? Es liegt auf der Hand, dass die Antworten auf jede dieser Fragen einander wechselseitig beeinflussen: Bin ich davon überzeugt, dass meine eigene Religion die einzig wahre ist und das Heil jedes Menschen davon abhängt, ob er sich dazu bekennt oder nicht, so werde ich wahrscheinlich die Bekehrung der Ungläubigen als meine moralische Verpflichtung ansehen. Und umgekehrt werde ich, wenn ich davon überzeugt bin, dass ein tolerantes Nebeneinander der Religionen die beste Form des Umgangs mit Pluralität ist, dafür plädieren, dass wir im Angesicht der realen Pluralität das Vertrauen auf die Gewissheit eigener Überzeugungen reduzieren sollten. Insofern ist auch diese Dreiteilung eher eine heuristische Fiktion, um die unterschiedlichen Ebenen des Problems zu bestimmen und die grundlegenden Positionen freizulegen, auf denen die jeweiligen Antworten aufgebaut sind. Aber sie ist ein möglicher Weg, die Topographie des Problems und der Debatten zu erschließen, und diesen Weg werde ich im Folgenden gehen.[5]

---

5 Alternative, lesenswerte Überblicksdarstellungen zur Thematik sind: Wainwright 2005, Basinger 2018, Rowe 2007: Kap. 11 und Harrison 2013. Eine ausführliche Behandlung der

1. Relativismus: Sind die Probleme real?

Allen Ansätzen zur Lösung dieser Probleme ist eines gemeinsam: die Annahme, dass das Problem des religiösen Pluralismus ein *reales* Problem ist, d. h. dass die Frage nach der tatsächlichen Wahrheit religiöser Überzeugungen eine Frage ist, die sinnvoll gestellt und auch beantwortet werden kann. Man setzt damit einen religiösen Realismus voraus, was unter anderem bedeutet, dass die Wahrheit religiöser Überzeugungen bivalent und evidenztranszendent sein muss. Jede Überzeugung ist damit prinzipiell wahrheitsfähig und definitiv wahr oder falsch, auch wenn wir ihren Wahrheitswert nicht kennen und vielleicht auch niemals kennen werden.[6] Anders als Geschmacksbekundungen wie z. B. „Spargel ist köstlich“, die nicht wahr oder falsch sein können, sondern nur eine persönliche Präferenz ausdrücken, sind religiöse Überzeugungen faktisch wahr oder falsch, unabhängig vom Subjekt, das sie hat. Mit Blick auf ihre Bedeutung folgt daraus, dass religiöse Überzeugungen grundsätzlich einem externen Verständnis zugänglich und damit auch begründbar sind, denn sie unterliegen denselben universalen Begründungsstandards wie alle anderen Überzeugungen auch. Sicher, einige Konzepte sind nicht auf Anhieb verstehbar, sondern werden es erst, wenn wir uns über längere Zeit in sie hineingearbeitet haben, aber religiöse Sprache ist deshalb trotzdem nicht hermetisch. Sie kann verstanden und kritisiert werden, auch wenn wir nicht Teil der Gemeinschaft sind, die sie spricht. Es gibt nichts, was uns grundsätzlich davon abhalten könnte, die Überzeugungen anderer Religionen zu verstehen und damit auch ihre Wahrheitsansprüche kritisch zu prüfen.[7]

Aber ist das wirklich so? Könnte es nicht sein, dass diese realistische Grundannahme ein Irrtum ist und es in Wirklichkeit gar keinen Konflikt konkurrierender Wahrheitsansprüche gibt? Genau das behaupten Vertreter eines religiösen Relativismus. Für den Relativismus müssen religiöse Wahrheitsansprüche immer relativ zu der Gesellschaft oder Weltanschauung verstanden werden, der sie entstammen. Eine kontextunabhängige Bewertung ist nicht möglich, da es keine universalen Begriffe von wahr und falsch und damit auch keinen gemeinsamen Boden gibt, auf dem ein Konflikt überhaupt ausgetragen werden könnte. Die Wahrheitsansprüche verschiedener Religionen sind inkommensurabel.[8] Der Konflikt ist kein logischer, sondern ein pragmatischer, nämlich zwischen inkompatiblen Lebensformen – man kann nicht zugleich als Christ und als Buddhist leben. Religiöse Überzeugungen aber

einzelnen Positionen in deutscher Sprache findet sich in Renusch 2014. Sehr ausführlich und umfassend ist das Handbuch von Meister 2011. Eine Auswahl wichtiger moderner Diskussionsbeiträge liegt vor in Quinn/Meeker 2000.

6 Ausführlicher dazu Gäb 2014: 79f.

7 Vgl. auch Griffiths 1991: Kap. 2.

8 Runzo 1988.

sind niemals an sich wahr oder falsch, sondern nur relativ zu dem Kontext, in dem sie auftauchen. Das bedeutet nicht, dass sie vollkommen beliebig sind. Auch Relativisten wie Joseph Runzo akzeptieren z. B. innere Kohärenz, Erklärungskraft oder pragmatische Wirksamkeit als universale Meta-Kriterien für ihre Vertretbarkeit. Nur Wahrheit in einem absoluten Sinn kann ihnen nicht zugesprochen werden. Die Verteidiger des Relativismus sehen darin den Vorteil, dass die Widersprüche zwischen verschiedenen Religionen nicht einfach beiseite gewischt werden. Wir können so ihre jeweiligen Wahrheitsansprüche als echt und berechtigt anerkennen, ohne die realen Unterschiede zwischen ihnen zu ignorieren – sofern wir nur zu jeder Behauptung in Gedanken hinzufügen: „...im jeweiligen Kontext". Die Konsequenz ist, dass interreligiöse Konflikte eigentlich nicht möglich sind. Wenn Überzeugungen aus verschiedenen religiösen Kontexten inkommensurabel sind, dann ist jede Diskussion darüber, wer recht hat, absurd. Genauso würde es keinen Sinn machen, mit meinen Studierenden darüber zu diskutieren, ob die Tür des Seminarraums auf der rechten oder auf der linken Seite ist. Aus meiner Perspektive ist sie auf der linken, aus der Perspektive der Studierenden, die mir gegenüber sitzen, ist sie auf der rechten. Die Frage „Aber wer hat denn nun recht? Auf welcher Seite ist die Tür wirklich?" ist unsinnig, denn die Begriffe „rechts" und „links" haben keine Bedeutung unabhängig von der Perspektive, auf die sie bezogen sind. Eine Diskussion darüber, ob die Seele unsterblich ist oder nicht, wäre dann ebenso absurd wie eine Diskussion über die Frage, ob die Tür links oder rechts ist – sobald wir erkennen, dass sie nur relativ zu einer bestimmten Perspektive beantwortet werden kann, löst sie sich auf.

Aber gerade diese Konsequenz sollte uns skeptisch stimmen, denn dass es *de facto* inter- und intrareligiöse Dispute über die Wahrheit oder Falschheit bestimmter Aussagen gibt, ist eine nicht zu bestreitende Tatsache. Was sonst taten etwa Luther und Zwingli, als sie über die Frage nach der Realpräsenz Christi in der Eucharistie stritten? Was tat Zhu Xi, als er den Buddhisten vorwarf, mit der Aufgabe aller sozialen Beziehungen die Grundlagen eines gelingenden menschlichen Lebens zu untergraben? Sind dies wirklich nur Scheingefechte um eine Wahrheit, die es gar nicht gibt? Zumindest auf den ersten Blick sieht es nicht danach aus. Ein Beispiel: Im 16. und 17. Jahrhundert reisten einige europäische Jesuiten (der bekannteste von ihnen ist Matteo Ricci) als Missionare nach China, um die christliche Botschaft zu verkünden. Diese Missionstätigkeit stieß – nachvollziehbarerweise – auf den Widerstand der alteingesessenen Religionsgemeinschaften wie Konfuzianismus und Buddhismus. Glücklicherweise hatten Ricci und seine Mitbrüder sich rasch an die chinesische Kultur adaptiert, die Sprache gelernt und klassische Texte studiert, so dass der Disput auf zivilisierte Weise geführt werden konnte. Einige chinesische Gelehrte reagierten mit Kritik an den christlichen Dogmen, unter ihnen Zhixu in seiner Schrift *Erste Herausforderung der Himmelslehre (tianxue chuzheng)*. Hier ist ein für ihn typisches Argument gegen die christliche Gottesidee:

> Jene sagen: ‚Der Himmelsherr ist der eine grosse Herrscher, der am Anfang den Himmel, die Erde, die Geister, die Menschen und die Dinge hervorbrachte.' Ich frage nun: Hat jener grosse Herrscher einen Körper oder ist er ohne Körper? Wenn er einen Körper hat, woraus ist er dann entstanden? Als es noch keinen Himmel und keine Erde gab, wo hat er dann gewohnt? Wenn er keinen Körper hat, dann ist er das, was wir Konfuzianer das *tai ji* (das oberste Prinzip) nennen. Das oberste Prinzip ist selbst ohne Grenzen. Wie kann man hier von Lieben und Hassen sprechen, wie kann es wollen, dass die Menschen ihm dienen und seinen Befehlen gehorchen, was sollen hier Segen und Strafen?[9]

Offensichtlich versucht Zhixu in diesem Argument, eine Inkonsistenz des christlichen Gottesbegriffs nachzuweisen, indem er vom christlichen Dogma ausgeht, dass Gott der personale Schöpfer der Welt ist. Daraus, so sein Einwand, ergibt sich ein Dilemma: Entweder hat er einen Körper und ist Person – aber dann kann er nicht Schöpfer der Welt sein, denn ein körperliches Wesen muss, da es körperlich ist, Bestandteil der physischen Welt sein, die es doch gerade erst erschaffen soll. Oder er hat keinen Körper und ist Schöpfer der Welt – aber dann kann er nicht Person sein, denn Handlungen oder Intentionen können nur Wesen zugesprochen werden, die diese auch physisch manifestieren können. Eine unkörperliche und trotzdem handelnde Person ist inkonsistent. Völlig unabhängig davon, ob man Zhixus Argument für überzeugend hält, ist doch eines unverkennbar: Er bedient sich in seiner Kritik einer mit dem Gegner geteilten Basis rationaler Argumentation. Zu behaupten, dass dieser Diskurs gar kein echter Konflikt ist und die Frage nach der Wahrheit der kritisierten Lehre gar nicht gestellt wird, ist *prima facie* vollkommen abwegig.

Nun könnten Relativistinnen darauf erwidern, dass wir ihre Position missverstanden haben: Der Relativismus ist keine deskriptive, sondern eine normative These. Seine Absicht ist es nicht, zu beschreiben, wie interreligiöse Diskurse faktisch ablaufen, sondern eine Alternative aufzuzeigen, wie wir sie interpretieren sollten. Sicher, die Teilnehmerinnen und Teilnehmer dieser Diskurse meinen, für oder gegen die objektive Wahrheit religiöser Überzeugungen zu argumentieren, aber diese Meinung basiert auf einem Missverständnis. Sobald die perspektivische Natur religiöser Überzeugungen klar wird, klärt sich auch dieses Missverständnis. Sehen wir mal davon ab, dass diese Haltung ziemlich herablassend wirkt („Ich verstehe euch besser als ihr selbst!"), so können wir sie immer noch nicht ohne weiteres akzeptieren. Es ist ein Gebot der Rationalität und der intellektuellen Fairness, davon auszugehen, dass Äußerungen (*ceteris paribus*) das bedeuten, was sie zu bedeuten scheinen, und dass die Teilnehmer eines Diskurses das behaupten, was sie zu behaupten scheinen – sofern nicht klare Gründe dagegen sprechen.[10] Würden wir dies nicht voraussetzen, ist nicht klar, wie wir andere überhaupt richtig verstehen könnten. Die Beweislast liegt damit bei der Relativistin. Der Realismus und die von ihm implizierten universalen Standards sind der Normalfall, so dass wir nur

---

9 Zit. nach Kern 1992: 225.

10 Griffiths 1991: 20 spricht hier vom „principle of hermeneutical charity".

dann davon abweichen sollten, wenn es tatsächlich Gründe gibt, die das erzwingen. Doch diese Gründe kann der Relativismus nicht vorbringen.

Das liegt nicht zuletzt daran, dass der Relativismus selbst problematisch ist. Die *ultima ratio* der Philosophie gegen den Relativismus ist der Vorwurf der Inkonsistenz: Wer behauptet, dass es keine objektive Wahrheit gibt, erhebt damit selbst den Anspruch, eine objektive Wahrheit zu verkünden – der Relativismus widerlegt sich selbst. Relativisten weisen diesen Einwand zurück und erklären, dass der Relativismus durchaus Raum für so etwas wie absolute Wahrheit bietet – absolute Wahrheit ist Wahrheit in allen Perspektiven.[11] Aber damit wird unter der Hand der Relativismus fallen gelassen, denn die eigent-liche These war ja, dass Wahrheit eben gerade nicht unabhängig von einer Perspektive verstanden werden kann. Überhaupt scheint es, als könne sich der Relativismus nur gegen diese vernichtenden Einwände verteidigen, indem er heimlich doch wieder ein realistisches Wahrheitskonzept einführt. Wenn etwa erklärt wird, dass auch für den Relativismus Kriterien wie innere Kohärenz, Erklärungskraft oder pragmatische Wirksamkeit universal akzeptabel sind, wie sollen wir diese Kriterien verstehen, ohne auf einen realistischen Wahrheits-begriff zurückzugreifen? Was soll innere Kohärenz anderes sein als die gemein-same Wahrheit und Widerspruchsfreiheit der einzelnen Überzeugungen? Was soll Erklärungskraft anderes sein als das Potenzial, rationale Gründe für die Wahrheit der einzelnen Überzeugungen zu liefern? Der Relativismus ist entweder inkonsistent oder begrifflich parasitär – Grund genug, ihn aufzugeben.

Angesichts dieser klaren Einwände mag man sich fragen, worin dann eigentlich der Reiz des Relativismus liegen soll? Vor allem in der Unattraktivität der Alternative. Die realistische Position ist unangenehm. Wer einen Realismus vertritt, muss davon ausgehen, dass manche Überzeugungen einen privilegierten Status anderen gegenüber haben, ganz einfach deshalb, weil sie wahr sind. Wenn man aber nicht mehr guten Gewissens daran glauben kann, dass alle Religionen gleichermaßen wahr sind, dann wird man unweigerlich irgendjemandem auf die Füße treten. Der Realismus ist der Partygast, der in einer eigentlich belanglosen Konversation darauf beharrt, recht zu haben und nicht merkt, dass alle anderen peinlich berührt zu Boden starren. Aber die Regeln guten Benehmens auf einer Party sind nicht die des richtigen Denkens. Die Frage nach der Wahrheit der Religionen ist zu wichtig – es hängt zu viel von ihr ab, als dass man sie aus Taktgefühl unter den Tisch kehren sollte.

11 Vgl. Runzo 2011: 73.

2. Wahrheit: das metaphysische Problem

Wenn wir davon ausgehen, dass religiöse Überzeugungen grundsätzlich wahr oder falsch sein können, dann schließt sich als nächstes die Frage an, welche von ihnen wirklich wahr sind und welche nicht. Dabei geht es in diesem Kontext weniger um die Wahrheit einzelner Lehrsätze, sondern mehr um die Frage, wie Wahrheit unter den Religionen insgesamt verteilt ist. Die realistische Grundannahme lautet, dass die Wirklichkeit in einer bestimmten Weise beschaffen ist und dass die für einen religiösen Glauben relevanten Teile der Wirklichkeit sich in Aussagen beschreiben lassen, die eindeutig wahr oder falsch sein können: Es ist wahr, dass Christus auferstanden ist, wenn die Wirklichkeit ein derartiges Ereignis wirklich enthält, und es ist wahr, dass es kein beharrliches Selbst gibt, wenn nichts in der Realität existiert, das Anspruch auf diesen Titel erheben könnte. Die Wahrheit der Religionen hängt damit an der Frage, inwieweit die Lehren der einzelnen Religionen die Wirklichkeit treffen oder verfehlen. Diese metaphysische Frage nach der Realität ist zugleich auch eine soteriologische Frage nach Heil und Erlösung. Religionen sind ja nicht einfach nur interesselose Theorien über die Realität, sondern beanspruchen, Auswege aus dem Elend des Daseins zu sein. Was dieses Elend ist, wie man ihm entkommt und worin die Erlösung besteht, ist Bestandteil der religiösen Aspekte der Wirklichkeit, so dass die Wahrheits- und die Erlösungsfrage direkt miteinander verknüpft sind – welche Wahrheit und welches Verhältnis zu ihr ist erlösungsrelevant? Zwei Fragen müssen also nacheinander beantwortet werden: Erstens, gibt es nur eine wahre Religion oder mehrere bzw. ist eine bestimmte Wahrheit metaphysisch notwendig für Erlösung? Zweitens, falls ja, ist die Kenntnis ihrer Wahrheit erlösungsrelevant oder nicht, d. h. ist eine metaphysisch notwendige Wahrheit auch epistemisch notwendig zur Erlösung? Hier existieren drei denkbare Positionen: einerseits Exklusivismus und Inklusivismus (die beide auch unter Dogmatismus zusammengefasst werden können). Beide nehmen an, dass nur eine Religion wahr sein kann (die Wahrheit ist *metaphysisch* heilsnotwendig). Der Exklusivismus hält die Kenntnis dieser Wahrheit zudem für heilsrelevant, der Inklusivismus nicht (die Wahrheit ist *epistemisch* nicht heilsnotwendig). Andererseits der Pluralismus, der im Gegensatz dazu behauptet, dass mehr als eine Religion wahr (und erlösungsrelevant) sein kann (keine spezifische Wahrheit ist heilsnotwendig, weder metaphysisch noch epistemisch).

2.1 *Exklusivismus*

Exklusivisten glauben, dass nur die eigene Religion wahr ist und Erlösung versprechen kann, während alle anderen falsch sind.[12] Exemplarisch manifestiert sich diese Haltung im auf Cyprian zurückgehenden Satz *Extra ecclesiam nulla salus*, den die katholische Kirche auf dem Konzil von Florenz als Dogma festgeschrieben hat:

> [Die Kirche] glaubt fest, bekennt und verkündet, daß niemand außerhalb der katholischen Kirche – weder Heide noch Jude noch Ungläubiger oder ein von der Einheit Getrennter – des ewigen Lebens teilhaftig wird, vielmehr dem ewigen Feuer verfällt, das dem Teufel und seinen Engeln bereitet ist, wenn er sich nicht vor dem Tod ihr anschließt.[13]

Exklusivismus ist allerdings keine ausschließlich christliche Position; analoge Ideen finden sich ebenso in den meisten anderen Religionen. Es ist auch nicht gesagt, dass es in anderen Religionen gar keine Wahrheit gibt. Einige Tatsachen können diese schon richtig erkennen, die gesamte Wahrheit ist aber nur in einer Religion enthalten. Z. B. könnten christliche Exklusivisten wohl zustim-men, dass auch der Islam einen Teil der Wahrheit erfasst, wenn er anerkennt, dass es nur einen Gott gibt. Da aber (aus dieser Perspektive) die volle Wahrheit auch die Menschwerdung Gottes einschließen muss, wird die Wahrheit nur unvollständig erkannt. Der Exklusivismus bietet sich gewissermaßen als die natürlichste Position an, denn einer bestimmten Religion zu folgen heißt ja unter anderem, die fundamentalen Wahrheitsansprüche dieser Religion zu akzeptieren, und gemäß dem Satz vom Widerspruch kann von zwei (oder mehr) einander widersprechenden Aussagen nur eine wahr sein. Den eigenen Glauben als wahr anzuerkennen heißt damit zumindest implizit jeden anderen Glauben für falsch zu halten. Insbesondere monotheistische Religionen haben eine gewisse intrinsische Nähe zum Exklusivismus, denn wenn es nur einen Gott gibt, dann müssen wir annehmen, dass unser Heil nur an der Beziehung zu diesem Gott hängen kann. Raum für Alternativen, wie sie z. B. die poly-theistischen Systeme der Antike eröffneten, die ohne Probleme immer noch eine Gottheit mehr integrieren konnten, gibt es hier nicht.

Doch auch wenn der Exklusivismus vielleicht die natürliche Einstellung aller Religionen ist, fällt es schwer, unbeeindruckt an ihm festzuhalten, sobald man einmal mit der Pluralität der Religionen konfrontiert wird. Denn solange man nur eine einzige Religion kennt, mag es angehen, sie für die reine Wahrheit zu halten. Wenn wir uns aber bewusst werden, dass andere Religionen existieren, die mit der unseren nicht kompatibel sind, die wir nicht auf Anhieb widerlegen

---

12 Strenggenommen heißt Exklusivismus nur, dass nicht mehr als eine Religion wahr ist, nicht aber, dass es auch die eigene sein muss. Doch für den Fall, dass die wahre Religion und die eigene nicht übereinstimmen, wäre es für Exklusivistinnen nur vernünftig, die wahre möglichst rasch zur eigenen zu machen.

13 Aus der Bulle *Cantate Domino*, zit. nach Neuner/Roos 1954: 212f.

können und deren Anhänger ebenso aufrichtig und überzeugt ihre Lehren glauben wie wir die unseren, dann fällt es schwer, nicht zu bemerken, wie kontingent und beliebig der eigene Glaube ist. Fast ausnahmslos ist die Religion eines Menschen die, in die er hineingeboren wurde. Wären wir an einem anderen Ort oder zu einer anderen Zeit geboren, so hätten wir eine andere Religion. Die Zugehörigkeit zur vermeintlich einzig wahren Religion beruht also auf nichts weiter als dem Zufall der Geburt. Wäre es nicht naiv und sogar arrogant, in einer solchen Situation am Exklusivismus festzuhalten? Seine Verteidiger halten dem entgegen, dass Arroganz die unvermeidliche Folge eines jeden Wahrheitsanspruchs ist, denn indem ich einen Wahrheitsanspruch erhebe, impliziere ich notwendigerweise, dass alles, was im Widerspruch zu dieser Behauptung steht, falsch sein muss.[14] Jede wissenschaftliche Hypothese, ökonomische Prognose oder medizinische Diagnose wäre in gleicher Weise arrogant, aber das spricht nicht gegen Wissenschaft, Ökonomie oder Medizin. Manchmal ist Arroganz eben berechtigt. Doch genau hier liegt das Problem, denn ein unvoreingenommener Blick auf den Exklusivismus sollte deutlich machen, dass seine Arroganz nicht zu rechtfertigen ist. Ein verbreiteter (wenn auch nicht ganz unumstrittener) Grundsatz der Rationalität ist das *Kopernikanische Prinzip*: Es ist *ceteris paribus* vernünftig, davon auszugehen, dass wir in einem bestimmten System keine besondere Position einnehmen, denn besondere Positionen sind (rein statistisch betrachtet) gerade aufgrund der Tatsache, dass sie besonders sind, sehr selten, während alle anderen Positionen die überwiegende Mehrheit darstellen. Wenn ich etwa einem Bekannten begegne, dessen Geburtstag ich nicht kenne, wäre es irrational, ohne weitere Gründe anzunehmen, dass er gerade heute Geburtstag hat, denn es gibt 364 Fälle, in denen meine Annahme falsch, und nur einen, in dem sie korrekt ist. Übertragen auf die Pluralität der Religionen bedeutet dies, dass es irrational wäre, ohne weitere Gründe anzunehmen, dass unsere eigene Religion die wahre ist, einfach deshalb, weil es sehr unwahrscheinlich ist, dass von der Vielzahl an existierenden Religionen wir zufälligerweise gerade die wahre getroffen haben. Natürlich nehmen Exklusivisten an, dass sie über diese besonderen Gründe verfügen, die das Gleichgewicht der Wahrscheinlichkeiten zu ihren Gunsten verschieben, z. B. Offenbarungen Gottes, Wunder oder die Beharrlichkeit des eigenen Glaubens im Angesicht einer feindseligen Welt. Aber diese Gründe setzen in der Regel die Wahrheit der eigenen Religion bereits voraus. Dass das Christentum die wahre Religion ist, kann nur dann durch die Offenbarung Gottes in Christus glaubhaft gemacht werden, wenn man ohnehin schon davon überzeugt ist, denn gerade diese Offenbarung ist ja ein Teil des Wahrheitsanspruchs, der in Frage steht. Um aber die eigene Selbstsicherheit zu verteidigen, bräuchten Exklusivistinnen ein unabhängiges Argu-ment. Solange

14 Plantinga 2000a: 177f.; Wainwright 2005: 239.

ein solches Argument fehlt, ist es vielleicht nicht arrogant, am eigenen Glauben festzuhalten, aber doch naiv.

Hinzu kommt gerade für monotheistische Religionen, dass der Exklusi-vismus sich nicht ohne weiteres mit ihrem Gottesbild vereinbaren lässt. Wenn die Menschwerdung Gottes in Christus in den 30er Jahren des ersten Jahrhunderts in einer abgelegenen Provinz des römischen Reiches metaphysisch wie epistemisch heilsnotwendig sein soll, dann lässt sich kaum vermeiden, dass Millionen Menschen keine Möglichkeit haben, dieses Heil zu erlangen, ganz einfach deshalb, weil sie zur falschen Zeit oder am falschen Ort geboren wurden ohne jede Chance, dieses Ereignis von kosmischer Bedeutung überhaupt zu bemerken. Wie ließe sich eine derartige Ungerechtigkeit mit einem vollkommen guten, allmächtigen und allwissenden Gott vereinbaren? Sollte Gott nicht sowohl die Fähigkeit als auch das Interesse haben, eine derart relevante Botschaft an alle Wesen zu kommunizieren? Es hilft auch nichts, auf den sich daraus ergebenden Auftrag zur Mission zu verweisen, denn jede weitere Verkündung kann sich nur in die Zukunft erstrecken – was in der Vergangenheit liegt, muss nach exklusivistischem Verständnis rettungslos verloren sein. Will man diese unbequeme Konsequenz vermeiden, so könnte man erwidern, dass Gott aufgrund seiner *scientia media* weiß, wie sich jedes einzelne Wesen verhalten hätte, wäre es mit der göttlichen Offenbarung konfrontiert worden.[15] Aber selbst wenn man diese theologisch nicht ganz unbedenklichen Voraussetzungen teilt, bleibt es doch rätselhaft, warum dann der wahre Glaube geographisch und chronologisch so heterogen verteilt ist bzw. weshalb er überhaupt an ein (prinzipiell verzichtbares) historisches Ereignis geknüpft ist.

2.2 Inklusivismus

Es ist vor allem dieser letzte Punkt, der den Anstoß gibt, vom Exklusivismus zum Inklusivismus zu wechseln. Der Inklusivismus teilt mit dem Exklusivismus die Annahme, dass eine bestimmte Religion wahr und metaphysisch erlösungsnotwendig ist, bestreitet aber, dass sie es auch im epistemischen Sinne ist. Ein Wissen von der wahren Religion ist keine Bedingung, um das Heil zu erlangen, da alle anderen Religionen in der wahren Religion bereits implizit eingeschlossen sind. Inklusivistische Ideen haben im Christentum eine lange Geschichte, die bis auf Tertullians Idee einer *anima naturaliter christiana* zurückgeht. Explizit wurde ein christlicher Inklusivismus von Nikolaus Cusanus in seiner Schrift *De pace fidei* verfochten, in der er die Idee vertritt, dass trotz aller Unterschiede in den realen Praktiken verschiedener Religionen diese doch

15 Craig 2000.

Manifestationen der einen wahren Religion, des Christentums, sind.[16] Auch Karl Rahners Konzept der anonymen Christen spiegelt einen inklusivistischen Ansatz wider, nach dem eine Zugehörigkeit zur Kirche nicht nur in einem bewussten Bekenntnis bestehen kann, sondern auch im unerkannten Annehmen der göttlichen Gnade. Aufrichtiges Bemühen um ein gutes Leben und die Suche nach Gott können bereits hinreichend sein.[17] Auch hier gilt wieder, dass der Inklusivismus keine rein christliche Position ist, sondern im Prinzip von jeder Religion vertreten werden kann.[18] Der Vorteil gegenüber dem Exklusivismus ist klar: Inklusivistinnen können an der Wahrheit einer bestimmten Religion festhalten, ohne die moralisch fragwürdigen Konsequenzen der Verdammnis all derer akzeptieren zu müssen, die nicht der wahren Religion folgen. Weniger arrogant ist der Inklusivismus damit jedoch nicht – im Gegenteil, vielleicht ist seine Haltung sogar noch unangenehmer, denn sie ist nicht nur arrogant (insofern sie auf einer einzigen Wahrheit beharrt), sondern auch paternalistisch. Der Inklusivismus sieht die realen Unterschiede zwischen den Religionen, erkennt sie aber nicht an, sondern vereinnahmt einfach alle anderen gegen deren Willen. Der Exklusivismus ist wenigstens konsequent, der Inklusivismus hingegen ist ein Exklusivismus, der sich seinen Exklusivismus nicht eingestehen möchte. Darüber hinaus stellt uns der Inklusivismus vor genau das gleiche epistemische Problem: Welche der unzähligen Religionen ist denn die wahre Religion, die alle anderen einschließt? Es scheint kein bisschen weniger irrational, davon auszugehen, dass es die eigene ist, nur weil die eigene nun auch die anderen einschließen soll.

2.3 Pluralismus

Die dritte Option, die den Anspruch hat, sich substanziell von den beiden anderen zu unterscheiden, ist der maßgeblich von John Hick entwickelte Pluralismus.[19] Hick geht davon aus, dass keine Religion allein wahr und auch keine allein falsch ist, d. h. keine spezifische Religion kann für sich metaphysische oder epistemische Heilsnotwendigkeit beanspruchen. Im Gegensatz zum Inklusivismus, der an der Idee festhält, dass es eine besondere Religion gibt, die gegenüber allen anderen hervorsticht, sieht also der Pluralismus alle Religionen als zunächst gleichwertig an. Zu dieser Konsequenz gelangt Hick ausgehend von der Hypothese, dass es eine transzendente religiöse Wirklichkeit gibt, die der gemeinsame Gegenstand aller Religionen ist. Hick nennt sie das

---

16 Wobei Cusanus nicht an eine spezifische, real existierende Variante des Christentums denkt, sondern eher an eine idealisierte Form.

17 Rahner 1977: 303–312.

18 Siehe beispielsweise Mutahhari 2006 für einen muslimischen und Kiblinger 2005 für einen buddhistischen Inklusivismus.

19 Die ausführlichste Darstellung ist Hick 2004.

Wirkliche (*the Real*). Dieses Wirkliche ist indirekt der Gegenstand religiöser Erfahrungen in den einzelnen Religionen, ist jedoch nicht selbst oder an sich erfahrbar. In Anlehnung an Kant bezeichnet er das Wirkliche als *Noumenon*, einen reinen Denkgegenstand, der als hinter der konkreten Erfahrung liegend postuliert werden muss. Was uns in religiösen Erfahrungen begegnet, sind die Erscheinungen (*Phainomena*) des Wirklichen, seine durch den Filter unserer kulturell geprägten Begriffe und Konzepte geformten Manifestationen (Hick spricht von den *personae* und *impersonae* des Wirklichen). Wenn also ein Muslim das Universum als eine Schöpfung Allahs sieht, wenn ein Christ die Präsenz Jesu im Abendmahl spüren kann und wenn eine Buddhistin die ultimative Realität der Leere erfährt, dann sind die vermeintlichen Widersprüche zwischen diesen Erfahrungen nur oberflächlich. Die Manifestationen des Wirklichen unterscheiden sich je nach den kulturellen Randbedingungen, von denen die jeweilige Erfahrung bestimmt ist, aber in der Tiefe sind all diese Erfahrungen gleich. In allen Fällen handelt es sich um Begegnungen mit dem Wirklichen, das nur in unterschiedlichen Erscheinungen erlebt wird. Was sich widerspricht, sind die Interpretationen des Wirklichen, die Attribute, mit denen unterschiedliche Religionen seine Manifestationen beschreiben, während das Wirkliche selbst frei von Widersprüchen ist. Hick zieht einen Vergleich mit dem Licht (als physikalischem Phänomen), das uns – je nach den experimentellen Rahmenbedingungen – mal als Welle, mal als Teilchen erscheint, ohne dass seine Natur deshalb widersprüchlich wäre. Die Realität ist schlicht so beschaffen, dass das Licht sich auf verschiedene Weisen manifes-tieren kann.[20] Das Wirkliche, so erklärt Hick weiter, ist für uns in sich selbst nicht konzeptualisierbar, da es als Ding an sich niemals Gegenstand unseres Bewusstseins werden kann. Es ist transkategorial, so dass es nicht möglich ist, das Wirkliche an sich durch unsere Begriffe zu beschreiben. Alle Aussagen über es müssen in Kontradiktionen münden: Das Wirkliche ist weder personal noch non-personal, weder zeitlich noch nicht-zeitlich, weder gut noch nicht-gut. Die einzigen Aussagen, die Hick zulassen möchte (oder muss), sind formale Aussagen, worunter er solche versteht, die nichts über das Wesen des Wirklichen sagen, etwa, dass es Gegenstand sprachlicher Referenz ist oder dass keine substanziellen Aussagen darüber möglich sind.

Warum sollten wir ein pluralistisches Modell, wie Hick es vorschlägt, überhaupt in Erwägung ziehen? Was könnte uns dazu bringen, an die Realität eines Wirklichen zu glauben, das sich ohnehin niemals erfahren lässt? Die reale Existenz des Wirklichen ist nicht erfahrbar und damit auch nicht direkt beweisbar. Tatsächlich ist für Hick der Pluralismus nur eine Hypothese, die wir mit dem Anspruch postulieren, die beste Erklärung für die Pluralität der Religionen zu sein. Denn wenn wir die real existierende Vielfalt der Religionen betrachten, dann stellen wir fest, so Hick, dass alles in allem keine Religion wesentlich

---

[20] Hick 2004: 245.

plausibler ist als die anderen, dass es in der Vielfalt der religiösen Erfahrungen keine Klasse gibt, die besonders glaubwürdig ist, und dass alle Religionen in gleicher Weise dazu in der Lage sind, Heilige hervorzubringen (die in besonderer Weise die universalen ethischen Ideale aller Religionen verkörpern). Alle Religionen sind gleichermaßen fähig, eine Transformation zu bewirken, weg von der Selbst- hin zur Wirklichkeitszentriertheit. Wäre die exklusivistische These wahr, dann sollten wir erwarten, dass der besondere Status der wahren Religion sich in irgendeiner Weise empirisch manifestiert; das aber ist nicht der Fall. Die pluralistische Hypothese scheint eine weit bessere Erklärung der beobachtbaren Fakten zu sein.

Ist Hicks pluralistische Hypothese plausibel? Seine Kritikerinnen und Kritiker verweisen auf eine ganze Reihe von inneren Problemen und inakzeptablen Konsequenzen. Das vielleicht gravierendste Problem des Pluralismus ist seine Konzeption des Wirklichen. Wenn das Wirkliche tatsächlich, wie Hick annimmt, jenseits unserer Begriffe liegt und damit kognitiv und sprachlich unfassbar ist, wie ließe sich dann noch sinnvoll darüber sprechen? Wie könnten wir überhaupt zu der Annahme gelangen, dass das Wirkliche tatsächlich existiert? Hick schlägt einen Ausweg vor, der mehr Fragen aufwirft, als er beantwortet: eine Trennung von formalen und substanziellen Prädikaten. Denn einerseits klärt Hick niemals, was er unter formalen Prädikaten verstehen will (außer dass sie eben nicht substanziell sind), zum anderen scheinen Aussagen wie, dass das Wirkliche der transkategoriale, unsagbare Grund aller religiösen Erfahrungen ist, sehr wohl etwas über dessen Wesen zu sagen und damit substanziell zu sein. Wie ließe sich die pluralistische Hypothese denn formulieren, ohne in der ein oder anderen Weise auf substanzielle Prädikate zurückzugreifen?[21] Ähnlich problematisch ist es, wenn Hick erklärt, dass dem Wirklichen keine Prädikate zugesprochen werden können, da unsere Begriffe nicht auf es anwendbar sind. Wenn wir nur sagen können, was das Wirkliche *nicht* ist (z. B. dass es nicht personal und nicht non-personal ist), dann ist nicht klar, was das überhaupt heißen soll. Wie kann es möglich sein, einem Gegenstand keines von zwei kontradiktorischen Prädikaten zuzusprechen? Denn anders als bei konträren Prädikaten wie *grün* und *blau* gibt es hier keine dritte Option. Das Wirkliche, wie Hick es sich vorstellt, scheint ein leerer Begriff zu sein.[22]

Diese theoretische Unterbestimmtheit des Wirklichen bringt ein weiteres Problem mit sich: Was zählt als echte Manifestation des Wirklichen? Für Hick ist zweifelsfrei klar, dass die großen Weltreligionen dazu gehören, Satanismus oder Faschismus aber selbstverständlich nicht. Doch nach welchem Kriterium sollen wir hier entscheiden? Hicks Antwort lautet, dass es auf die soteriologische Wirksamkeit ankommt, d. h. die Fähigkeit einer Religion, uns von der Selbst- zur

---

21 Insole 2000.

22 Rowe 1999.

Wirklichkeitszentriertheit zu transformieren. Gerade dies fehlt in den ausgeschlossenen Fällen. Doch dieses Transformationskriterium wirft wieder neue Fragen auf: Erstens, wenn wir über das Wirkliche nichts sagen können, auch nicht, dass es *gut* ist, warum sollte es dann konstant mit einer Transformation hin zum Guten verbunden sein? Es scheint in Hicks Konzept des Wirklichen keinen Grund zu geben, warum es gerade diese Transformation bewirken sollte. Zweitens, wenn allein die transformative Wirksamkeit relevant ist, warum sollten wir uns auf Religionen beschränken? Auch Freund-schaft, Arbeit oder Sport können eine Bewegung weg von der Selbstzentriert-heit bewirken. Wenn das aber auch außerhalb von Religionen möglich ist, sollte man dann nicht religiöse Transformationen eher als einen besonderen Fall eines allgemeineren Prinzips sehen? Und dann ist es nicht mehr plausibel anzunehmen, dass gerade die Begegnung mit dem Wirklichen die Transformation auslöst. Ein letzter Kritikpunkt lautet, dass Hicks pluralistische Hypothese ihre eigenen Versprechungen nicht einlösen kann. Hick war mit dem Anspruch aufgetreten, den exklusivistischen Partikularismus zu überwinden und die prinzipielle Berechtigung der Wahrheitsansprüche aller großen Religionen anzuerkennen. Doch anstatt es so zu verstehen, dass aus der pluralistischen Perspektive eigentlich alle Religionen wahr sind, könnte man den Spieß auch umdrehen und behaupten, dass aus dieser Perspektive eigentlich alle Religionen falsch sind. Denn eigentlich gibt es keinen dreifaltigen Gott, kein Brahman und kein Nirvana, jedenfalls nicht so, wie es gläubige Menschen dieser Religionen normalerweise verstehen. Was sie für die Wahrheit halten, ist nur eine Erscheinungsform des Wirklichen, das als einziges tatsächlich real ist. Hicks angeblicher Pluralismus entpuppt sich damit als verkappter Inklusivismus der Meta-Religion des Wirklichen mit allen unangenehmen Konsequenzen, die daran hängen.[23]

3. Ungewissheit: das epistemische Problem

Bisher haben wir das Problem der religiösen Vielfalt hauptsächlich aus einer objektiven Perspektive betrachtet und gefragt, wie religiöse Wahrheit und der Zugang zum Heil verteilt sind. Aber das Problem hat auch eine subjektive Seite. Üblicherweise verlaufen reale Begegnungen mit religiöser Vielfalt in etwa so: Ich bin in meiner eigenen Religion sozialisiert worden und habe – vielleicht ohne je darüber nachzudenken – die Wahrheitsansprüche dieser Religion akzeptiert. Dann aber lerne ich in der Schule, aus den Medien oder auf Reisen, dass andere Menschen andere Religionen haben, die andere, inkompatible Wahrheitsansprüche stellen. Aus meiner subjektiven Perspektive stellt sich dann die Frage,

---

[23] Plantinga 2000b: 49–55.

wie ich mich vernünftigerweise verhalten sollte, wenn ich mich in einem solchen Dissens wiederfinde. Das ist erstmal keine moralische, sondern eine epistemische Frage: Welche epistemischen Verpflichtungen ergeben sich für mich aus der Erkenntnis, dass diese inkompatiblen Wahrheitsansprüche bestehen? Genaugenommen sind es zwei Fragen, die wir nacheinander beantworten müssen. Erstens, bin ich allein aufgrund der Tatsache, dass ich mich mit anderen im Dissens befinde, verpflichtet, meine eigenen Überzeugungen kritisch zu prüfen? Zweitens, wenn ich weder bei mir noch bei den anderen einen Fehler feststellen kann (wenn der Dissens also echt ist), welche Konsequenzen sollte ich daraus für meine eigenen Überzeugungen ziehen?

Immer vorausgesetzt ist an dieser Stelle, dass wir uns in einem echten Dissens befinden, in dem die Teilnehmerinnen und Teilnehmer einander ebenbürtig sind (die englischsprachige Literatur spricht hier von *peer-disagreement*). Denn wenn sich derjenige, der mir widerspricht, nicht als *peer* herausstellen sollte, ist die Konsequenz klar. In diesem Fall ist es vernünftig, dem Urteil desjenigen zu vertrauen, der über die größere Sachkenntnis oder die weiter entwickelten kognitiven Kapazitäten verfügt. Eine Professorin wird die These ihres neuesten Vortrags nicht deswegen verwerfen, weil ein Student sie kritisiert, und im Allgemeinen vertrauen wir dem Urteil eines Dreijährigen weniger als dem eines Dreißigjährigen. Aber worin besteht Ebenbürtigkeit? Zwei Aspekte sind relevant: einerseits kognitive, andererseits evidentielle Ebenbürtigkeit. Kognitive Ebenbürtigkeit liegt vor, wenn beide Diskursteilnehmer über die (für den Bereich relevanten) gleichen kognitiven Fähigkeiten (Intelligenz, Wahrnehmungsvermögen etc.) verfügen und keinen Beeinträchtigungen unterliegen. Evidentielle Ebenbürtigkeit besteht darin, dass beide gleichermaßen Zugang zu den gleichen Gründen und Beweismaterialien haben (und sich auch darin einig sind, was für den jeweiligen Bereich als Grund zählen sollte), mithin alle für ein rationales Urteil relevanten Faktoren offen liegen und allen Beteiligten gleichermaßen zugänglich sind. In einem religiösen Dissens sind also all diejenigen einander ebenbürtig, die über die normalen menschlichen Denk- und Wahrnehmungsfähigkeiten verfügen und die in gleicher Weise Zugriff auf die relevanten Belege in Form von Offenbarungen, religiösen Erfahrungen oder auch Naturbeobachtungen haben.[24] Es dürfte klar sein, dass in diesem Sinne die meisten religiösen Diskurse echte Fälle von *peer-disagreement* sind.

---

[24] Gemeint ist, dass diese Belege prinzipiell allen in gleicher Weise verfügbar sind, nicht, dass sie es auch faktisch sind. Ansonsten wäre die Zahl der *peers* im religiösen Bereich sehr gering – wer kann schon von sich behaupten, eine fremde Religion genauso gut zu kennen wie die gebildetsten ihrer eigenen Vertreter?

3.1 Epistemische Verpflichtungen

Wie sollten wir reagieren, wenn wir feststellen, dass andere nicht mit uns übereinstimmen? Die natürliche Antwort scheint zu sein: innehalten und die eigenen Überzeugungen noch einmal prüfen. Ein Arzt in der Notaufnahme stellt bei einem bewusstlos eingelieferten Patienten die Diagnose „hypoglykä-mischer Schock". Wenn nun seine Kollegin widerspricht und stattdessen ein Schädel-Hirn-Trauma diagnostiziert, dann ist es *prima facie* vernünftig, die ursprüngliche Diagnose zunächst kritisch zu sehen und gegebenenfalls zu revidieren. Selbst wenn die Kollegin keinerlei Gründe nennt, weshalb die Diagnose falsch sein sollte, ist der bloße Widerspruch verbunden mit ihrem Status als *peer* Grund genug für eine erneute Prüfung. Zwei einander widersprechende Urteile über den gleichen Sachverhalt implizieren, dass mindestens eines der beiden falsch ist, und solange nicht klar ist, wo der Fehler liegt, sollten wir keines der beiden unbesonnen glauben. Schließlich ist Wahrheit das Ziel all unserer Erkenntnisbestrebungen: Wir sollten versuchen, soviel Wahres wie möglich zu glauben und mit unseren Urteilen so oft wie möglich die Wahrheit zu treffen, insbesondere dann, wenn viel davon abhängt – in der Medizin, aber auch in der Religion.

In diesem Beispiel folgt allerdings die Konsequenz nur dann, wenn klar ist, dass die Kollegin bereits als *peer* anerkannt wird. Kritiker einer Verpflichtung zur Prüfung (wie z. B. Plantinga) setzen genau an diesem Punkt an und argumentieren, dass wir gerade in religiösen Diskursen niemals gezwungen sind, die anderen tatsächlich als ebenbürtig zu akzeptieren.[25] Plantinga begründet das nicht etwa damit, dass der Exklusivist mit hinreichender Sicherheit seine eigene Überlegenheit demonstrieren könnte, sondern indem er umgekehrt behauptet, dass er immer annehmen kann, den anderen gegenüber epistemisch begünstigt zu sein, solange ihm nicht das Gegenteil bewiesen wird – gerade weil er ja die Wahrheit erkannt hat! Sein Argument läuft also auf die Frage hinaus, wer die Beweislast trägt: Muss derjenige, der davon ausgeht, selbst epistemisch überlegen zu sein, nachweisen, dass die anderen ihm nicht ebenbürtig sind? Oder sind es die anderen, die ihre Ebenbürtigkeit unter Beweis stellen müssen? Was muss bewiesen werden – dass wir *peers* sind oder dass wir es nicht sind? Die Antwort ergibt sich, wenn wir noch einmal auf das oben erwähnte Kopernikanische Prinzip zurückkommen (es ist irrational anzunehmen, dass wir in irgendeinem System eine besondere Stellung haben). Ein Exklusivist, der glaubt, durch die Gnade des Heiligen Geistes oder durch was auch immer der Wahrheit näher zu sein als alle anderen, beansprucht gerade eine solche besondere Stellung für sich. Der einzige Sehende unter lauter Blinden zu sein, ist etwas Besonderes und daher unwahrscheinlich. Aus dem Kopernikanischen

25 Plantinga 1997.

Prinzip folgt, dass der exklusivistische Anspruch auf Überlegenheit irrational ist und daher abgelehnt werden sollte – es sei denn, es gäbe irgendwelche anderen Gründe, die dafürsprechen. Und damit liegt die Last, solche Gründe zu liefern, klar beim Exklusivismus, denn sie liegt immer bei demjenigen, der die Abweichung vom Normalfall behauptet. Es ist also nur vernünftig, von einer *presumption of equality* auszugehen: Sofern nicht eindeutige Gründe dagegensprechen, sollten wir andere als unsere *peers* betrachten, weil sie es höchstwahrscheinlich sind. Haben wir einmal die anderen als unsere *peers* anerkannt – was wir sollten – dann gibt es keinen Grund, sich der Prüfung der eigenen Überzeugungen zu entziehen.

3.2 Rationale Konsequenzen

Was aber, wenn wir nach der Prüfung unserer eigenen Überzeugungen zu dem Schluss kommen, nichts falsch gemacht zu haben? Unsere Schlussfolgerungen waren korrekt, wir haben keinerlei relevante Daten übersehen und auch keinen erkennbar unzuverlässigen Quellen vertraut – genau wie die anderen auch. Unser Dissens lässt sich nicht einfach auflösen. Was ist die rationale Konsequenz, die wir in dieser Situation ziehen sollten? Grundsätzlich gibt es nicht mehr als zwei Optionen: Wir können entweder an unseren Überzeugungen festhalten oder wir können sie aufgeben bzw. suspendieren, wobei die zweite Option die natürlichste zu sein scheint. Wenn ich glaube, dass der Geburtstag meines Freundes am 17. Juni ist, meine Frau aber sagt, es sei der 17. Juli, würden wir beide wahrscheinlich erst einmal weder das eine noch das andere glauben und im Kalender nachsehen. Solche Positionen vertreten z. B. Schellenberg und Quinn, die für zwei unterschiedliche Varianten der Urteilsenthaltung plädieren. Schellenberg erklärt, dass wir nur dann berechtigt sind, in einem Dissens an der Wahrheit unserer eigenen Überzeugungen festzuhalten, wenn wir über (von der konkreten Streitfrage) unabhängige Gründe verfügen, die Überzeugungen der anderen für falsch zu halten. Da aber genau das in religiösen Dissensen nicht der Fall ist, ist keiner der Beteiligten dazu berechtigt, die eigenen Überzeugungen weiterhin für wahr zu halten. Die einzig akzeptable Konsequenz ist in diesem Fall eine Urteilsenthaltung, d. h. eine neutrale Haltung, in der die strittigen Überzeugungen weder bejaht noch verneint werden.[26] Quinn zieht eine ähnliche, wenn auch weniger drastische Konsequenz. Während Schellenberg gleich für eine völlige Enthaltung plädiert, begnügt sich Quinn mit einer Reduktion der Gewissheit. Denn für ihn wirkt sich die Einsicht, dass andere anderer Ansicht sind als ich, primär auf das Vertrauen aus, das wir unseren Rechtfertigungen zukommen lassen sollten. Angesichts der real existierenden Pluralität religiöser Überzeugungen sollten wir das Maß an Gewissheit

---

[26] Schellenberg 2000.

reduzieren, das wir den Gründen für unseren eigenen Glauben entgegenbringen, auch wenn das nicht bedeuten muss, dass dieses Maß unter die Schwelle der Glaubwürdigkeit sinken muss.[27]

Für die andere Option sprechen sich insbesondere Alston und Plantinga aus. Beide verfolgen eine negative Strategie, d. h. sie versuchen nicht zu zeigen, dass es vernünftig ist, an den eigenen Überzeugungen festzuhalten, weil es bessere Gründe gibt, sie für wahr zu halten, sondern weil es keine guten Gründe gibt, sie zu verwerfen. Wir sollten auch in einem echten Dissens unsere Überzeugungen nicht einfach aufgeben, da das Beharren zumindest nicht schlechter ist als die Alternative. Ähnlich wie zuvor haben wir es also wieder mit einem Argument aus der Beweislast zu tun: Man braucht Gründe, um den eigenen Glauben aufzugeben, aber nicht, um ihn beizubehalten. Alstons Argument schließt sich an seine ausführliche Untersuchung der epistemischen Praxis mystischer Erfahrung an.[28] Seine Konklusion bis dahin lautete, dass es keine internen Gründe gibt, die im Rahmen einer etablierten mystischen Praxis durch religiöse Erfahrung gewonnenen Erkenntnisse anzuzweifeln, denn universale Kriterien wie innere Konsistenz oder Kohärenz mit anderen Praktiken sind auch für eine mystische Praxis erfüllt. Was unabhängige externe Gründe angeht, so stehen mystische Praktiken nicht schlechter da als z. B. Sinneswahrnehmung, denn es gibt weder für das eine noch für das andere nicht-zirkuläre Begründungen. Will ich mich etwa vergewissern, dass die Stimme, die ich gerade gehört habe, keine Halluzination war, so kann ich andere fragen, ob sie die Stimme auch gehört haben, oder eine Aufnahme machen. Aber damit berufe ich mich zur Bestätigung meiner Wahrnehmung wieder auf andere Wahrnehmungen – eine Begründung der Zuverlässigkeit von Sinneswahrnehmung an sich ist auf diese Weise nicht möglich, denn sie setzt in jedem Grund, den sie anführen könnte, immer schon voraus, was eigentlich begründet werden soll – die Zuverlässigkeit der Sinneswahrnehmung. Gleiches gilt für mystische Praktiken: Auch sie können nur zirkulär begründet werden. Aber wenn uns das nicht davon abhält, unseren Sinnen zu trauen, warum sollten wir dann bei mystischen Erfahrungen anders denken? Das Problem ist natürlich, dass jede Religion ihre eigene mystische Praxis hat und die diversen Praktiken einander ausschließen, so dass am Ende keine glaubwürdig ist. Alston hält dem entgegen, dass wir über keinerlei Gründe verfügen, durch die sich zeigen ließe, dass eine Praxis allen anderen überlegen ist. Wenn aber keine besser ist als die anderen, dann ist auch keine schlechter, und damit gibt es keinen Grund, die eigene Praxis aufzugeben. Wenn es ohnehin keine nicht-zirkuläre Begründung einer religiösen Praxis geben kann, tun wir gut daran, einfach bei den Überzeugungen zu bleiben, die sich auch bisher in unserem Leben bewährt haben. Plantinga ergänzt, dass das Bestehen eines Dissenses allein noch kein Grund sein kann, von den eigenen Überzeugungen

---

27 Quinn 2008.

28 Alston 1991: Kap. 10.

abzurücken, denn dafür ist Einmütigkeit viel zu selten. Wäre es schon genug, dass mir irgendjemand (der mir epistemisch ebenbürtig ist) in einem Punkt widerspricht, damit ich in diesem Punkt meinen Glauben aufgebe, dann dürften wir so gut wie gar keine Überzeugungen mehr haben. Eigentlich wäre es sogar unmöglich, überhaupt irgendeine kontroverse Position zu vertreten: Freiheit, Gerechtigkeit, Bewusstsein etc. – zu jedem dieser Begriffe gibt es eine Reihe kontroverser und inkompatibler Positionen. Würden wir dem Prinzip folgen, uns bei jedem Anflug einer Kontroverse des Urteils zu enthalten, so könnte es diese Kontroversen gar nicht mehr geben – und bereits dass es die Kontroverse um die Frage selbst gibt (ob wir an unseren Überzeugungen festhalten oder sie aufgeben sollten), zeigt ja schon, dass die Verfechter der Zurückhaltung ihr eigenes Prinzip nicht akzeptieren, denn sonst müssten sie sich ja auch hier des Urteils enthalten. Aber Plantinga macht es sich zu leicht, denn es wird ja gar nicht gefordert, dass jede noch so kleine Kontroverse Grund genug sein soll, das eigene Urteil zu suspendieren. Urteilsenthaltung oder auch nur die Reduktion der Gewissheit sollten sich als Ergebnis einer sorgfältigen und ergebnisoffenen Prüfung einstellen, die gezeigt hat, dass es sich tatsächlich um einen echten, bisher unauflösbaren Dissens handelt. Die bloße Tatsache, dass jemand anderer Meinung ist als ich, ist nicht genug. Insbesondere, wenn nicht völlige Urteilsenthaltung, sondern nur ein Abschwächen der eigenen Gewissheit erwartet wird, ist diese Forderung keineswegs unangemessen, sondern durchaus realistisch.

4. Toleranz: das ethische Problem

Das dritte Problem, das sich aus der religiösen Pluralität ergibt, betrifft die ethische Praxis: Wie sollen wir uns denen gegenüber verhalten, deren Glauben wir nicht teilen (sei es, weil ihr Glaube ein anderer ist als unserer, sei es, weil sie einen haben und wir nicht)? Das ist ein ethisches Problem – es geht also nicht darum, was für den Einzelnen oder für den Staat ein pragmatisch kluges Verhalten wäre (etwa, um den inneren Frieden zu sichern), sondern darum, welchen Anspruch Andersgläubige als Personen mit eigenen Interessen und Überzeugungen an uns stellen und wie wir diesem Anspruch aus einer objektiven Perspektive begegnen können. Die Antwort liegt auf der Hand: Einzig religiöse Toleranz kann akzeptabel sein. Die eigenen religiösen Überzeugungen haben für die meisten Menschen eine zentrale Bedeutung für ihre Identität, denn sie bestimmen (nicht allein, aber zumindest teilweise), wer ich bin. Jemanden allein für diese Überzeugungen zu verurteilen oder gar zu verfolgen, ist nicht mit der Anerkennung des anderen als selbstbestimmte Person vereinbar. Auf der gesellschaftlichen Ebene ergibt sich daraus die Verpflichtung des Staates zu religiöser Neutralität und Toleranz.

Ein klassisches Argument für dieses Toleranzgebot findet sich bei Locke in seinem *Letter concerning Toleration*:

> Die Sorge für die Seelen [kann] nicht der staatlichen Obrigkeit obliegen, weil deren Macht nur im äußeren Zwange liegt; aber die wahre und heilbringende Religion liegt in der inneren Gewißheit des Urteils, ohne die nichts für Gott annehmbar sein kann. Und solcherart ist die Natur des Urteilsvermögens, daß es nicht zum Glauben von etwas mit Gewalt gezwungen werden kann. Konfiskation der Güter, Kerker, Tortur, nichts von der Art kann irgendeine Wirksamkeit für die Änderung des Urteils haben, das Menschen sich über die Dinge gebildet haben.[29]

Locke argumentiert, dass Zwangsmaßnahmen niemals das richtige Mittel sein können, selbst wenn der Staat das Ziel verfolgen sollte, den vermeintlich richtigen Glauben allgemein durchzusetzen. Denn durch äußeren Zwang dazu, bestimmte Handlungen zu tun oder zu unterlassen (das einzige Mittel, das dem Staat zur Verfügung steht), lässt sich keine Änderung des Glaubens bewirken. Sicher, der Staat kann mich zwingen, an täglichen Gottesdiensten teilzunehmen, die heiligen Schriften zu rezitieren oder öffentlich ein Glaubensbekenntnis zu sprechen – aber all das sind bloß äußere Handlungen. Ich kann all diese Dinge tun, ohne im Inneren von der Wahrheit des Glaubens überzeugt zu sein, den ich bekenne. Überzeugungen können, anders als Handlungen, nicht durch externen Druck bewirkt werden, denn sie unterliegen keiner willentlichen Kontrolle. Wenn ich nicht glaube, dass Dortmund Meister wird, kann ich mich nicht einfach dazu entschließen, es doch zu glauben, weder aus freien Stücken noch aus Zwang, ebenso wenig, wie ich durch die Androhung von Prügel beschließen kann, jetzt Klavier spielen zu können. Diese Art von Dingen ist dem Zugriff meines Willens entzogen. Der Staat kann Lippenbekenntnisse erzwingen, aber keinen Glauben.

Aber ist Locke hier nicht ein wenig vorschnell? Sicher, Glaube lässt sich nicht direkt erzwingen, aber in gewissem Maß ist es schon möglich, die Überzeugungen anderer aktiv zu beeinflussen, ohne sie durch rationale Gründe zu ändern. Ich kann z. B. ein Umfeld schaffen, in dem andere permanent mit bestimmten Überzeugungen konfrontiert sind, privat und in den Medien, in dem diese Überzeugungen stets in einem positivem Licht erscheinen und vielleicht auch ihre positiven Auswirkungen auf das Leben aller sichtbar werden. Ich kann andere dazu bringen, in diesem Umfeld die Teilnahme an einer religiösen Praxis zu einer Gewohnheit zu machen, in der Hoffnung, dass auf die Gewohnheit irgendwann der Glaube folgt, und wenn nicht in dieser, dann eben in der nächsten Generation.[30] Ich kann das Gras vielleicht nicht zum Wachsen zwingen,

---

29 Locke 1966 [1689]: 15.

30 Ganz ähnlich antwortet Pascal auf den Einwand gegen sein sogenanntes Argument der Wette, dass man doch nicht einfach anfangen kann, zu glauben, bloß weil man rein rational eingesehen hat, dass es besser wäre. Nicht glauben zu können ist für Pascal ein Defizit der Leidenschaften,

aber ich kann die Samen ausstreuen, gießen und abwarten, dass es von selbst wächst. Hinzu kommt, dass Lockes Argument am eigentlichen Problem vorbeizugehen scheint: Der Vorwurf ist nicht, dass Intoleranz irrational, sondern dass sie unmoralisch ist. Wir lehnen die Folterung Andersgläubiger ja nicht deshalb ab, weil sie kein effektives Mittel zur Bekehrung ist. Und sollte sich zeigen, dass Intoleranz weniger ineffektiv ist, als Locke vielleicht gedacht hat, so stünde er ohne jedes Argument für die Toleranz da.

Tatsächlich scheint es Locke (und anderen) nicht zu gelingen, ein *unabhängiges* Argument für religiöse Toleranz zu entwickeln, d. h. ein Argument, das auch aus einem exklusivistischen Standpunkt nachvollziehbar wäre. Wer für Toleranz plädiert, muss stillschweigend bereits von einer moderat pluralistischen oder inklusivistischen Position ausgehen. Denn warum sonst sollte man gegenüber anderen Überzeugungen (die man doch für falsch hält) tolerant sein? Eine Wissenschaftlerin wird auch nicht tolerant sein denen gegenüber, die ihre Hypothese nicht teilen, sondern versuchen, sie von der Richtigkeit ihrer Theorie zu überzeugen. Toleranz macht nur Sinn, wo die Wahrheitsfrage offen oder nicht so wichtig ist – und das ist eine pluralistische Position. Nur, wer eine gewisse Skepsis gegenüber den Wahrheitsansprüchen der eigenen Religion und eine gewisse Offenheit für eine pluralistische Theorie der Erlösung hat, wird der Toleranz gegenüber der Mission den Vorzug geben. Vor einem solchen Hintergrund kann das Erlebnis religiöser Pluralität der Toleranz förderlich sein, denn sie kann die epistemische Kraft meiner eigenen Überzeugungen und meiner exklusivistischen Wahrheitsansprüche schwächen.[31] Problematisch ist allerdings, dass wir uns hier in einem geschlossenen Zirkel zu bewegen scheinen. Denn Offenheit gegenüber anderen Religionen, die Annahme, dass auch in ihnen Wahrheit zu finden ist und dass sie der eigenen gleichwertig sind, ist ja nichts anderes als Toleranz – verstanden als Charakterhaltung und nicht bloß als äußeres Verhalten. Pluralismus impliziert also nicht Toleranz, Toleranz ist Pluralismus. Echte Toleranz im Sinne eines Anerkennens der Gleichwertigkeit statt bloßer Duldung ist mit einer exklusivistischen Position nicht vereinbar.

---

nicht der Vernunft. Entsprechend besteht der Ausweg darin, die Vernunft zu umgehen und andere Leidenschaften (bzw. Emotionen und affektive Einstellungen) zu kultivieren. Pascal empfiehlt, sich andere in ähnlichen Situationen zum Vorbild zu nehmen und einfach so lange nachzuahmen, bis es funktioniert: „[Befolgt] die Art, in der sie begonnen haben. Das heißt, sie handelten in allem so, als glaubten sie, sie gebrauchten Weihwasser, ließen Messen lesen usw. Ganz natürlich wird Euch eben das gleiche zum Glauben führen und Euren Verstand demütigen." (Pascal 2012 [1670]: 199)

31 Quinn 2001 vertritt diese Position. Gegenstimmen sind in Kraft/Basinger 2008 zu finden.

5. Zu den Texten dieses Bandes

Das ist der thematische Hintergrund, vor dem sich die Texte dieses Bandes bewegen. Ihnen allen ist gemeinsam, dass sie den Versuch unternehmen, neue Ideen in die laufenden Debatten zur Pluralität einzubringen und die bestehenden Theorien und Argumente weiterzuentwickeln. Programmatisch dafür ist der Text von *Victoria Harrison*, der zeigt, wie die Auseinandersetzung mit dem Problem der Pluralität in der Religionsphilosophie ein Vorbild für die zukünftige Entwicklung der Philosophie überhaupt sein kann. Statt an der überkommenen Einteilung der Philosophie in separate Traditionen wie westliche, indische und chinesische Philosophie festzuhalten (die einander wenig bis gar nichts zu sagen haben), schlägt sie vor, Philosophie als globales Projekt zu verstehen und fordert Philosophinnen und Philosophen dazu auf, *globale* Philosophinnen und Philosophen zu werden – also solche, die sich in mehr als nur der heimischen Tradition der Philosophie auskennen und die in der Lage sind, die Begriffe und Ressourcen verschiedenster Tradition zu fusionieren. Eine solche globale Philosophie muss für Harrison pluralistisch sein: Ähnlich dem religiösen Pluralismus akzeptiert sie die prinzipielle Wahrheit und Werthaftigkeit aller philosophischen Traditionen und entwickelt Methoden, die es erlauben, dieser Pluralität von Perspektiven gerecht zu werden. In einem kritischen Moment der Menschheitsgeschichte ist es die Aufgabe der globalen Philosophie, einen Beitrag zu leisten zur Entwicklung einer pluralen, globalen Kultur – wie es die Religionsphilosophie vorgemacht hat.

Im Gegensatz zu den übrigen Texten (und auch zum Mainstream der Debatte), die sich auf das Problem interreligiöser Pluralität konzentrieren, befasst sich *Katherine Dormandy* in ihrem Essay mit der intrareligiösen Pluralität. Es ist eine Illusion, wenn auch eine, die selten explizit thematisiert wird, dass Religionen homogene Gemeinschaften gleichrangiger und gleichwertiger Mitglieder sind. Gläubige Menschen gibt es nicht einfach so, in rational-idealisierter Form, sondern als konkrete Personen, die eine durch ihren historischen Kontext, ihr Geschlecht, ihre Funktion etc. definierte Rolle innerhalb der Gemeinschaft spielen. Wenn wir diese reale religiöse Lebenswelt miteinbeziehen, ist klar, dass es auch hier Potential für ethische, aber auch epistemische Kontroversen geben kann. Angesichts solcher Kontroversen fordert Dormandy, dass es aus epistemischen Gründen geboten ist, den Stimmen derer Gehör zu schenken, die in ihren jeweiligen Religionsgemeinschaften an den Rand gedrängt worden sind. Denn wenn wir allein das System religiöser Überzeugungen betrachten, wie es von den Autoritäten und zentralen Figuren innerhalb dieser Gemeinschaften konstruiert wird, laufen wir Gefahr, nur die halbe Wahrheit zu hören und wichtige Aspekte zu übersehen. Etablierte Ideen und Institutionen neigen dazu, behäbig zu werden und einem Wandel zum Positiven im Weg zu stehen. Hier kann die Perspektive derer, die am Rand stehen, dazu beitragen, Schwächen und Ungerechtigkeiten aufzudecken. Der Dissens innerhalb einer Religion ist also eine willkommene Gelegenheit, epistemische Weiterentwicklungen anzustoßen.

Ein möglicher Weg, die Probleme zu umgehen, die sich aus der Pluralität der Religionen ergeben, ist der Fiktionalismus. Wer Religionen fiktionalistisch deutet, versteht sie nicht mehr als realistische Aussagen darüber, was in der Welt tatsächlich der Fall ist, sondern als Mythen oder Erzählungen; wir handeln, als ob diese Erzählungen wahr wären. *Christophe Bouriau* untersucht in seinem Text die Ursprünge des religiösen Fiktionalismus bei Hans Vaihinger und diskutiert im Vergleich mit William James' pluralistischem Zugang dessen Überzeugungskraft, verwirft ihn aber als Lösung für die Schwierigkeiten des Pluralismus. Denn wie können wir das, was wir als Fiktion erkannt haben, noch als Basis unseres Handelns nehmen, ohne uns selbst zu betrügen? Und wieso sollten es gerade religiöse Fiktionen sein, die diese Rolle übernehmen – könnten nicht andere, weltliche Fiktionen sogar besser geeignet sein?

Auch *Georg Gassers* Text befasst sich mit einem Problem, das aus dem Aufeinandertreffen unterschiedlicher Religionen entsteht: dem der Toleranz. In der Lebenswelt der Moderne sind – anders als in früheren Epochen der Menschheitsgeschichte – religiöse und weltanschauliche Pluralität alltäglicher Bestandteil des Lebens. Zugleich besteht ein prinzipieller Konsens, dass Toleranz die einzig akzeptable Reaktion auf diese reale Pluralität ist – doch wie kann Toleranz überhaupt entstehen? Gasser geht aus von Philip Quinns Argument, dass epistemische Bescheidenheit ein wichtiger Faktor für die Entstehung von Toleranz ist: Wenn ich die Erfahrung mache, dass andere Menschen mit guten Gründen Dinge glauben, die nicht mit meinem Glauben vereinbar sind, erwachsen Zweifel an der Gewissheit meines eigenen Glaubens und die Zuversicht, selbst richtig zu liegen, nimmt ab. Eine solche epistemische Bescheidenheit ergibt sich sogar notwendigerweise aus der Struktur unserer Weltanschauungen, denn wir als endliche Wesen können nur vorläufige, unvollständige und damit potentiell irreführende Weltanschauungen bilden. Doch warum führt dann nicht religiöse Pluralität automatisch zu mehr Toleranz, sondern oftmals zum Gegenteil? Gasser verweist auf die psychologischen Grundlagen der Toleranz: Philosophische Argumente allein können keine Toleranz erzeugen, wenn sie nicht auf einen fruchtbaren psychologischen Boden fallen. Dazu gehört ein hoher Grad an Internalisierung und Festigung des eigenen religiösen Weltbilds, eine Haltung der Offenheit für Fragen und Zweifel daran oder eine Wertschätzung des moralischen Charakters anderer Personen. Toleranz ist kein Selbstläufer. Um zu gedeihen, braucht sie nicht nur philosophische Argumente, sondern eine Fundierung im Charakter des Individuums.

Oliver Wiertz' Text bewegt sich innerhalb der klassischen analytischen Debatte über die Epistemologie des religiösen Dissenses und versucht eine Antwort auf dessen zentrale Frage zu finden: Was sind die Konsequenzen religiöser Pluralität für die Rationalität religiöser Überzeugungen? Gibt es überhaupt die Möglichkeit, dass sich zwei Gläubige in einem echten Dissens befinden, in dem beide Parteien beanspruchen können, rational zu sein? Und was folgt aus der Erkenntnis, sich in einem solchen Dissens zu befinden? Wiertz lehnt antirealistische und pluralistische Versuche ab, einen solchen Dissens wegzudiskutieren und stellt uns vor die Alternative: Konformismus oder Nonkonformismus. Der Nonkonformismus (das Festhalten an der eigenen Position) erweist sich als problematisch, da er eine eigene epistemische Überlegenheit voraussetzt, die sich nicht begründen lässt. Der Konformismus hingegen, der verlangt, sich in Situationen epistemischer Ungewissheit des Urteils zu enthalten, leidet an epistemischer Ungerechtigkeit – er privilegiert den Agnostizismus. Die Alternative sieht Wiertz in einem Abschwächungskonformismus: Überzeugungen haben unterschiedliche Grade der Gewissheit, und während die Existenz eines Dissenses sehr wohl Grund ist, die Gewissheit eigener Überzeugungen zu reduzieren, muss sie nicht dazu führen, dass diese Gewissheit unter die Schwelle fällt, unterhalb derer wir von Irrationalität sprechen würden.

Die Frage nach einer allen Religionen gemeinsamen, letzten Realität steht im Zentrum von *Dennis Stammers* Aufsatz. Doch anders als John Hick sieht er diese Realität nicht in einem transkategorialen, nur als Erscheinung gegebenen Wirklichen, wie es Hick vorschwebt (denn wie könnten wir einen Zugang zu diesem unsagbaren Wirklichen haben?). Sein Ansatz geht aus von Schellenbergs Konzept des Ultimismus, d. h. der Annahme einer letzten Realität, die in metaphysischer, axiologischer und soteriologischer Hinsicht ultimativ und unhintergehbar ist. Schellenberg sieht dieses Ultimative als Ziel aller Religion an, mahnt jedoch auch, dass wir aus der Perspektive einer *deep time* erst am Anfang unserer geistigen Entwicklung als Spezies stehen könnten und daher nicht davon ausgehen sollten, in unseren gegenwärtigen Religionen bereits das Ultimative erreicht zu haben. In diesem Ultimismus, kombiniert mit den Einsichten der Transzendentalpragmatik, sieht Stammer einen Ausweg aus dem Dilemma von Relativismus oder Inklusivismus, vor dem scheinbar jeder religiöse Pluralismus steht. Die Transzendentalpragmatik betont, dass eine einheitliche, geteilte Realität, auf die sich unsere Wahrheitsansprüche richten, bereits Bedingung der Möglichkeit von propositionaler Erkenntnis ist. Ein transzendentaler Ultimismus, der das Ultimative nicht bloß als *framework* bestimmt, das mit Inhalt gefüllt werden muss, sondern der ihm konkrete, transzendental notwendige Elemente zuschreibt, kann somit die Basis eines nichtrelativistischen Diskurses über eine Einheit in der Pluralität der Religionen darstellen.

Mehr Pluralismus wagen! – so lautet der Appell am Ende von *Ana Honnackers* Text, in dem sie dafür plädiert, den religiösen und weltanschau-lichen Pluralismus nicht als zu lösendes Problem, sondern als elementaren Aspekt unseres Zugangs zur Welt zu begreifen. Für William James und seinen humanistischen Pragmatismus, der den Hintergrund ihrer Argumentation bildet, tritt uns die Wirklichkeit nicht einfach als fertiges Objekt gegenüber, sondern nur als Material, das erst noch geformt und gestaltet werden muss. Eine absolute, von allen kontingenten Aspekten unseres eigenen Standpunkt befreite Wahrheit kann es damit nicht geben, sondern immer nur eine Wahrheit für uns, die sich in der Praxis bewähren muss. Ein Relativismus ist das freilich nicht – es ist Aufgabe einer humanistischen, am Menschen orien-tierten Philosophie, diese verschiedenen Weltzugänge zu filtern und zu bewerten – und zugleich ihre irreduzible Vielfalt zu verteidigen. Für die Religionsphilosophie bedeutet das, dass die exklusivistischen und inklusivistischen Versuche, die Pluralität wegzudiskutieren, zum Scheitern verurteilt sind. Wir sollten lieber lernen, mit dem Pluralismus zu leben – denn es gibt keine Alternative.

Im letzten Text des vorliegenden Bandes befasst sich *Sebastian Gäb* mit dem Problem der Vielfalt mystischer Erfahrungen. Zwar werden derartige Erfahrungen aus allen Zeiten und Kulturen berichtet, aber handelt es sich wirklich um identische Erfahrungen oder ignorieren wir hier nur die fundamentalen kulturellen Unterschiede? Ausgehend vom *principle of credulity*, nach dem Erfahrungen grundsätzlich glaubwürdig sind, solange nichts gegen sie spricht, diskutiert er die Frage, ob es eine Widersprüchlichkeit zwischen den mystischen Erfahrungen diverser Religionen gibt. Dagegen spricht, dass man zwischen der Erfahrung selbst und ihrer Interpretation unterscheiden kann. Der gemeinsame Kern der mystischen Erfahrungen ist ein präkonzeptuelles, begrifflich nicht gedeutetes Erlebnis. Auch wenn in der konkreten Erfahrung die begriffliche Interpretation immer enthalten ist, kann man einen logischen (wenn auch nicht faktischen) Unterschied zwischen beidem erkennen. Zwar ist die epistemische Bedeutung des gemeinsamen Kerns eher gering, doch er erweist sich als wichtiges Argument für die Plausibilität eines Hick'schen Pluralismus: Mystische Erfahrungen in dieser Form sind genau das, was wir erwar-ten sollten, wenn die pluralistische Hypothese wahr ist.

Literatur

Alston, William: Perceiving God. The epistemology of religious experience. Ithaca: Cornell UP, 1991.

Basinger, David: Religious Diversity (Pluralism), in: Zalta, Edward (Hg.): The Stanford Encyclopedia of Philosophy (Spring 2018 Edition), <https://plato.stanford.edu/archives/spr2018/entries/religious-pluralism/>.

Craig, William Lane: 'No other name'. A middle knowledge perspective on the exclusivity of salvation through Christ, in: Quinn, Philip/Meeker, Kevin (Hgg.): The philosophical challenge of religious diversity. Oxford: Oxford UP, 2000, 38–53.

Gäb, Sebastian: Metaphor and Theological Realism, in: European Journal for Philosophy of Religion 6 (2014), 79–92.

Griffiths, Paul: An apology for apologetics. A study in the language of interreligious dialogue. New York: Orbis, 1991.

Harrison, Victoria: Religious diversity, in: Taliaferro, Charles u. a. (Hgg.): The Routledge companion to theism. London: Routledge, 2013, 477–490.

Hick, John: An interpretation of religion. Basingstoke: Palgrave, ^{2}2004.

Hock, Klaus: Einführung in die Religionswissenschaft. Darmstadt: wbg, 2006.

Insole, Christopher: Why Hick cannot, and should not, stay out of the jam pot, in: Religious Studies 36 (2000), 25–33.

Kern, Iso: Buddhistische Kritik am Christentum im China des 17. Jahrhunderts. Bern/Frankfurt a.M.: Peter Lang, 1992.

Kiblinger, Kristin: Buddhist Inclusivism. London: Routledge, 2005.

Kraft, James/Basinger, David (Hgg.): Religious tolerance through epistemic humility. Burlington: Ashgate, 2008.

Locke, John: Ein Brief über Toleranz. Hamburg: Meiner, 1966 [1689].

Löffler, Winfried: Einführung in die Religionsphilosophie. Darmstadt: wbg, 2007.

Meister, Chad (Hg.): The Oxford handbook of religious diversity. Oxford: OUP, 2011.

Mutahhari, Murtadha: Islam and religious pluralism. Stanmore: World federation of KSIMC, 2006.

Neuner, Josef/Roos, Heinrich: Der Glaube der Kirche in den Urkunden der Lehrverkündigung. Regensburg: Pustet, ^{4}1954.

Pascal, Blaise: Gedanken. Frankfurt a.M.: Suhrkamp, 2012 [1670].

Plantinga, Alvin: Ad Hick, in: Faith and Philosophy 14 (1997), 295–298.

Plantinga, Alvin: Pluralism. A defense of religious exclusivism, in: Quinn, Philip/Meeker, Kevin (Hgg.): The philosophical challenge of religious diversity. Oxford: Oxford UP, 2000a, 172–192.

Plantinga, Alvin: Warranted Christian Belief. Oxford: Oxford UP, 2000b.

Quinn, Philip/Meeker, Kevin (Hgg.): The philosophical challenge of religious diversity. Oxford: Oxford UP, 2000.

Quinn, Philip: Religious diversity and religious toleration, in: International Journal for the Philosophy of Religion 50 (2001), 57–80.

Quinn, Philip: On religious diversity and tolerance, in: Kraft, James/Basinger, David (Hgg.): Religious tolerance through epistemic humility. Burlington: Ashgate, 2008, 61–64.

Rahner, Karl: Grundkurs des Glaubens. Freiburg: Herder, ^{8}1977.

Renusch, Anita: Der eigene Glaube und der Glaube der anderen. Philosophische Herausforderungen religiöser Vielfalt. Freiburg/München: Alber, 2014.

Rowe, William: Religious pluralism, in: Religious Studies 35 (1999), 139–150.

Rowe, William: Philosophy of religion. An introduction. Belmont: Wadsworth, 2007.

Runzo, Joseph: God, commitment and other faiths: Pluralism vs. Relativism, in: Faith and Philosophy 5 (1988), 343–364.

Runzo, Joseph: Pluralism and Relativism, in: Meister, Chad (Hg.): The Oxford handbook of religious diversity. Oxford: OUP, 2011, 61–75.

Schellenberg, John: Religious experience and religious diversity: a reply to Alston, in: Quinn, Philip/Meeker, Kevin (Hgg.): The philosophical challenge of religious diversity. Oxford: Oxford UP, 2000, 208–217.

Stolz, Fritz: Grundzüge der Religionswissenschaft. Göttingen: Vandenhoek & Ruprecht, [2]1997.

Wainwright, William: Competing religious claims, in: Mann, William (Hg.): The Blackwell guide to the philosophy of religion. Oxford: Blackwell, 2005, 220–241.

Globale Philosophie und globale PhilosophInnen

Victoria S. Harrison

In den vergangenen zweieinhalbtausend Jahren hat die Philosophie sich in vielen verschiedenen Kulturen entwickelt und viele verschiedene Formen angenommen. Heute wissen wir, dass bestimmte philosophische Ideen in der Antike und in vormoderner Zeit über bedeutende geographische Begrenzun-gen hinweg weite Verbreitung fanden.[1] Doch trotz dieses Ideenaustauschs zwischen einigen antiken und vormodernen Kulturen hat eine globale philosophische Kultur gerade erst begonnen, Gestalt anzunehmen. In dieser gerade entstehenden globalen philosophischen Kultur greifen PhilosophInnen nicht nur auf die intellektuellen Ressourcen einer einzigen, historisch gewachsenen philosophischen Tradition zurück, um ihre Fragen zu beantwor-ten, sondern auf viele philosophische Strömungen verschiedener Teile der Welt.

Die aktuelle geistige Situation, die viel der Philosophiegeschichte, der Sinologie und der Indologie des 19. und 20. Jahrhunderts zu verdanken hat,[2] wirft die Frage auf, inwieweit philosophische Erkenntnisse und Begriffswerkzeuge aus unterschiedlichen, ehemals unabhängigen philosophischen Traditionen zusammengebracht werden können, um genuin neue philosophische Ansätze zu entwerfen, die mehr als die Summe ihrer einzelnen Teile darstellen. Sie lädt außerdem dazu ein, unsere Erwartungen an die Philosophie und an PhilosophInnen als Mittler kultureller Veränderung zu überdenken. Kann traditionsübergreifende philosophische Arbeit, die ihren Ursprung in vormodernen Denksystemen besitzt, lediglich rückwärtsgewandt die kulturgebundenen Formen der Philosophie betrachten oder kann sie in unserem gegenwärtigen Geistesleben zu Veränderungen anregen?

Diese Fragestellung ist besonders für die Erforschung der philosophischen Traditionen Asiens von Relevanz, da viele Arbeiten hier zwangsläufig sowohl klassisches als auch vormodernes Material einbeziehen. Darüber hinaus spielt sie aber auch für die Erforschung westlich geprägter Philosophie eine Rolle, insofern die Geschichte der westlichen Philosophie immer noch einen großen Anteil des Forschungsgebietes ausmacht. Sowohl in westlichen als auch in

---

1 Man denke nur an die Ausbreitung der buddhistischen Philosophie von Indien nach China seit dem 1. Jahrhundert. Außerdem wissen wir, dass buddhistische Ideen in den nachfolgenden Jahrhunderten zwischen diesen Ländern hin und her wanderten, wodurch sie eine prägende Rolle sowohl in der geistigen Kultur Indiens als auch Chinas spielten.

2 Viele wissenschaftliche Strömungen wie Geschichte, Anthropologie, Hermeneutik, Archäologie und Theologie trugen zu dieser Entwicklung bei. Im Text nenne ich nur die wenigen, die die größte Relevanz für das Thema des Artikels besitzen.

asiatischen Traditionen der Philosophie entsteht Fortschritt im Denken durch einen Prozess ausgedehnter Auseinandersetzungen mit vorherigen Denkerinnen und Denkern So leisten z. B. in der westlichen Philosophie bis heute die Gedanken von Platon (428/427–348/347 v. Chr.), Anselm von Canterbury (1033/34–1109) und G. W. F. Hegel (1770–1831) wichtige Beiträge zur laufenden Arbeit an nach wie vor bestehenden philosophischen Problemen. In ähnlicher Weise beeinflussen die Ideen von Mèngzǐ (孟子, ca. 371–289 v. Chr.), Zhū Xī (朱熹, 1130–1200) und Wáng Yàng Míng (王阳明, 1472–1529) – um nur ein paar Beispiele aus der konfuzianischen Tradition zu nennen – noch immer die aktuellen Diskussionen in der chinesischen Philosophie. In einem wichtigen Sinne tragen all diese Philosophen weiterhin zu den laufenden philosophischen Debatten bei. In ähnlicher Weise kann für die indische philosophische Tradition festgehalten werden, dass dort Philosophen wie Vasubandhu (4–5. Jh.), Kumārila (unbekannte Lebensdaten, aber Wirkungszeit wohl im frühen 8. Jh.) und Rāmānuja (ca. 1017–1137) noch immer häufig rezipiert werden.

Die den philosophischen Traditionen gemeinsame Orientierung an der Vergangenheit kann irreführend sein, wenn daraus geschlossen wird, dass Philosophie nichts zur Zukunft beizutragen habe. Obwohl philosophische Traditionen oft tief in der Vergangenheit verwurzelt sind, ist es wichtig zu erkennen, dass sie sich auch auf die Zukunft richten. Heutige PhilosophInnen, die Ideen von Platon, Mèngzǐ oder Vasubandhu in die Diskussion einbringen, tun dies mit dem Ziel, unser gegenwärtiges Denken voranzubringen (außer sie haben rein historische Interessen). Das war schon immer so. Was aber die aktuelle Praxis auszeichnet, ist das Ausmaß, in welchem PhilosophInnen jetzt in der Lage sind, Denker aus verschiedenen historischen Traditionen miteinander ins Gespräch zu bringen, um zu Diskussionen über aktuelle philosophische Fragen beizutragen.

Stellen wir uns eine Zukunft vor, in der unsere geistigen Nachfahren die entwickelte Form unserer momentan noch im Entstehen begriffenen globalen philosophischen Kultur geerbt haben und uns gemeinsam mit jenen der Vergangenheit in die philosophische Diskussion integrieren werden. Überlegen wir uns weiter, wie wir unsere gegenwärtige philosophische Praxis gestalten sollten, so dass unsere Arbeit relevant und nützlich sein kann für Menschen in einer Zukunft, deren Umrisse wir nur vage erahnen können, die aber noch nicht real geworden ist. Es ist an der Zeit für heutige PhilosophInnen, darüber nachzudenken, wie die Denkerinnen und Denker unserer gerade entstehenden globalen Kultur neue philosophische Rahmenbedingungen entwickeln könnten, die in einer Zukunft von Nutzen sein werden, die höchstwahrscheinlich (bei der aktuellen Geschwindigkeit des technologischen und sozialen Wandels) radikal anders als die Vergangenheit sein wird. In der Tat ist die Zeit reif für PhilosophInnen – und gleichfalls für DenkerInnen anderer verwandter Disziplinen – sich Gedanken darüber zu machen, welche Art von philosophischer Kultur wir zur Weitergabe an zukünftige Generationen kreieren wollen. Was für eine Form von philosophischer Kultur auch immer dabei entstehen wird – es scheint unumgänglich, dass diese sowohl in der asiatischen als auch der westlichen Tradition verwurzelt sein muss. Das Ziel dieses Textes ist es, einen bescheidenen Beitrag zur Entwicklung einer Philosophie für die Zukunft zu leisten.

1. Philosophische Grundfragen und Zeiten, die sich ändern

Alle philosophischen Traditionen der Welt, antike, klassische und moderne, haben sich um Fragen herum entwickelt. Viele dieser Fragen sind aus menschlichen Grunderfahrungen heraus entstanden, die durch unsere Biologie geprägt und durch unseren geographischen, sozialen, politischen und kulturellen Kontext variiert wurden. Da diese Fragen aus allgemein verbreiteten Erfahrungen entstanden sind, besitzen die Antworten verschiedener philosophischer Systeme bzw. unterschiedlicher PhilosophInnen das Potential, für Menschen zu allen Zeiten und Orten von Interesse zu sein. Diese philosophischen Fragen betreffen grundlegende Themen des Menschseins, der Natur und der Gesellschaft. Sie umfassen Fragen nach dem Selbst und der Beschaffenheit der Realität, nach der Bedeutung und dem Wert unseres Lebens sowie Fragen nach den Grenzen unserer Erkenntnis. Diese grundlegenden philosophischen Fragen beschäftigen Menschen bis heute. Ja, für jeden denkenden Menschen bleibt es schwer, sich diesen Fragen völlig zu entziehen.

In unserem digitalen Zeitalter haben wir zum ersten Mal in der Menschheitsgeschichte einen einfachen Zugang zu genügend Informationen, um philosophische Grundfragen aus einer ganzen Bandbreite von Perspektiven unterschiedlicher philosophischer Traditionen betrachten zu können – unter anderem aus dem fernen Osten (China, Korea, Japan), dem Westen (Indien) und dem fernen Westen (Griechenland/Europa). Von einer „globalen philosophischen Kultur" zu sprechen, in der DenkerInnen auf den Reichtum geistiger Ressourcen vieler philosophischer Traditionen der Welt zurückgreifen können, um dann neu über philosophische Grundprobleme nachzudenken, erscheint gerade vor dem Hintergrund des digitalen Zeitalters sinnvoll. Außerdem ist dieses Vorgehen gerade deshalb so wichtig und dringend, da wir in einer Zeit schneller sozialer, kultureller und ökologischer Veränderungen leben, die es sehr wahrscheinlich macht, dass die Zukunft radikal anders als die Vergangenheit sein wird. Traditionelle philosophische und religiöse Systeme stehen mehr und mehr unter dem Druck, ihre Relevanz bewahren zu müssen und auch weiterhin sinnvolle Antworten auf existenzielle, ethische, politische und metaphysische Fragen zu liefern, die Menschen sich überall auf der Erde stellen.

Man hat die gegenwärtige geistige Situation mit ihrem Potential zur Entstehung radikal neuer Denkformen und philosophischer Strukturen mit derjenigen verglichen, die in ganz Eurasien auftrat und in Anlehnung an Karl Jaspers „Achsenzeit" (ca. 800–200 v. Chr.) genannt wird.[3] Die Achsenzeit war das Resultat drastischer technologischer Veränderungen (vergleichbar denen, die wir jetzt erleben) und des ungekannten Ausmaßes wechselseitiger kultu-reller Durchdringung und Urbanisierung.[4] Die Denkformen, die das geistige Leben in der langen Zeitspanne zwischen uns Spätmodernen und den Menschen der Steinzeit prägten (die vor den Veränderungen der Achsenzeit lebten), haben alle ihre Wurzeln in der Achsenzeit – trotz späterer Korrekturen und Modifikationen.[5] Es sind gerade diese religiösen und philosophischen Systeme, die seit dem Beginn der Moderne unter Druck geraten sind.[6] Ihre Relevanz für die Gegenwart und ihre Plausibilität wurden im westlichen Denken seit dem 18. Jahrhundert zunehmend in Frage gestellt. Die These, dass wir uns heute am Beginn einer großen Welle geistiger und kultureller Transformationen befinden, vergleichbar den Veränderungen der Achsenzeit, wird zum einen durch das Ausmaß der verschiedenen technologischen Veränderungen unterstützt, die wir im digitalen Zeitalter erleben. Zum anderen spricht aber auch das vielfältige intellektuelle Bedürfnis nach neuen religiösen und philosophischen Denkformen, die das Lebensgefühl des spätmodernen Menschen eher anprechen, für eine solche These.

Auch wer Zweifel an der Ähnlichkeit der Achsenzeit mit unserer gegenwärtigen Zeit hat, dürfte zustimmen, dass gerade jetzt eine gute Zeit ist, um unser globales geistiges Erbe neu zu beurteilen mit Blick darauf, welche philosophischen Ideen und welche Stile der Philosophie einen Beitrag zur Gestaltung der philosophischen Kultur der Zukunft leisten können. Dieses Projekt können wir angehen, indem wir erneut die globale Geschichte der Philosophie betrachten[7] und schauen, was sinnvollerweise in aktuelle Diskussionen eingebracht werden könnte, um uns einerseits dabei zu helfen, neue

---

3 Jaspers 1949.

4 Vgl. Bellah/Joas 2012 für eine Auswahl von Essays, von denen viele sich mit der Thematik der Achsenzeit und kultureller Veränderungen beschäftigen.

5 Für eine Diskussion einiger Arten, auf die sich das Verständnis des Selbst und der ultimativen Wirklichkeit schrittweise verändert hat während der langen geistigen Transformation zwischen 800 und 200 v. Chr. siehe Harrison 2018: 39–52.

6 Ich schließe das Christentum und den Islam in diese Kategorie mit ein trotz des Umstandes, dass sie erst nach der Achsenzeit die Bühne der Geschichte betreten haben. Der Grund dafür ist, dass sie ohne die geistige Revolution der Transformationszeit nicht hätten entstehen können, da beide in ihrer ursprünglichen Form auf Ideen zurückgehen, die von den Denkern der Achsenzeit vermittelt wurden, größtenteils durch den Zoroastrismus.

7 Peter Adamsons Projekt *History of philosophy without any gaps* ist eine ausgezeichnete Quelle, um sich über die globale Geschichte der Philosophie zu informieren: *https://historyofphilosophy.net*

Ansätze zur Beantwortung wichtiger philosophischer Fragen zu entwickeln, andererseits aber auch die Bandbreite gestellter Fragen zu erweitern. Dieser Prozess bringt es mit sich, Gedanken oder manchmal auch ganze Argumente aus ihrem ursprünglichen intellektuellen Kontext zu lösen und auf neue Art und Weise einzusetzen. Heute – und das vielleicht mehr denn je – benötigen wir diese Art von experimentellem und kreativem philosophischen Denken. Diese Form philosophischen Arbeitens kann durch ihre Fundierung in unserem globalen geistigen Erbe der Menschheit helfen, neue Antworten auf dringende Fragen zu entwickeln, die uns hier und jetzt beschäftigen und die uns und kommende Generationen in einer ungewissen Zukunft weiter beschäftigen werden. Weil viele dieser Fragen von großer existentieller Bedeutung sind, ist es nicht überraschend, dass sie oft religiöse Themen betreffen. Im folgenden Abschnitt wird daher der Religionsphilosophie besondere Aufmerksamkeit geschenkt. Auch wenn die Religionsphilosophie nur eine Disziplin im weiten Feld der Philosophie ist, bietet sie sich als Fallbeispiel an, um die Diskussionen, die alle philosophischen Disziplinen betreffen, zu veranschaulichen.

2. Globale Religionsphilosophie

Es scheint inzwischen ein globaler Trend an Universitäten zu sein, das Wort „global" immer und überall zu verwenden, wo es möglich ist. Der exzessive Gebrauch dieses Ausdrucks in der Wissenschaft hat zur Skepsis gegenüber seinem Inhalt geführt. Manchmal denkt man, es habe wenig bis gar keinen echten begrifflichen Gehalt und es sei kaum mehr als ein Modewort, dessen Verwendung die Chancen bei der Drittmitteleinwerbung steigert.[8] Dies ist insofern unglücklich, da der Ausdruck – auch wenn er vielleicht überstrapaziert wird – eine wichtige Rolle in der Philosophie im Allgemeinen und in der Religionsphilosophie im Speziellen spielt.

Das 21. Jahrhundert hat ein neues Interesse an einer globalisierten Religionsphilosophie mit sich gebracht.[9] Trotz dieses Interesses gibt es allerdings keine Einigkeit darüber, was genau es heißen soll, die Religionsphilosophie zu globalisieren. Doch egal, was wir unter einer globalen Religionsphilosophie verstehen – es besteht ein breiter Konsens, dass die aktuell übliche Form der Disziplin noch nicht so weit ist. Yujin Nagasawa beschreibt die aktuelle Praxis der Religionsphilosophie folgendermaßen:

---

8 An der Universität von Macau war ich Leiterin eines auf zwei Jahre angelegten Drittmittelprojekts zum Thema „Globale Religionsphilosophie" (2017–2019). Der vorliegende Artikel ist ein Ergebnis dieser Förderung.

9 Joseph Runzo war ein Vorreiter dieses Trends mit seinem Buch *Global Philosophy of Religion*, Oxford: Oneworld, 2001.

> Scholars work within their own traditions and rarely interact with those in other traditions. Virtually the only time they interact with others is when they defend their views from critics. For example, Christian philosophers focus on the traditional Christian concept of God, according to which God is an omniscient, omnipotent, and all-loving creator of the universe. Drawing upon this conception, they discuss issues such as the nature and existence of God, the justification of religious beliefs, the problem of evil, the afterlife, miracles, and religious language. They rarely express strong interest in other traditions such as Buddhism, Hinduism, Islam, Jainism, Shinto, and Sikhism, even though they occasionally interact with Judaism.[10]

Auch wenn ich die Richtigkeit dieser Beschreibung nicht verteidigen möchte, steckt doch genug Wahrheit in ihr, um das wachsende Interesse unter ReligionsphilosophInnen (und Studierenden) an der Globalisierung des Fachgebiets zu erklären.

Nagasawas Charakterisierung des gegenwärtigen Status spiegelt die Tatsache wider, dass die Religionsphilosophie in der nicht allzu fernen Vergangenheit ein beinahe überall anzutreffendes Standardcurriculum kannte. In diesem Curriculum lernten Studierende, philosophisch über Probleme nachzudenken, die sich aus dem Gottesbegriff ergeben, wie er die westliche Theologie seit dem frühen Mittelalter bestimmt hatte. Dieses Curriculum ist immer noch sofort erkennbar für ReligionsphilosophInnen in aller Welt. Das Themenfeld wird in vier Hauptgebiete eingeteilt: Argumente für (und gegen) die Existenz Gottes; Argumente zu den Eigenschaften und zum Wesen Gottes; Probleme, die durch den Begriff „Gott“ entstehen; philosophische Probleme in Bezug auf den Glauben (*faith/belief*) an Gott.

Im Gegensatz zu dem Eindruck, den Nagasawas Beschreibung vermittelt, wurden vor einigen Jahrzehnten schon Anpassungen am Standardcurriculum vorgenommen. Inhalte von „anderen“ (d. h. nicht-christlichen) religiösen Traditionen wurden zaghaft eingeführt im Rahmen eines Versuchs, die Religionsphilosophie weniger eurozentrisch zu gestalten und um die Distanz zur verwandten Disziplin der theologischen Philosophie zu betonen. Jedoch war aus philosophischer Perspektive dieser anfängliche Versuch der Anpassung des Curriculums nicht ganz erfolgreich. Der Grund dafür liegt darin, dass unklar war, wie Material aus nicht-westlichen Traditionen in geeigneter, philosophischer Weise eingeführt werden sollte, zumal die meisten ReligionsphilosophInnen zu dieser Zeit selbst nur geringe Kenntnisse nicht-westlicher Religionen besaßen. Angesichts dieser Schwierigkeiten entschieden sich viele für einen Kompromiss. Sie fügten „religiöse Vielfalt“ als ein neues Thema in den Rahmen des Standardcurriculums ein. Religiöse Vielfalt wurde also als ein einzelnes Thema innerhalb der Gesamtdisziplin verstanden – was rückblickend recht eigenartig erscheinen mag – statt als die Tatsache, die alles umrahmt. Als isoliertes Thema, dem man ein oder zwei Veranstaltungen widmete, behandelte man religiöse Vielfalt typischerweise, indem man Vergleiche zwischen den Überzeugungen

---

10 Nagasawa 2017: 35.

und Praktiken unterschiedlicher religiöser Traditionen anstellte. Dieser deskriptive und vergleichende Ansatz passte jedoch nicht zum Fokus auf Argumente, der für die philosophische Diskussion der Themen des Standardcurriculums typisch war (z. B. Argumente für oder gegen die Existenz Gottes). Deshalb ist keineswegs klar, so Nagasawa, wie dieser Ansatz zum Fortschritt der philosophischen Debatten beitragen könnte.[11]

Eine Variante der Strategie, die globalere Ausrichtung der Religionsphilosophie zu befördern, indem man religiöse Vielfalt als Thema zum Curriculum hinzufügt, bestand darin, sich stärker auf den philosophischen Gehalt des Themas und damit auf John Hicks pluralistische Hypothese zu konzentrieren.[12] Hicks Ansatz, der auf einer im weiteren Sinne kantianischen Metaphysik und Erkenntnistheorie aufbaut, hatte den Vorteil, den Fokus des Curriculums auf philosophische Argumente beibehalten zu können, aber zugleich weit über eine einfache Beschreibung nicht-westlicher Traditionen oder Vergleiche mit dem Westen hinauszugehen. Doch statt alternative Ansätze zu den Problemen zu entwickeln, die Hick ansprach, entwickelte sich die philosophische Debatte zu einer ausführlichen Kritik an Hicks Theorie, besonders hinsichtlich ihrer Anleihen an Kants Theorie des Noumenon.[13] Bis vor kurzem hatte sich die Kritik an Hicks transzendentaler Form der pluralistischen Theorie so sehr in der Religionsphilosophie festgesetzt, dass sie den Weg zu einer genuin philosophischen Beschäftigung mit dem Thema der religiösen Vielfalt versperrte. In der Konsequenz trug die Einführung der religiösen Vielfalt ins Standardcurriculum kaum etwas dazu bei, philosophische Kreativität zu fördern. Ebenso wenig regte sie eine echte philosophische Auseinandersetzung zwischen in der westlichen Tradition und in nicht-westlichen Traditionen (wie Hinduismus, Buddhismus oder Daoismus) ausgebildeten PhilosophInnen an.

Als Reaktion auf diese Schwierigkeiten haben einige ReligionsphilosophInnen mit alternativen Methoden experimentiert, den Umfang ihres Fachs zu erweitern, um passende Inhalte aus einer größeren Zahl von religiösen und philosophischen Traditionen miteinzubeziehen. Diese Bemühungen führten zu einer Erweiterung der Religionsphilosophie auf philosophische Fragen im Zusammenhang mit verschiedenen Konzepten einer ultimativen Realität und der Beziehung des Selbst zu ihr. Dieser neue Trend wurde durch ReligionsphilosophInnen wie John Schellenberg[14] und Gwen Griffith-Dickson eingeleitet,[15] die den Begriff „Religion" anstelle des Begriffs „Gott" ins Zentrum der Disziplin

---

11 Nagasawa 2017.

12 Hick 1989.

13 Eine praktische Zusammenfassung der Argumente findet sich in Yandell 1999. Leider wurde in der zweiten Auflage dieses Buches von 2016 viel Material zu Hick, das eine Stärke der ersten Auflage war, weggelassen.

14 Schellenberg 2005.

15 Griffith-Dickson 2000.

gestellt haben. Dieser Schritt weg von „Gott" hin zum allgemeineren Begriff der Religion war insofern wirkungsvoll, als dass er eine neue Perspektive auf philosophischen Fragen nach der letzten Bedeutung (*ultimate concern*) ermöglichte. Auch wenn diese Strategie zu einer beträchtlichen Erweiterung des Gegenstandsbereichs der Religionsphilosophie führte, geht sie doch nicht auf die methodische Schwierigkeit ein, dass in der Entstehung der meisten vormodernen geistigen Traditionen – sowohl in Asien als auch im Westen – Religion und Philosophie eng verflochten sind. In vielen dieser Fälle sind anspruchsvolle Formen philosophischer Argumentation mit eigenen Techniken für den Umgang mit philosophischen Problemen und Widersprüchen entstanden. Deshalb reicht es meiner Meinung nach nicht aus, nur den Gegenstandsbereich der Religionsphilosophie zu erweitern, um die Disziplin zu globalisieren. Um dies zu erreichen, bedarf es auch einer Unterstützung durch Methoden, die nicht nur sensibel für religiöse, sondern auch für philosophische Vielfalt sein müssen.

Diese Gedanken über eine Globalisierung der Religionsphilosophie machen auf etwas aufmerksam, das auch ganz allgemein Relevanz für die Philosophie besitzt, nämlich dass es das eine ist, die Existenz der Vielfalt von philosophischen Traditionen anzuerkennen – aber etwas Anderes, einen philosophischen Pluralismus auch als methodische Position anzunehmen. Auch andere Positionen als der Pluralismus sind als Antwort auf Vielfalt möglich. Das lässt sich an der philosophischen Debatte über religiöse Vielfalt sehen, in der sich drei zentrale Positionen herausgebildet haben: Exklusivismus, Inklusivismus und Pluralismus. Würde man diese Positionen auf die Philosophie selbst anwenden, so würde ein Exklusivist die Meinung vertreten, dass nur *eine* philosophische Tradition die richtige sein kann (alle anderen sind wertlos); ein Inklusivist wäre davon überzeugt, dass zwar eine bestimmte philosophische Tradition den anderen deutlich überlegen wäre, aber zugestehen, dass die anderen trotzdem einen gewissen Wert haben; ein Pluralist schließlich würde denken, dass alle Traditionen der Philosophie (zumindest potentiell) wertvoll sind. Philosophischer Pluralismus kann wie der religiöse Pluralismus weiter in zwei Strömungen unterteilt werden: eine reduktive und eine nicht-reduktive.[16] Ein reduktiver philosophischer Pluralist wird denken, dass wir alles von Wert aus allen Traditionen übernehmen können, um es dann zu einer einzigen Tradition zu verbinden, so dass letztlich alle philosophische Vielfalt beseitigt wird. Ein nicht-reduktiver philosophischer Pluralist wird philosophische Vielfalt positiv bewerten und den Versuchen widerstehen, die Traditionen zu homogenisieren, zugleich aber anerkennen, dass es ein philosophisches Gespräch gibt, zu dem alle etwas beitragen können.

Einen nicht-reduktiven und nicht-eliminativen philosophischen Pluralismus der Methoden anzunehmen in dem Sinne, in dem ich diesen Ausdruck

[16] Vgl. die Diskussion in Harrison 2015: 257–269.

hier verwenden möchte, impliziert keine Festlegung auf einen Dialetheismus oder auf die Mechanismen einer parakonsistenten Logik.[17] Es bedeutet lediglich, die offensichtliche Tatsache anzuerkennen, dass es in unserer Welt mehrere eigenständige philosophische Traditionen gibt, und zuzulassen, dass diese einen Einfluss auf unser philosophisches Denken ausüben können, ohne zu versuchen, irgendeine Tradition zu beseitigen oder die Pluralität zu vermindern.

Ich habe argumentiert, dass die Erweiterung der Inhalte der Religionsphilosophie, indem man sich auf die Frage nach ihren Grenzen konzentriert, nur ein erster Schritt in Richtung einer Globalisierung ist und dass dies ebenso für die Philosophie im Allgemeinen gilt. Der nächste Schritt wäre ein philosophischer Methodenpluralismus, der es erlaubt, Denkerinnen, Denker, Ideen und Argumentationsstile aus verschiedenen philosophischen Traditionen in laufende, gemeinsame philosophische Projekte und Gespräche einzubringen. Ein Weg, solche grenzüberschreitende philosophische Arbeit zu ermöglichen, ist es, sich auf gemeinsame philosophische Fragen zu konzentrieren, die oft mit religiösen Ideen verbunden sind. Dies ermöglicht es uns, festgefahrene Grenzen zu überwinden, die immer noch innerhalb der Disziplin anzutreffen sind: zwischen religiösen und philosophischen Traditionen, aber auch zwischen Religion und Philosophie. Eine globale Philosophie, wie ich sie mir vorstelle, tut genau dies.

3. Globale PhilosophInnen

In den letzten Jahren wurde es in der akademischen Philosophie zunehmend üblich, Gedanken oder AutorInnen aus verschiedenen Traditionen miteinander ins Gespräch zu bringen.[18] Diese Art von globaler Philosophie wurde als „postkomparativ" beschrieben, weil ihr Ziel – im Gegensatz zur komparativen Philosophie – nicht nur darin liegt, Gedanken oder Denker aus zwei oder mehr Traditionen miteinander zu vergleichen, auch wenn solche Vergleiche mitunter gebraucht werden, um ein umfassenderes philosophisches Ziel zu erreichen. Arbeiten in globaler Philosophie versuchen normalerweise, philosophische Gedanken zu einem bestimmten Thema voranzubringen (z. B. zum Wesen des Bewusstseins[19]), indem sie die begrifflichen Ressourcen anwenden, die ihnen in all den philosophischen Traditionen zur Verfügung stehen, die sich mit dem fraglichen Thema befasst haben.

Globale Philosophie wird von vielen als Zeichen für ein neues Stadium der Reife innerhalb der heutigen, global ausgerichteten Welt der akademischen

---

17 Priest 2006.

18 Zwei brillante – und sehr unterschiedliche – Beispiele dafür sind Ganeri 2012 und Jullien 2004.

19 Z. B. Thompson 2014.

Philosophie betrachtet. Die wachsende Popularität einer solchen interkulturellen Arbeitsweise in der Philosophie bedeutet aber nicht, dass die philosophischen Traditionen der Welt zu einer einzigen Weltphilosophie verschmelzen werden. So sind die meisten PhilosophInnen, die in diesem Bereich aktiv sind, nicht-reduktive philosophische Pluralisten. Sie stimmen weitgehend überein, dass philosophische Vielfalt erhalten bleiben soll, und widersetzen sich Versuchen einer Homogenisierung der diversen Philosophien in der Welt zu einer gemeinsamen Strömung.

Statt das Trugbild eines einzigen, global praktizierten philosophischen Ansatzes zu verfolgen, der geschaffen werden könnte, indem man die großen philosophischen Traditionen der Welt auf einen gemeinsamen Kern reduziert, erscheint es sinnvoller, die Rolle von globalen PhilosophInnen innerhalb der gegenwärtig sich bildenden intellektuellen Welt und der der Zukunft zu betonen. Globale PhilosophInnen sind Personen, die mit mehreren philosophischen Traditionen der Welt vertraut sind und die das intellektuelle Rüstzeug besitzen, um an philosophischen Gesprächen innerhalb und zwischen den Traditionen teilzunehmen. Globale PhilosophInnen haben im Vergleich zu denen, die nur in einer einzigen Tradition ausgebildet sind, den Vorteil, dass sie die Perspektiven verschiedener philosophischer Traditionen nutzen können, um über philosophische Probleme nachzudenken. Die Bandbreite an Perspektiven, zu denen globale PhilosophInnen Zugang haben, macht sie besonders wachsam gegenüber impliziten Vorannahmen und dem Einfluss, den ein philosophischer Stil nicht nur auf die Ergebnisse philosophischer Argumente, sondern auch auf ihre Form haben kann. Solche Dinge können sehr leicht von PhilosophInnen, die nur mit einer einzigen Tradition vertraut ist, übersehen werden. Idealerweise sind globale PhilosophInnen in der Lage, neues Licht auf bestehende philosophische Probleme zu werfen, indem sie die impliziten Hintergrundannahmen und methodische Vorentscheidungen offenlegen. Unsere im Entstehen begriffene, nicht-homogene, aber doch globale philosophische Kultur kann eindeutig von der Arbeit globaler PhilosophInnen profitieren, die ausgebildet sind, in einer philosophisch vielfältigen geistigen Welt zurechtzukommen. Globale PhilosophInnen sind außerdem gut vorbereitet, um zur Bildung einer philosophischen Kultur beizutragen, von der mit hoher Wahrscheinlichkeit zukünftige Generationen profitieren werden.

Damit die Beiträge globaler PhilosophInnen sowohl jetzt als auch in der Zukunft so fruchtbar wie möglich sein werden, müssen sie auf einer methodologischen Verschiebung basieren, die eine Vielfalt philosophischer Perspektiven möglich machen kann. Die Philosophen des klassischen Indien können globalen PhilosophInnen der Gegenwart als Beispiel einer guten philosophischen Praxis dienen, insofern man sie als Pioniere einer nicht-reduktiven Form des philosophischen Pluralismus betrachten kann. Die *darśanas*[20] des klassischen Indien waren klar unterscheidbar, aber dabei doch aufeinander angewiesen um ihr gegenseitiges geistiges Wachstum anzuregen. Trotz einiger signifikanter philosophischer Uneinigkeiten waren die *darśana*-Philosophen auf einer gemeinschaftlichen Suche nach der Wahrheit und entwickelten eine gemeinsame philosophische Kultur. Innerhalb dieser Kultur hoben die Logiker des Jainismus den methodischen Pluralismus auf eine neue Stufe, indem sie eine ausgeklügelte Theorie entwarfen, die erklärte, warum gleichermaßen vernünftige Menschen Meinungen vertreten, die anscheinend unvereinbar miteinander sind.[21] Ihre Erklärung ging davon aus, dass die Realität vielseitig (*anekānta*) ist und Menschen eine Vielzahl an Perspektiven (*nayas*) einnehmen können, deren jede es erlaubt, verschiedene Aspekte der gleichen Realität zu verstehen. Sie argumentierten, dass das Einnehmen einer Perspektive uns unausweichlich daran hindert, ein umfassendes Verständnis eines Gegenstands zu erlangen, weil jede Perspektive uns nur einen Teil des Wissens über die Realität vermitteln kann. Dies führte die Jain-Philosophen zu der Behauptung, dass jede Aussage über einen Gegenstand für sich genommen unzureichend ist, um das gesamte Wesen dieser Sache auszudrücken. Sie schlossen daraus, dass unsere Aussagen nicht bedingungslos wahr, sondern nur wahr in bestimmter Hinsicht sein können.

Jain-Logiker lehnten das Prinzip ab, dass Behauptungen und ihre Negationen einander wechselseitig ausschließen (ein Prinzip, das damals wie heute zumeist als gegeben angesehen wurde). Sie begründeten diesen Schritt damit, dass Aussagen etwas besitzen, das sie „versteckte Parameter" nannten, die in unserem normalen Sprachgebrauch nicht explizit gemacht werden. Ihrer Ansicht nach schließen Behauptungen keine Negationen aus, weil die versteckten Parameter den Umfang einer bestimmten Behauptung bzw. Verneinung definieren. In Bezug auf ein Set von Parametern kann eine Person korrekterweise sagen „X hat die Eigenschaft y", während in Bezug auf ein anderes Set eine andere Person ebenfalls korrekterweise sagen kann „X hat nicht die Eigenschaft y". Die Jain-Logiker versuchten dies weiter mit ihrer Theorie der sieben Modi (*saptabhaṇgī*) zu erklären, nach der jede Aussage auf sieben mögliche Weisen behauptet werden kann.[22] Diese Haltung ermöglichte es den Jain-Philosophen, von den philosophischen Arbeiten anderer Gruppen zu profitieren, ohne den Jainismus ablegen zu müssen.

Kurzgesagt: Die Jain-Philosophen schlugen einen neuen Rahmen vor, in dem über konkurrierende religiöse und philosophische Perspektiven nachgedacht werden kann. Sie verstanden den Gedanken, dass alle irreduzibel verschiedenen philosophischen Perspektiven etwas zu unserem Denken beitragen können, wie

---

20 Das Wort *darśana* im Sanskrit wurde in der Vergangenheit oft mit „philosophische Schule" übersetzt, wird aber treffender mit „philosophische Perspektive" wiedergegeben.

21 Tatia 1994.

22 Ganeri 2001; für eine kurze Einführung Harrison 2019: 52–57.

(in einem anderen kulturellen Kontext) es auch der daoistische Denker Zhuāngzǐ (庄子 ca. 369–286 v. Chr.) vertrat. Obwohl diese Theorien so hochentwickelt sind, sind sie bisher wenig in der Religionsphilosophie oder überhaupt der neueren westlichen Philosophie diskutiert worden. Das ist vielleicht ein Symptom dafür, wie weit wir noch gehen müssen, um eine komplett globalisierte philosophische Kultur zu entwickeln, in der globale PhilosophInnen die Norm und nicht die Ausnahme sind.

4. Denken als globale PhilosophInnen

Zum Abschluss dieses Aufsatzes sei es mir erlaubt, die Veränderungen im Denken, die mit der Praxis einer globalen Philosophie einhergehen, anhand einer Geschichte aus meinem Leben zu illustrieren. Im Jahr 2016 bezog ich mein neues Büro an der Universität von Macau in China. Ich packte meine Bücherkisten aus und machte mich daran, die einzelnen Bände – sorgfältig nach philosophischer Tradition und Themengebiet sortiert – in meine Bücherregale einzuräumen. Bücher über indische Philosophie, unterteilt in hinduistisch und buddhistisch, bekamen ein Regal. Die Bücher zur chinesischen Philosophie, eingeteilt in solche, die sich hauptsächlich mit Ethik, und solche, die sich mit Erkenntnistheorie oder Metaphysik beschäftigen, bekamen ein weiteres Regal. Die Bücher über westliche Philosophie waren in anderen Regalen, geordnet nach den üblichen philosophischen Disziplinen. Nachdem ich damit fertig war, setzte ich mich auf meinen Schreibtischstuhl, um das Ergebnis anzusehen, und war geschockt. Die Anordnung meiner Bücher spiegelte exakt die Art und Weise des Denkens über das Verhältnis zwischen diesen philosophischen Traditionen wider, wie sie von fast allen, die aktuell in der Philosophie arbeiten, als selbstverständlich angesehen wird. Angesichts dessen entschloss ich mich, ein Experiment zu starten. Ich fing noch einmal von vorne mit dem Einräumen meiner Bücher an, aber dieses Mal ignorierte ich, was wir vielleicht als „ursprüngliche" Tradition eines Buchs bezeichnen könnten – egal, ob es sich um eine Arbeit aus der chinesischen, indischen oder westlichen Philosophie handelte. Stattdessen ordnete ich die Bücher entsprechend den Disziplinen der Philosophie, zu denen sie thematisch gehörten: Ethik, Metaphysik, Epistemologie, Religionsphilosophie, Philosophiegeschichte etc. Das Ergebnis war intellektuell befreiend; ich empfehle jedem dieses Experiment. Sogar die Herausforderungen, die sich stellten, waren interessant. Auf das geographisch basierte Kategorisierungssystem zu verzichten, machte es sehr viel einfacher, alle Bücher als Beiträge zu einem globalen philosophischen Projekt wahrzunehmen.

Ich erzähle diese Geschichte in der Hoffnung, einen Eindruck davon zu vermitteln, wie es sein könnte, als globale PhilosophInnen zu denken. Man ignoriert nicht plötzlich die Herkunft eines Buchs – aber man hört auf, der Herkunft eine entscheidende Rolle bei der Aneignung und Einschätzung der Ideen dieses Buches zuzuschreiben.

In diesem Artikel habe ich durchweg betont, dass globale Philosophie eine Form von philosophischer Praxis ist. Aus der Perspektive der PhilosophInnen, die nur in einer einzigen philosophischen Tradition ausgebildet sind, mag die Praxis einer globalen Philosophie hoffnungslos unerreichbar erscheinen, weil sie Vertrautheit mit einer schwindelerregenden Menge an Material verlangt – nicht nur aus verschiedenen philosophischen Traditionen, sondern auch aus religiösen Gedankenströmungen aus der ganzen Welt. Die Herausforderungen, die dies für jeden Einzelnen mit sich bringt, sind erheblich. Trotzdem ist es wichtig, sich daran zu erinnern, dass die Philosophie in ihren besten Momenten ein gemeinschaftlicher Prozess ist. Von keinem einzelnen globalen Philosophen und keiner Philosophin kann erwartet werden, dass sie kompetent in (oder sogar vertraut mit) jeder philosophischen und religiösen Tradition der Welt sind. Stattdessen bringen globale PhilosophInnen in unterschiedlichem Ausmaß Expertise und Kompetenz für das global-philosophische Projekt mit und tragen so zu einer vielfältigeren und offeneren geistigen Kultur bei (zu der der Beitrag jener, die sich auf eine bestimmte religiöse oder philosophische Tradition der Welt spezialisiert haben, ebenfalls willkommen ist). Inspiriert von der jainistischen Theorie multipler Perspektiven kann die Praxis globaler Philosophie mit der gemeinsamen Arbeit an einem sehr schwierigen Puzzle verglichen werden, zu dessen Lösung viele als Einzelne mit ihrer Expertise beitragen, ohne aber jeweils selbst eine vollständige Vorstellung vom Bild zu besitzen, das am Ende entstehen wird. Die Hoffnung ist, dass je mehr Stücke ihren Platz gefunden haben, unser Verständnis unseres globalen philosophischen und religiösen Erbes und unsere Fähigkeit, es sinnvoll anzuwenden, sich mehr und mehr verbessern werden.

Zu guter Letzt lohnt es sich immer, sich zu erinnern, dass das Streben nach Weisheit eines der traditionellen Ziele der Philosophie ist. Ein Aspekt von Weisheit ist die Fähigkeit, gekonnt in unserer Welt zu leben. Diese Welt ist global. Weisheit in einer globalen Welt zu kultivieren, bedeutet auch, in anderen Kulturen nach ihr zu suchen und dazu brauchen wir eine epistemische Bescheidenheit. Globale Philosophie ist also eine Praxis mit Auswirkungen auf globale PhilosophInnen. Die Einsicht, dass das eigene Wissen begrenzt ist und dass man auf die Zusammenarbeit mit anderen angewiesen ist, wird mit großer Wahrscheinlichkeit die epistemische Bescheidenheit fördern, die ein Teil der Weisheit ist.

Aus dem Englischen übersetzt von Lisa Erlmann und Sebastian Gäb

Literatur

Bellah, Robert N./Joas, Hans (Hgg.): *The Axial Age and Its Consequences,* Princeton, N.J.: Harvard University Press, 2012.

Ganeri, Jonardon: *The Self. Naturalism, Consciousness, and the First-Person Stance,* New York und Oxford: Oxford University Press, 2012.

Ganeri, Jonardon: *Philosophy in Classical India. The Proper Work of Reason,* London: Routledge, 2001.

Griffith-Dickson, Gwen: *Human and Divine. An Introduction to the Philosophy of Religious Experience,* London: Duckworth, 2000.

Harrison, Victoria S.: *Eastern Philosophy. The Basics*, London und New York: Routledge, 2019.

Harrison, Victoria S.: Oneness. A Big History Perspective, in: Ivanhoe, Philip J. u. a. (Hgg.): *The Oneness Hypothesis. Beyond the Boundary of Self.* New York: Columbia University Press, 2018, 39–52.

Harrison, Victoria S.: Religious Pluralism, in: Oppy, Graham (Hg.): *The Routledge Handbook of Contemporary Philosophy of Religion.* New York and London: Routledge, 2015, 257–269.

Hick, John: *An Interpretation of Religion. Human Responses to the Transcendent,* Basingstoke und London: Macmillan Press, 1989.

Jaspers, Karl: *Ursprung und Ziel der Geschichte,* München/Zürich: Piper, 1949.

Jullien, François: *A Treatise on Efficacy. Between Western and Chinese Thinking,* Lloyd, Janet (Engl. Übers.), Honolulu, Hawai'i: University of Hawai'i Press, 2004.

Nagasawa, Yujin: Global Philosophy of Religion and its Challenges, in: Draper, Paul/Schellenberg, John L. (Hgg.): *Renewing Philosophy of Religion: Exploratory Essays.* Oxford: Oxford University Press, 2017.

Priest, Graham: *In Contradiction. A Study of the Transconsistent*, Oxford: Clarendon Press, 2006.

Runzo, Joseph: *Global Philosophy of Religion,* Oxford: Oneworld, 2001.

Schellenberg, John L.: *Prolegomena to a Philosophy of Religion,* Ithaca, NY: Cornell University Press, 2005.

Tatia, Nathmal: *That Which Is. A Classic Jain Manual for Understanding the True Nature of Reality. A Translation of Umāsvāti's Tattvārtha-sūtra,* New Haven: Yale University Press, 1994.

Thompson, Evan: *Waking, Dreaming, Being. Self and Consciousness in Neuroscience, Meditation, and Philosophy*, New York: Columbia University Press, 2014.

Yandell, Keith E.: *Philosophy of Religion. A Contemporary Introduction,* London und New York: Routledge, 1999.

Website:

Adamson, Peter: *History of Philosophy without any gaps.* Siehe: *https://historyofphilosophy.net*

Widerspruch von den Rändern.
Die Erkenntnistheorie religiöser Marginalisierung[1]

Katherine Dormandy

1. Einleitung

Religiöse Gemeinschaften haben oft eine negative Haltung zum Dissens mit religiösen Autoritäten und das scheint sinnvoll zu sein. Immerhin neigen religiöse Gemeinschaften dazu, ihre religiösen Überzeugungssysteme als weitgehend richtig zu betrachten, und religiöse Autoritäten verfügen über die Ausbildung, Expertise und Erfahrung vor Ort, die uns erwarten lassen sollte, dass gerade sie in der Lage sind, diese Überzeugungssysteme zu bewahren und auf neue Umstände anzuwenden.

Aber ich werde argumentieren, dass ein besserer Weg für religiöse Gemeinschaften, um ihre epistemischen Ziele zu erreichen, darin besteht, Dissens mit religiösen Autoritäten zu fördern. Religiöse Autoritäten werden zwar oft zu Recht als Quelle religiöser Einsicht angesehen, aber es gibt einerseits bestimmte Arten von Erkenntnissen, die aus ihrer Position heraus nicht gut zu erlangen sind, und andererseits bestimmte Arten von Versehen und Irrtümern, für die sie anfällig sind. Der Grund dafür ist, dass die soziale Stellung einer Person in einer Gemeinschaft ihr Überzeugungssystem epistemisch beeinflusst. Religiöse Autoritäten nehmen eine soziale Stellung ein, die zwar in mancher Hinsicht epistemisch gesehen von Vorteil ist, aber in anderer Hinsicht – so werde ich argumentieren – von Nachteil. Das ist selbst dann der Fall, wenn eine religiöse Autorität göttlich inspiriert ist, wie viele religiöse Gemeinschaften es für ihre Autoritäten in Anspruch nehmen.

Das Gegenmittel besteht darin, zu offenem Diskurs und Dissens zwischen den verschiedenen sozialen Positionen in religiösen Gemeinschaften zu ermutigen. Ich werde mich allerdings insbesondere auf eine besondere Art von Position konzentrieren: die Position derjenigen, die zwar zu einer religiösen Gemeinschaft gehören, aber in ihr marginalisiert werden. Ich werde argumentieren, dass religiöse Marginalisierung, selbst wenn sie epistemische Nachteile hat, doch auch religiöse Einsichten fördern kann, die nicht allein religiöse

[1] Eine frühere Fassung dieses Aufsatzes in englischer Sprache ist zuerst in *Res Philosophica* 95 (2018), 371–395 erschienen unter dem Titel *Disagreement from the Religious Margins* (doi.org/10.11612/resphil.1686). Wir danken den HerausgeberInnen von *Res Philosophica* für die freundliche Genehmigung zur Übersetzung.

Autoritäten, sondern auch Mitglieder im Zentrum der Gemeinschaft ansonsten wohl übersehen würden.

Einige der hier vorgebrachten Behauptungen werden auch von feministischen ReligionsphilosophInnen[2] mit Bezug auf die feministische Standpunkttheorie[3] verteidigt, auch wenn sich mein Ansatz von einigen davon unterscheidet. Was ich von der Standpunkttheorie übernehme, ist eine Anerkennung der Komplexität der Überzeugungsbildung, die es notwendig macht, nicht nur Überzeugungen, sondern Überzeugungs*systeme* und nicht nur epistemische Gründe (*evidence*), sondern auch psychologische und soziale Einflüsse auf unser Denken zu diskutieren. Die Standpunkttheorie schlägt sich auch in meiner Betonung der epistemischen Relevanz des sozialen Standorts nieder, auch wenn ich das etwas anders auffasse. Während viele StandpunkttheoretikerInnen die epistemischen Vorteile der Marginalisierung und die epistemischen Nachteile sozialer Privilegien betonen,[4] argumentiere ich,[5] dass beide sozialen Positionen ihre epistemischen Plus- und Minuspunkte haben, auch wenn ich mich mehr mit den epistemischen Pluspunkten der Marginalisierung beschäftige. Ein letzter Punkt: Einige feministische Ansätze plädieren für eine vollständige Überarbeitung der traditionellen religiös-epistemologischen Rahmenbedingungen.[6] Mein Argument ist kompatibel mit einer solchen Überarbeitung, setzt sie aber nicht voraus – zumindest insoweit nicht, als es mit der traditionellen religiösen Epistemologie vereinbar ist, den Ansichten religiös marginalisierter Personen einen hohen epistemischen Status zu verleihen. Beginnen werde ich mit einer Darstellung religiöser Überzeugungssysteme und der Formen epistemischer Vorteile, um die es geht (Abschnitt 2). Dann werde ich die epistemischen Merkmale religiöser Autorität diskutieren (Abschnitt 3). Als nächstes werde ich den Begriff der religiösen Marginalisierung klären und argumentieren, dass diese soziale Position, obwohl sie anfällig für einige epistemische Beschränkungen ist, für bestimmte Arten religiöser Erkenntnisse vorteilhaft ist (Abschnitt 4). Ich schließe mit einigen Anwendungsmöglichkeiten meiner Theorie ab (Abschnitt 5).

2. Religiöse Überzeugungssysteme

Religiöse Erkenntnistheorien neigen dazu, sich auf religiöse *Überzeugungen* zu konzentrieren. Darunter können wir Überzeugungen verstehen, deren Ziel es

---

2 Insbesondere Anderson 1998 und Jantzen 1998.

3 Z. B. Harding 1993, Narayan 1988, Wylie 2003, Medina 2013.

4 Anderson 1998: 78–79; Harding 1993: 221.

5 Narayan 1988: 221–223; Medina 2013: 40–43.

6 Anderson 1998; Jantzen 1998.

ist, die religiöse Wirklichkeit zu repräsentieren.[7] Aber dieser Fokus auf religiöse Überzeugungen versperrt den Blick auf die Tatsache, dass religiöse Überzeugungen die religiöse Sphäre nicht allein repräsentieren können, sondern dies nur im Kontext eines *religiösen Überzeugungssystems* tun können: ein Komplex von miteinander verbundenen repräsentationalen Elementen, die wir uns (grob gefasst) als ein Modell der religiösen Realität vorstellen können.

2.1 Merkmale von Überzeugungssystemen

Skizzieren wir einige markante Bestandteile religiöser Überzeugungssysteme.[8] *Religiöse Überzeugungen* beziehen sich auf verschiedene religiöse Themen, auch theologische (z. B. wo Erlösung zu finden ist) oder praktische (z. B. ob Frauen Rabbinerinnen sein können). Sie können sehr allgemein sein (z. B. dass eine transzendente Realität existiert), weniger allgemein (z. B. dass diese Realität personal ist) oder sehr spezifisch (z. B. dass eine bestimmte Heilung ein Wunder darstellt).

Die zweite Komponente sind *Hilfsüberzeugungen*. Diese beziehen sich nicht direkt auf Religion, sondern stehen in epistemischen oder logischen Beziehungen zu religiösen Überzeugungen.[9] Daher kann ihre Veränderung Veränderungen in den religiösen Überzeugungen einer Person epistemisch notwendig machen und umgekehrt. Hilfsüberzeugungen beziehen sich auf viele Bereiche. Einer davon ist die Metaphysik. Annahmen über Gottes Verhältnis zur Zeit z. B. können Auswirkungen darauf haben, wie leicht es uns fällt, zu glauben, dass Gott mit seinen Geschöpfen fühlen kann. Ein weiterer Bereich ist die Empirie: Z. B. wurden im Lauf der Geschichte religiöse Überzeugungen oft so verstanden, dass sie bestimmte Überzeugungen über das Universum implizieren, die, wenn sie widerlegt wurden, eine Neuinterpretation dieser religiösen Überzeugungen erzwangen.

Eine wichtige Art von Hilfsüberzeugung bezieht sich auf erkenntnistheoretische Methoden und Standards, insbesondere solche, die zur Bildung und Aufrechterhaltung religiöser Überzeugungen erforderlich sind. Beispiele dafür sind etwa, wie unterschiedliche Arten von Gründen für oder gegen religiöse Überzeugungen zu gewichten sind, welche Hermeneutik für religiöse Schriften geeignet ist, welche religiösen Überzeugungen erkenntnismäßig fundamental und welche abgeleitet sind und welche Menschen in religiösen Gemeinschaften als Experten gelten. Mein Ziel ist daher so gesehen eine Bekräftigung der

---

7 Es gibt natürlich noch andere Zwecke, für die diese Charakterisierung religiöser Überzeugungen zu eng wäre. Ich werde nicht versuchen, den schwer zu fassenden Begriff „religiös“ zu definieren; für die vorliegenden Zwecke genügt ein intuitives Verständnis.

8 Ich stütze mich auf Anderson 1995, die diese Bestandteile für das wissenschaftliche Denken herausarbeitet.

9 Anderson 1998: 73; Wynn 2017: 126.

epistemologischen Hilfsüberzeugung, dass den Stimmen religiös Marginalisierter ein deutliches Gewicht hinsichtlich der Begründung religiöser Sachverhalte eingeräumt werden sollte.

Religiöse Überzeugungen und Hilfsüberzeugungen werden drittens mit *Begriffen* formuliert wie z. B. *Gott, Galut, Nirvana* und *Vergebung*. Diese sind entscheidend für die Bedeutung von religiösen Überzeugungen und Hilfsüberzeugungen. Ob z. B. der Begriff des Guten eine Ethik der Gerechtigkeit oder der Fürsorge voraussetzt, hat weitreichende Auswirkungen auf unsere Vorstellungen von Gott und seinem Handeln in bestimmten Situationen. Erkenntnistheoretische Begriffe wie *Wissen, Rechtfertigung* und *Grund* sind entscheidend, um die Bedeutung der erkenntnistheoretischen Hilfsüberzeugungen einer Gemeinschaft festzulegen.

Schließlich beinhalten religiöse Überzeugungssysteme *Werte*. Das sind Einstellungen, denen bestimmte Werte zugrunde liegen. Werte spiegeln wider, was uns wichtig ist, und veranlassen uns, genau die Fragen zu stellen, bei deren Beantwortung wir unsere Überzeugungen und Begriffe zum Einsatz bringen. Werte können in verschiedenen Formen ausgedrückt werden (wie z. B. in einer Frage, um deren Beantwortung sich die Gemeinschaft in ihrer Lehre bemüht), in der Bevorzugung einiger Dinge vor anderen etc. Die Werte einer Gemeinschaft spiegeln wider, *wessen* Anliegen innerhalb der Gemeinschaft die wichtigsten sind.[10]

Ein religiöses Überzeugungssystem besteht in erster Linie aus einem zentralen Kern an Überzeugungen, Begriffen und Werten. Zentral z. B. für das islamische Überzeugungssystem ist der Glaube, dass Mohammed der Prophet Gottes ist, und im Zentrum des baptistischen Überzeugungssystems steht der Wert der Taufe als freie Wahl.[11] Bestimmte VertreterInnen oder Untergruppen einer religiösen Gemeinschaft konkretisieren und interpretieren diesen Kern durch zusätzliche Überzeugungen, Begriffe und Werte. Wir können daher von einer *Version* des religiösen Überzeugungssystems einer Person oder einer Gruppe sprechen. Es ist allerdings möglich, dass die Bestandteile, die nicht zum Kern einer bestimmten Version zählen, die Bedeutung oder die Wichtigkeit des Kerns so verändern, dass die fragliche Version nicht länger als eine Version *dieses* religiösen Überzeugungssystems gelten kann. Wo es durch den Kontext klar ist, werde ich die in Frage stehende Version eines religiösen Überzeugungssystems einer Person oder einer Gruppe einfach das Überzeugungssystem dieser Person oder Gruppe nennen.

Selbst wenn ein Überzeugungssystem im Allgemeinen korrekt ist (siehe Abschnitt 2.1), können manche seiner Versionen die religiöse Wirklichkeit

---

10 Harding 1993.

11 Ich sage nicht, dass das Festhalten an einem Überzeugungssystem das ist, was es ausmacht, z. B. Muslim oder Baptist zu sein. Religiöse Überzeugungssysteme spielen in verschiedenen Religionen unterschiedliche Rollen. Kellner 1999 argumentiert beispielsweise, dass es kein einzelnes Überzeugungssystem *gibt*, an dem ein Jude festhalten muss.

besser abbilden als andere. Ich werde dafür argumentieren, dass eine Version eines religiösen Überzeugungssystems die religiöse Wirklichkeit besser repräsentiert, wenn sie dem Dissens marginalisierter Personen einen hohen epistemischen Wert zuschreibt, als eine, die das nicht tut.

Religiöse (und andere) Überzeugungssysteme unterliegen drei wesentlichen Einflüssen: epistemischen Gründen (*evidence*), psychologischen Faktoren und sozialen Faktoren. Epistemische Gründe, worunter ich die repräsentationalen Erfahrungen und Überzeugungen einer Person verstehen werde,[12] beeinflussen ihre religiösen und ihre Hilfsüberzeugungen sowohl kausal (indem sie eine Basis bereitstellen) als auch normativ (indem sie sie rechtfertigen). Dadurch, dass sie die Realität auf eine bestimmte Weise darstellen, tragen sie auch dazu bei, unsere Begriffe und Werte zu konstituieren. *Psychologische* Einflüsse umfassen affektive, konative und kognitive Zustände und Einstellungen.[13] Zu den *sozialen* Einflüssen gehören die Stereotype und Assoziationen, die in einer Gesellschaft vorherrschen – in den Medien, den gängigen Formen des Humors usw.[14] Sie beinhalten auch Gruppendenken: die Tendenz, die Denkmuster anderer Mitglieder unserer sozialen Gruppe nachzuahmen.[15] Psychologische und soziale Faktoren können ein Überzeugungssystem *direkt* beeinflussen, indem sie einfach eine Überzeugung, einen Begriff oder einen Wert verursachen. Sie können auch *indirekt* wirken, indem sie unsere Gründe beeinflussen. Sie steuern die Bewertung unserer Gründe (wir bewerten üblicherweise Gründe als Bestätigung unseres eigenen Überzeugungssystems) und sie beeinflussen den *Inhalt* unserer Gründe: womit wir uns befassen und wie wir Dinge wahrnehmen, wenn wir uns mit ihnen befassen (wir könnten dies „dichte" Wahrnehmung (*thick perception*) nennen).[16]

Jede Art von Einfluss kann epistemisch gut oder schlecht sein. Gründe sollten die Wahrheit fördern. In vielen Fällen tun sie das auch. Ob dies jedoch in einem bestimmten Fall zutrifft, hängt stark davon ab, ob die psychologischen und sozialen Faktoren, die sie beeinflussen, selbst wahrheitszuträglich sind. Manchmal sind sie es, aber manchmal reagieren sie stattdessen auf andere Einflüsse, wie wir in Abschnitt 3 sehen werden.

Die soziale Stellung einer Person in einer religiösen Gemeinschaft – ob sie beispielsweise eine Autorität oder marginalisiert ist – ist eine wichtige Quelle für alle drei Arten von Einflüssen. Denn sie übt eine Wirkung auf die Gründe aus, auf die eine Person Zugriff hat, die psychischen Zustände, für die sie anfällig ist, und sie setzt eine Person einer bestimmten Konfiguration sozialer Einflüsse aus.[17]

---

[12] Conee und Feldman 2004.

[13] Kahneman 2011: 109–198; Chabris und Simons 2010.

[14] Fricker 2007: 30–40; Mills 2007: 23–35.

[15] Janis 1982: 174–197.

[16] Zur Psychologie der Aufmerksamkeit siehe Chabris und Simons 2010: 1–42; zur dichten Wahrnehmung siehe Zeimbekis und Raftopoulos 2015.

[17] Harding 1993: 221.

Eine Analogie: Wo man in Bezug auf den Eiffelturm steht, wirkt sich auf den Eindruck des Turms aus, den man mit nach Hause nimmt. In vergleichbarer Weise wirkt sich die soziale Ortung, an der man in einer religiösen Gemeinschaft angesiedelt ist, auf die Darstellung der religiösen Wirklichkeit aus. Unser sozialer Standort kann helfen Dinge zu sehen, die andere übersehen; aber er kann auch Dinge (oder Teile davon) verdecken, die andere sehen.

Ich werde argumentieren, dass die sozialen Positionen religiöser Autorität bzw. religiöser Marginalisierung tendenziell komplementäre epistemische Eigenschaften besitzen – aber insbesondere, dass eine religiöse Gemeinschaft epistemisch von den Erkenntnissen derer profitieren kann, die sie marginalisiert. Ich behaupte *nicht*, dass diese oder irgendwelche anderen sozialen Positionen wesentliche oder unvermeidliche epistemische Eigenschaften haben, sondern nur, dass es grobe Tendenzen gibt, die Ausnahmen zuzulassen und die sich in verschiedenen Szenarien auf unterschiedliche Weise manifestieren.[18]

2.2 *Epistemische Vorteile*

Wenn ich dafür argumentieren will, dass eine religiöse Gemeinschaft vom Dissens mit ihren marginalisierten Mitgliedern profitieren kann, müssen wir ein Wort über die Arten von Vorteilen verlieren, um die es geht, und über die epistemischen Standards, nach denen sie als nützlich bewertet werden.

Beginnen wir mit den epistemischen Vorteilen und schauen uns die religiösen und die Hilfsüberzeugungen an. Es ist epistemisch vorteilhaft, wenn eine Überzeugung wahr, gerechtfertigt, wahrscheinlich etc. ist und wenn ein Set von Überzeugungen kohärent ist, eine hohe Erklärungskraft besitzt und dergleichen. Was die Begriffe betrifft, so haben wir epistemische Vorteile, wenn sie korrekt sind, aber auch, wenn sie epistemisch nützlich sind – d. h., wenn sie einen Aspekt eines komplexen Phänomens so herausarbeiten, dass er kontrollierbar oder messbar wird.[19] Was ist mit Werten? Falls es nicht-subjektive Werteigenschaften gibt, dann profitieren wir in epistemischer Hinsicht, wenn wir Dinge für wertvoll erachten, die diese Eigenschaft tatsächlich haben. Aber selbst wenn ein Wert nur subjektiv ist, kann er epistemisch nützlich sein. Zum Beispiel haben wir epistemische Vorteile, wenn der Diskurs unserer Gemeinschaft die Anliegen einer Vielzahl ihrer Mitglieder und nicht die einer kleinen Elite widerspiegelt, denn die Fragen, die von einer Vielfalt von Werten angestoßen werden, bringen uns wahrscheinlich dazu, auch eine größere

18 „We cannot generalize and talk about *the* epistemic perspective of the oppressed or *the* epistemic perspective of the oppressor. Such rigid and homogenous categorizations of social groups lead to nothing but stereotypes, bad sociology, and bad epistemology." (Medina 2013: 45. Siehe auch Dotson 2011: 239 für eine ähnliche Diskussion).

19 Anderson 1995: 45–46.

Vielfalt von epistemischen Gründen zu entdecken.[20] Und wir haben epistemische Vorteile, wenn unser religiöses Überzeugungssystem als Ganzes korrekt ist – d. h., wenn es die religiöse Realität in etwa so abbildet, wie sie ist – soweit es das menschliche Erkenntnisvermögen eben kann.[21] Was epistemische Gründe betrifft, so haben wir epistemische Vorteile, wenn die Überzeugungen und Erfahrungen, auf denen unsere Gründe beruhen, wahr bzw. zutreffend sind, und es ist gut, wenn eine *Menge* von Gründen eine repräsentative Stichprobe des Gebiets ist.[22] Was die psychologischen und sozialen Einflüsse betrifft, so können diese verlässlich (*reliable*) sein – d. h. wahre Überzeugungen und korrekte oder nützliche Begriffe oder Werte fördern.[23] Dies sind die Arten epistemischer Vorteile, von denen ich behaupten möchte, dass sie sich durch den Dissens mit religiös Marginalisierten ergeben können.

Aber eines müssen wir klären, da einige epistemische Vorteile soziale Konstruktionen sind – d. h. sie sind Produkte der jeweils eigenen Epistemologie einer Gemeinschaft. Jede Gemeinschaft hat wahrscheinlich ihre eigene Vorstellung von epistemischer Rechtfertigung, ihre eigenen Zwecke, in Bezug auf welche ein Begriff nützlich oder ein Wert wichtig ist, ihre eigenen Kriterien dafür, was als Grund zählt oder wie viel Gewicht bestimmte Arten von Gründen im Vergleich zu anderen besitzen, und ihre eigenen Maßstäbe, um die Verlässlichkeit psychologischer und sozialer Einflüsse zu messen. Andere epistemische Vorteile sind dagegen etwas, was wir grob als *nicht-relativ* bezeichnen könnten; sie hängen nicht von den Standards der Gemeinschaft ab, sondern von epistemischen Tatsachen, die unabhängig vom menschlichen Geist bestehen. Beispiele sind etwa die Wahrheit oder (falls vorhanden) die objektive Wahrscheinlichkeit einer Überzeugung. Wenn ein Phänomen natürliche „Gelenke" hat, ist ein korrekter Begriff einer, der die Natur an genau diesen Stellen „zerteilt" (*cuts nature at its joints*). Fehlen einem Phänomen solche Gelenke, dann ist ein korrekter Begriff einer, der das Phänomen für einen bestimmten Zweck angemessen abbildet.[24]

Was ich behaupten möchte, ist, dass der Dissens mit religiös Marginalisierten eine Quelle *nicht-relativer* epistemischer Vorteile ist. Er kann natürlich auch als nützlich im Licht der Erkenntnistheorie dieser oder jener Gemeinschaft gelten und falls das so ist, umso besser. Aber ich gehe davon aus,

---

20 Longino 2002, Kapitel 8.

21 Diese Behauptung muss mich nicht auf einen erkenntnistheoretischen Exklusivismus religiöser Überzeugungssysteme verpflichten. Nach allem, was ich gesagt habe, können verschiedene Modelle auf unterschiedliche Weise zutreffend sein; siehe die Diskussion in Longino 2002 über wissenschaftliche Modelle.

22 Anderson 1995: 37–42.

23 Antony 2016.

24 Streng genommen muss in der Regel eine gewisse Relativität bestehen bleiben, da die Genauigkeit einer Abbildung selbst oft von bestimmten Zielen dieser Abbildung abhängt – für uns gibt es keinen Blick aus der Perspektive Gottes; siehe Longino 2002: 175–202 und Anderson 1995: 22–49.

dass die Erkenntnistheorie einiger Gemeinschaften die Ansichten ihrer Marginalisierten abwertet, und ich möchte behaupten, dass, insoweit sie das tun, es sich bei ihnen um defizitäre Erkenntnistheorien handelt: Sie sind nicht bestmöglich geeignet, den Bereich der Religion darzustellen.[25] Mein Argument wird also dann gelungen sein, wenn es zeigt, dass religiöse Erkenntnistheorie Raum für marginalisierte Stimmen schaffen sollte, unabhängig davon, ob irgendeine gegebene religiöse Erkenntnistheorie bereits Vorkehrungen getroffen hat, um dies zu unterstützen.

Mitglieder religiöser Gemeinschaften könnten aber einwenden, dass irgendeine Rede von epistemischen Zielen abwegig ist, insbesondere hinsichtlich einer Verbesserung der eigenen Erkenntnistheorie. Denn die Idee epistemischer Ziele im Bereich der Religion suggeriert ein Ideal, das erst noch erreicht werden muss, wohingegen viele religiöse Gemeinschaften davon ausgehen, dass ihre Überzeugungssysteme und Erkenntnistheorien dieses Ideal bereits erreicht haben. Ihr Ziel sei höchstens, so würden sie wohl sagen, ihr Überzeugungssystem zu *erhalten* wie es ist. Jemand mit dieser Haltung könnte bestreiten, dass es epistemisch überhaupt wünschenswert ist, mehr zu tun als das, was die Gemeinschaft ohnehin schon immer getan hat – insbesondere, wenn das, was sie getan hat, darin besteht, ihren (angeblich göttlich geführten) religiösen Autoritäten zu vertrauen, wohingegen etwas anderes zu tun bedeuten würden, Meinungsverschiedenheiten mit ihnen zuzulassen.[26]

Eine Antwort wäre, darauf hinzuweisen, dass es angesichts der großen Vielfalt an religiösen Überzeugungssystemen statistisch gesehen unwahrscheinlich ist, dass das Überzeugungssystem der Gemeinschaft des Kritikers vollkommen korrekt ist, und dass es angesichts dieser Unwahrscheinlichkeit ratsam ist, offen zu sein für epistemische Verbesserungen, wo immer sie herkommen mögen.[27] Aber diese Antwort löst nicht das Problem der Gläubigen, die annehmen, dass ihre Gemeinschaft den epistemischen Jackpot geknackt hat. Genau diese Gläubige möchte ich davon überzeugen, dass auch *ihr* Überzeugungssystem vom Dissens mit den in ihrer Gemeinschaft Marginalisierten profitieren wird. Ich werde also in diesem Artikel durchweg davon ausgehen, dass die fraglichen religiösen Überzeugungssysteme zumindest in wesentlichen Bereichen einer göttlichen Offenbarung gleichkommen.

Betrachten wir das epistemische Ziel, ein Überzeugungssystem zu erhalten, etwas näher. Dieses Ziel erfordert, dass Menschen am Überzeugungssystem festhalten. Dies wiederum erfordert, mit der Zeit zu gehen und gleichzeitig zu vermeiden, von ihr überrannt zu werden.[28] Denn neue Zeiten und Kulturen

---

25 Harding 1993 argumentiert ähnlich, dass die Beachtung der Stimmen der Marginalisierten „guide[s] more competent efforts to maximize objectivity", wobei erwartet werden kann, dass „Objektivität" mit der Genauigkeit einer Repräsentation korreliert (220).

26 Für eine solche Sichtweise siehe z. B. Plantinga 2000a: 189–190; Gellman 1993.

27 McKim 2001.

28 Wynn 2017: 126–127.

bringen neue empirische und konzeptuelle Entdeckungen mit sich, wie z. B. wissenschaftliche Erkenntnisse oder eine Ethik der Menschenrechte, aber auch neue Fehler, wie z. B. politische Hassideologien. Religiöse Gemeinschaften müssen deshalb ihre religiösen Überzeugungen überwachen, indem sie die anderen Komponenten überwachen, mit denen diese Überzeugungen zusammenhängen. Sie müssen sicherstellen, dass ihre *Hilfsüberzeugungen* mit dem aktuellen Wissensstand übereinstimmen, ohne dabei durch Fehlinformationen belastet zu werden.[29] Sie müssen für die jeweilige Generation und Kultur relevante Wege finden, religiöse Überzeugungen zu *konzeptualisieren*, ohne die Kernwahrheiten aus dem Auge zu verlieren; und sie müssen offen bleiben für zuvor übersehene *Werte* oder für Möglichkeiten der Realisierung bewährter Werte in neuen Kontexten. Ein korrektes religiöses Überzeugungssystem zu erhalten, ist also nicht nur mit epistemischer Weiterentwicklung vereinbar, sondern erfordert sie sogar.

Aber warum, so mag sich ein Gläubiger fragen, der sich seiner Sache sicher ist, sollte ein Dissens mit religiösen Autoritäten, erst recht ausgehend von den Marginalisierten der Gemeinschaft, diesem Ziel förderlich sein? Schließlich sieht es so aus, als ob diese Autoritäten – in einigen Fällen sogar seit Jahrtausenden – sehr gute Arbeit geleistet haben.

Meine Antwort lautet: Selbst wenn das der Fall ist, so folgt daraus nicht, dass sie es nicht besser machen könnten. Wir können diesem Gläubigen zugestehen, dass seine religiösen Autoritäten tatsächlich eine göttliche epistemische Führung haben. Aber wenn er bestreiten will, dass der Dissens mit ihnen epistemische Vorteile bringen kann, dann muss er ein sehr starkes Verständnis von göttlicher Führung vertreten. Erstens müsste die göttliche Führung religiöse Autoritäten unempfindlich für Irrtümer oder Unachtsamkeiten machen, sowohl *in Bezug auf nicht religiöse als auch religiöse Sachverhalte*. Der Grund dafür ist, dass, wie wir gesehen haben, religiöse Überzeugungen epistemisch und psychologisch mit nicht-religiösen Überzeugungen, Begriffen und Werten zusammenhängen. Zweitens müsste er ebenso annehmen, dass göttliche Führung religiöse Autoritäten unangreifbar machen würde für die wahrheitsunabhängigen Einflüsse auf Überzeugungssysteme, die ich in Abschnitt 3 diskutieren werde. Drittens müsste er bestreiten, dass Gott den Dissens mit den Marginalisierten dazu nutzen könnte, um ein Überzeugungssystem zu erhalten, das er offenbart hat. Um diese drei Behauptungen aufrechtzuerhalten, müsste er viertens die Autorität seiner Tradition oder Schriften selbst leugnen, sofern sie die religiös Marginalisierten als notwendige Korrektive für die epistemischen oder moralischen Irrwege der religiösen Autoritäten darstellen; man denke an die Unmengen von Propheten und Heiligen, die von religiösen Autoritäten ihrer Zeit marginalisiert wurden, heute aber hoch angesehen sind.

29 Ebd.

Vielleicht steht im Zentrum der Bedenken der Kritiker die Sorge, ich könnte es befürworten, ihr überkommenes religiöses Überzeugungssystem zu untergraben.[30] Menschen, die für ähnliche Thesen wie die meinige plädiert haben, haben z. B. auch argumentiert, dass religiöse Konzepte wie *Gott* oder religiöse Geschichten wie die jungfräuliche Geburt Jesu verworfen oder „neu gestaltet“ werden müssen, weil sie zu einem Überzeugungssystem gehören, das rein männlichen Werten verhaftet ist.[31] Solche Gedankengänge werden tendenziell durch eine Sichtweise gestützt, nach der Offenbarungen stark durch menschliches Denken gefiltert und daher korrekturbedürftig sind. Unser Kritiker könnte Ansätze wie diesen als Beschmutzung heiliger Quellen betrachten.[32] Aber mein Argument wird sich in keine dieser Richtungen bewegen. Obwohl es mit ihnen kompatibel ist, ist es auch mit traditionelleren Verständnissen religiöser Überzeugungssysteme und -quellen kompatibel. Tatsächlich werden meine Beispiele im Folgenden zeigen, dass bestimmte religiöse Quellen, traditionell verstanden, meine Behauptung unterstützen.

Ich werde nun dafür argumentieren, dass religiöse Autorität und religiöse Marginalisierung mit epistemischen Vor- und Nachteilen einhergehen, so dass beide sozialen Positionen als Quellen religiöser Einsicht ernst genommen werden sollten. Es ist allerdings eher üblich, die epistemische Bedeutung religiöser Autorität hervorzuheben. Mein Ziel ist es, dieses Ungleichgewicht zu beseitigen.

3. Die Erkenntnistheorie religiöser Autorität

Religiöse Autoritäten neigen dazu, in praktischer und epistemischer Hinsicht bestimmte Rollen in der religiösen Gemeinschaft zu spielen. In praktischer Hinsicht haben sie das Sagen darüber, wie die Gemeinschaft geführt wird, und sind für ihr Wohlergehen verantwortlich. In epistemischer Hinsicht interpretieren und lehren sie das religiöse Überzeugungssystem; sie sind die Bewahrer der Erkenntnistheorie der Gemeinschaft und als solche können sie ihre doxastischen Praktiken formen und andere darin unterrichten;[33] und sie entscheiden in kontroversen Fällen, wie z. B. ob eine bestimmte Heilung ein Wunder darstellt – oder, auf der erkenntnistheoretischen Ebene, ob der Glaube, dass es das tut, als Wissen zählen sollte. Ich werde mich auf die Art und Weise konzentrieren, in der die soziale Position einer religiösen Autorität seine oder ihre Fähigkeit beeinflusst, religiös-epistemische Ziele zu erreichen und zu fördern.

---

30 Vgl. Coakley 2005: 504.
31 Anderson 1998: 132; Jantzen 1998.
32 Coakley 2005: 504.
33 Alston 1991; Zagzebski 2017.

Religiöse Autoritäten sind dazu oft gut gerüstet, denn ihre eigenen Überzeugungssysteme (oder besser gesagt ihre Versionen des zur Debatte stehenden religiösen Überzeugungssystems) unterliegen vielen wahrheitszuträglichen Einflüssen. Bezüglich ihrer epistemischen Gründe sind religiöse Autoritäten in der Regel besser in religiösen Angelegenheiten ausgebildet als andere Mitglieder der Gemeinschaft. Ihre Erfahrungen auf ihrem religiösen Lebensweg können zu bedeutenden Einsichten führen und ihre seelsorgerische Tätigkeit kann sie mit den Erfahrungen der Mitglieder der Gemeinschaft vertraut machen. Religiöse Autoritäten sind auch eher in der Lage, selbst epistemisch positiven psychologischen Einfluss zu erfahren. Wenn sie nach religiösen Idealen wie Demut, Gebet und Dienst am Nächsten leben, können sie die spirituelle Übung und die epistemischen Dispositionen erlangen, die ein dem Religiösen gewidmetes Leben begleiten.[34]

Aber religiöse Autorität kann auch mit epistemischen Defiziten einhergehen, von denen ich zwei besprechen werde. Das erste ist, dass die Überzeugungssysteme religiöser Autoritäten engstirnig oder einseitig sein können: Möglicherweise stellen sie eine begrenzte Bandbreite von Phänomenen korrekt dar, aber ignorieren dabei andere völlig; und durch diesen Mangel an einem weiteren Kontext können sie eine verzerrte Sicht auf einige Aspekte des Gesamtbildes entwickeln. Man betrachte eine Analogie zu Giorgiones Gemälde *Das Gewitter*. Wenn man sich nur auf die Szene unten rechts fokussiert, wo eine Mutter friedlich ihr Kind am Flussufer stillt, könnte man denken, dass die Welt des Gemäldes sanft und optimistisch ist. Aber wenn man das wechselnde Wetter im Hintergrund einbezieht, erkennt man, dass diese Welt unheimlich und tragisch ist. Ich schlage vor, dass die Überzeugungssysteme religiöser Autoritäten analog dazu nur geeignet sind, einen Teil des Bildes einzukalkulieren.

Ein Grund dafür ist, dass die Ausbildung religiöser Autoritäten zwar vergleichsweise umfangreich ist, aber in der Regel von anderen religiösen Autoritäten bestimmt wird oder von entsprechend beauftragten Personen. Infolgedessen können ihre Gründe und Argumente einem Auswahleffekt (*selection bias*) unterliegen, der massiv die Standpunkte und Interessen der anderen religiösen Autoritäten reflektiert.[35] Zweitens kann dieser Effekt durch die psychologische und soziale Tendenz zum Gruppendenken unter religiösen Autoritäten noch verstärkt werden. Infolgedessen könnten sie z. B. nicht leicht anerkennen, dass einige ihrer Hilfsüberzeugungen vielleicht angesichts jüngerer Entwicklungen außerhalb ihrer Fachgebiete fraglich geworden sind; dass es Erfahrungen oder begriffliche Unterscheidungen geben kann, die für Nicht-Autoritäten bedeutsam sind, aber die durch ihre eigenen Begriffe nicht

[34] Cottingham 2005, Kapitel 1; Aquino 2017: 164–168; Zagzebski 2017: 107.

[35] Harding 1993 diskutiert einen ähnlichen wahrheitsunabhängigen Einfluss auf wissenschaftliche ForscherInnen.

adäquat erfasst werden; oder dass Nicht-Autoritäten Dinge wertschätzen, die den Autoritäten nicht wichtig vorkommen.

Der zweite epistemische Mangel, für den religiöse Autoritäten anfällig sind, ist *kognitive Widerspenstigkeit*: Ihre Überzeugungssysteme können resistent sein gegen Veränderungen, auch Verbesserungen. Ein Grund dafür sind einfach die oben genannten evidentiellen Beschränkungen der Autoritäten: Die Mehrzahl ihrer Gründe wird schlicht aufgrund ihrer Einseitigkeit ihre Version des religiösen Überzeugungssystems stützen. Sie werden die Welt wahrscheinlich durch ihre Konzepte wahrnehmen, auf Eigenschaften achten, die sie bestätigen und diejenigen übersehen, die sie nicht bestätigen, und sich bei der Bewertung ihrer Argumente auf die unbestrittenen Hilfsüberzeugungen stützen, die dafür relevant sind.

Ein weiterer Grund für die Neigung zur Widerspenstigkeit ist, dass es relativ unwahrscheinlich ist, dass religiöse Autoritäten mit ernsthaften Herausforderungen an ihre Version des Überzeugungssystems konfrontiert werden. Denn diese Version wird wahrscheinlich als *autoritativ* angesehen - d. h. als ein normatives Modell für den Rest der Gemeinschaft - egal, ob dieser Status angemessen ist oder nicht. (In der weiteren Diskussion werde ich den Begriff „autoritativ" im Sinne von „als autoritativ angesehen" verwenden.) Medina 2013 nennt die epistemischen Nachteile, die diese Situation mit sich bringen kann: „the privilege of knowing (or always being presumed to know), of always being heard as a credible speaker, of always commanding cognitive authority [...] [can] sometimes spoil people".[36] Er fährt fort:

> When whatever one says, goes — because one's word is the law or the truth others are bound to uphold and abide by — there is a complete lack of resistance from the world and from others that gets in the way of knowledge acquisition, that is, [...] of discovering facts without prejudging, of articulating and justifying one's claims properly, of responding to objections responsibly, of being genuinely open to contrary evidence, and so on.[37]

Menschen in dieser Position „have but rare opportunities to find out their own limitations"[38] und es ist daher in vielen Fällen unwahrscheinlich, dass sie die Notwendigkeit für kognitive Anpassungen erkennen.

Ein dritter Grund für die Neigung zur Widerspenstigkeit sind bestimmte psychologische und soziale Zwänge, mit denen religiöse Autoritäten konfrontiert sind, die autoritative Version des religiösen Überzeugungssystems *aufrechtzuerhalten*. Denn diese Version bestätigt wahrscheinlich den sozialen Status der religiösen Autoritäten in der Gemeinschaft,[39] was den Autoritäten einen starken Anreiz gibt (explizit oder implizit), keinen epistemischen Staub aufzuwirbeln. Dieser Anreiz kann von ihren Ambitionen herrühren, muss es aber nicht. Er kann

36 Medina 2013: 30; vgl. 58–73.

37 Medina 2013: 32.

38 Medina 2013: 31.

39 Anderson 1998: 79. Harding 1993, 226 macht eine ähnliche Aussage zu ExpertInnen in den Sozialwissenschaften.

stattdessen aus einer Angst vor den Konsequenzen stammen, sollte man den epistemischen Status quo *nicht* wahren. Letzen Endes hängen der Status religiöser Autoritäten in der Gemeinschaft (und in vielen Fällen ihr Einkommen) von einem (idealerweise aufrichtigen) Festhalten an der autoritativen Version des religiösen Überzeugungssystems ab. Falls sie dabei erwischt werden, wie sie sich zu weit davon entfernen, könnten sie sich Kritik von anderen religiösen Autoritäten und der Gemeinschaft selbst einhandeln.[40] Sie können somit direktem psychologischem Druck ausgesetzt sein, die autoritative Perspektive aufrechtzuerhalten anstatt zu wagen, ihre Schwächen einzugestehen oder zu riskieren, neue Arten von Gründen oder Werten anzuerkennen.

Man könnte denken, dass diese Widerspenstigkeit nicht so schlimm ist, wenn doch die autoritative Version des Überzeugungssystems (zusätzlich zum definitiven zentralen Kern) göttlich inspiriert ist. Doch eine der Hauptursachen für Widerspenstigkeit sind in diesem Fall psychologische und soziale Zwänge, die offenbar wenig mit Wahrheit zu tun haben und daher bestenfalls ungewöhnliche Wege zu sein scheinen, in denen sich die göttliche Inspiration manifestiert. Darüber hinaus unterliegen die Gründe selbst in dem Maße, in dem diese Widerspenstigkeit eine Reaktion auf sie ist, einem Auswahleffekt. Die Widerspenstigkeit religiöser Autoritäten neigt dazu, Widerspenstigkeit in einem einseitigen Bild zu sein.

Diese Formen des Einflusses sind subtil und oft nur implizit. Aus diesem Grund laufen selbst wohlmeinende und epistemisch disziplinierte religiöse Autoritäten Gefahr, ihnen ausgesetzt zu sein. Sie werden wahrscheinlich ein ausgeprägtes Verständnis davon haben, wie ihre Version des Überzeugungssystems ein sinnvolles Ganzes bildet, aber es können ihnen die Mechanismen fehlen, um Eigenschaften der Realität wahrzunehmen, geschweige denn zu erklären, die nicht in dieses kohärente Bild passen. Die Gefahr ist, dass ihre Version des Überzeugungssystems – und damit die Versionen vieler anderer Mitglieder der Gemeinschaft – beschränkt bleibt, weil sie nur die Erfahrungen von zentralen Insidern berücksichtigt und die umfassende Darstellung der Realität verfehlt, nach der viele religiöse Überzeugungssysteme streben.

Zusammenfassend lässt sich sagen, dass religiöse Autorität epistemische Vorteile hat, aber auch epistemische Beschränkungen; sie neigt dazu, Widerspenstigkeit und eine einseitige Version des religiösen Überzeugungssystems hervorzubringen. Dies ist ein Grund, warum es epistemisch gesehen eine schlechte Idee ist, vom Dissens mit religiösen Autoritäten abzuraten: Meinungsverschiedenheiten sind ein wichtiges Mittel, um den natürlichen epistemischen Beschränkungen religiöser Autorität entgegen zu wirken. Es gibt noch einen zweiten Grund: abweichende Meinungen selbst – unter denen ich mich auf die der religiös Marginalisierten konzentriere – können Einsichten ermöglichen, die anderswo nicht zu haben sind.

---

40 Collins 1991: 203 beobachtet dies bei ExpertInnen.

4. Die Erkenntnistheorie religiöser Marginalisierung

Eine marginalisierte Person ist jemand, der zu einer Gemeinschaft gehört, aber dessen soziale Beziehungen zu anderen Mitgliedern der Gemeinschaft oder zur Gemeinschaft als Ganze schwach oder asymmetrisch sind oder mit negativen Emotionen oder Bewertungen einhergehen. Wir können einer marginalisierten Person eine Person gegenüberstellen, die eine zentrale Stellung in ihrer Gemeinschaft einnimmt; für sie sind diese Beziehungen stark, vielfältig oder (in Bezug auf Einstellungen) positiv bewertet. Religiöse Autoritäten neigen dazu – zumindest in vielerlei Hinsicht – im Zentrum zu stehen. Marginalisierung und Zentralität sind eine Sache des Grades.

Es gibt viele Arten von Marginalisierung. Eine Person kann *persönlich* marginalisiert sein in dem Sinne, dass sie wenige Beziehungen, insbesondere tiefergehende, mit anderen Mitgliedern der Gemeinschaft hat, insbesondere zentralen. Wenn eine Person *strukturell* marginalisiert ist, dann ist sie von einflussreichen Untergruppen oder Cliquen ausgeschlossen. *Kausale* Marginalisierung tritt auf, wenn eine Person wenig oder gar keine Macht hat, Ereignisse oder Schwerpunkte in der Gemeinschaft zu beeinflussen (und dennoch wird sie, da sie dazugehört, von den Entscheidungen zentralerer Mitglieder beeinflusst). *Affektive* Marginalisierung tritt auf, wenn eine Person von vielen Individuen in der Gemeinschaft oder von der Gemeinschaft als Ganzes nicht geschätzt wird. Eine weitere Form der Marginalisierung ist *epistemisch*; sie tritt auf, wenn die Gemeinschaft die Erfahrungen oder Überzeugungen von jemandem nicht ernst nimmt.[41]

Epistemische Marginalisierung kann auch mangelnden Zugang zu von der Gemeinschaft akzeptierter formaler Bildung beinhalten;[42] aber Bildung an sich ist kein zuverlässiges Mittel gegen Marginalisierung, da sie Menschen indoktrinieren kann, sich in den Begriffen des Mainstreams auszudrücken – und diese wiederum können ungeeignet sein, ihre Erfahrungen an den Rändern zu erfassen.[43] Es gibt zweifellos noch weitere Formen der Marginalisierung, aber die genannten gehören zu den wichtigsten, weil sie eng mit den Aspekten der Gemeinschaft verbunden sind, die sozialen Wesen wie uns helfen zu gedeihen. Jede Form der Marginalisierung kann sich mit anderen überschneiden und sie verschlimmern. Eine religiöse marginalisierte Person ist auf mindestens eine dieser Arten innerhalb ihrer religiösen Gemeinschaft marginalisiert.

Es gibt auch viele *Gründe* für Marginalisierung, religiöse oder andere. Diese reichen von der Abstammung über die sexuelle Orientierung, das Geschlecht oder das Einkommensniveau einer Person bis hin zu ihren Meinungen.

41 Fricker 2007; Medina 2013; Dotson 2011.

42 Collins 1991: 204.

43 Collins 1991: xiii.

Marginalisierung geht typischerweise von der Gemeinschaft aus, aber auch Selbstmarginalisierung ist möglich. Die folgenden Argumente gelten unabhängig davon, warum oder wie die Marginalisierung entsteht.

Manchmal können ganze Gruppen religiös marginalisiert werden. Ein Beispiel ist das der „wahren" jüdischen Propheten (wie Jeremia), die von ihrer Gemeinschaft verfolgt wurden. Ebenso sind die Reihen der katholischen Heiligen und Seligen voll von Menschen, die in den religiösen Gemeinschaften ihrer Zeit marginalisiert wurden. Maria Ward, Gründerin des ersten nicht in einem Kloster lebenden Frauenordens aus dem 17. Jahrhundert, wurde vom Vatikan zur Häretikerin erklärt und inhaftiert wegen ihrer (durch mystische Erfahrungen bestärkten) Überzeugung, dass Gott einen nicht kontemplativen Dienst von Frauen in der Kirche wollte. Ein letztes Beispiel sind Menschen, die von religiösen Autoritätspersonen sexuell missbraucht wurden. Man kann mit Recht sagen, dass religiöse Gemeinschaften in vielen Fällen eher mit Marginalisierung als mit Unterstützung solcher Menschen reagiert haben.

Man könnte einwenden, dass ich mir diese Beispiele bereits so zurechtgelegt habe, dass sie meine These bestätigen, nach der religiöse Gemeinschaften Einsichten aus dem Dissens mit ihren marginalisierten Mitgliedern gewinnen können. Diese Beispiele handeln allesamt von Außenseitern, deren Marginalisierung sich im Nachhinein als moralisch, religiös und epistemisch ungerechtfertigt herausgestellt hat. Kritiker könnten anmerken, dass Marginalisierung manchmal angemessen sein kann; man denke an eine Gemeinschaft, die *flat-earther* oder Rassisten strukturell, affektiv und epistemisch ausgrenzt.[44] Es steht zu befürchten, dass die Annahme, dass Marginalisierung gerechtfertigt sein kann, mein Argument erheblich einschränken wird – d. h., dass epistemische Vorteile nur entstehen, wenn die Marginalisierung unangemessen ist, denn nur dann könnte die Gemeinschaft etwas Wichtiges lernen.

Ich habe zwei Antworten, eine sprachliche und eine substantielle. Die sprachliche Antwort: Ich stimme zu, dass es Fälle von angemessener Marginalisierung gibt – im wörtlichen Sinne von „Marginalisierung". Aber ich glaube nicht, dass dieses Wort besonders gut geeignet ist, solche Fälle zu beschreiben, denn im zeitgenössischen Diskurs bezieht es sich hauptsächlich auf diejenigen, die *zu Unrecht* ausgegrenzt werden. Ich werde den Begriff *zu Recht ausgegrenzt* für Menschen verwenden, die aus guten Gründen ausgeschlossen werden. Meine substantielle Antwort ist, dass sich mein Argument *nicht* auf Fälle von (unangemessener) Marginalisierung beschränkt. Im Gegenteil werde ich dafür argumentieren, dass es in epistemischer Hinsicht viel zu gewinnen geben kann, auch in der Auseinandersetzung mit den Ansichten der zu Recht Ausgegrenzten – sogar, wenn man sie nicht toleriert. Einige dieser Vorteile unterscheiden sich

---

44 Kontroversere Fälle wären z. B. die Ausgrenzung von jemandem, weil er Moralvorstellungen in der Gemeinschaft selbst ablehnt.

von denen, die im Dialog mit den (zu Unrecht) Marginalisierten möglich sind, andere jedoch dürften überraschend ähnlich sein.

Was diese Betrachtung zeigt, ist, dass es beliebig viele Narrative zu einem bestimmten Fall von Marginalisierung oder Ausgrenzung geben kann. Auf der einen Seite könnte die Person ein Außenseiter für eine gerechte Sache sein, der an den Rand gedrängt wird, weil er den Mächtigen die Wahrheit sagt. Auf der anderen Seite könnte er ein Unruhestifter sein – jemand, der Unmoral verbreitet und diszipliniert werden muss. Jeden Fall werden wahrscheinlich konkurrierende Narrative umgeben. Manchmal trifft ein Narrativ genau den Punkt, wie bei Jeremia, dem Außenseiter für die gerechte Sache, und wie auch beim Narrativ des gefährlichen und verstoßenen Neonazis. In anderen Fällen wird die Wahrheit irgendwo in der Mitte liegen.

Allerdings sollten wir in unsicheren Fällen im Zweifel eher für das Narrativ der ausgegrenzten Person votieren (zumindest *prima facie*) als für das der Gemeinschaft. Es ist wahrscheinlicher, dass die Ausgrenzung einer Person *un*berechtigt ist, als dass sie berechtigt ist,[45] denn es ist viel einfacher und psychologisch naheliegender für eine große Gruppe, ein Individuum auszuschließen, als für ein Individuum in einer großen Gruppe Ärger zu stiften. Aber nichts, was ich sage, wird davon abhängen, denn (wie ich argumentieren werde) auch der Dissens mit den zu Recht Ausgegrenzten kann epistemische Vorteile bringen. Ich werde meine Darstellung zunächst mit Blick auf die (unangemessene) Marginalisierung entwickeln (Abschnitte 4.1 und 4.2) und die zu Recht Ausgegrenzten separat diskutieren (Abschnitt 4.3).

Die Erkenntnistheorie religiöser Marginalisierung hat verschiedene Aspekte. Mein Hauptziel ist es, mich auf die epistemischen Vorteile zu konzentrieren, die sie mit sich bringen kann; doch es existieren auch Nachteile. Persönlich marginalisiert zu werden, führt tendenziell zu einer geringeren Beteiligung am Gemeinschaftsdiskurs, was eine Person daran hindern kann, eigene Gedanken zu entwickeln. Es könnte ihr auch das Gefühl geben, dass ihre Anliegen und Ideen unwichtig sind, was den Gewissheitsgrad bestimmter ihrer Überzeugungen verringern könnte, die ansonsten Wissen gleichgekommen wären.[46] Ganz allgemein könnte ihr epistemisches Selbstvertrauen erodieren, was ihre Fähigkeit, effektiv zu denken und sogar ihr Selbstverständnis als vollwertiges, epistemisch handelndes Wesen beeinträchtigen könnte.[47] Affektiv marginalisiert zu sein, bringt dieselben Nachteile mit sich und dazu noch die Möglichkeit, dass Mitglieder der Gemeinschaft der Person nur widerwillig Gehör schenken (wenn sie es überhaupt tun) und damit die Auswirkungen der Marginalisierung verschlimmern. Wenn eine Person strukturell oder kausal marginalisiert ist, hat sie keinen Einfluss auf die Agenda des Gemein-

---

45 Freedman 2015.
46 Fricker 2007; Dotson 2011: 243.
47 Medina 2013: 40–41.

schaftsdiskurses, so dass Fragen, die ihr wichtig sind, in der Gemeinschaft vernachlässigt werden.[48] Und natürlich fallen all diese Nachteile bei epistemischer Marginalisierung an, bei der es ja gerade darum geht, jemandem den Status als epistemisch Handelndem abzusprechen.[49]

Trotz dieser Nachteile kann religiöse Marginalisierung zu bestimmten Arten von religiösen Erkenntnissen führen, die in anderen sozialen Positionen in der Religionsgemeinschaft schwer zu erreichen sind. Die eine ergibt sich aus der Art von Perspektive, die Marginalisierung bietet, die andere aus dem Leiden, das sie tendenziell begleitet.

4.1 Die Perspektive religiöser Marginalisierung

Wir haben gesehen, dass die autoritative Version des religiösen Überzeugungssystems wahrscheinlich als normativ für die Gemeinschaft angesehen wird, so dass sie für viele Mitglieder der Gemeinschaft zur Standardversion wird. Marginalisierte Mitglieder der Gemeinschaft aber sind tendenziell Ausnahmen; ihre Überzeugungssysteme werden in viel geringerem Maße dem autoritativen ähneln als die zentraler Mitglieder.

Dafür gibt es verschiedene Gründe. Einer davon ist, dass (wie wir gesehen haben) die Themen, die in der autoritativen Version des Überzeugungssystems behandelt werden, möglicherweise nicht die Themen einschließen, die der marginalisierten Person wichtig sind oder sie sehr beschäftigen. Ein weiterer Grund ist, dass ein Mangel an Austausch mit anderen in der Gemeinschaft die Person zwingen wird, epistemisch gesehen ihren eigenen Weg zu finden. Und noch ein weiterer ist, dass die Phänomenologie der Marginalisierung das Überzeugungssystem einer Person auf eine Weise formen kann, die zentraleren Mitgliedern der Gemeinschaft nicht zugänglich ist (wie ich in Abschnitt 4.2 zeigen werde).

Aber die vergleichsweise großen Unterschiede zur autoritativen Version des Überzeugungssystems sind nicht die einzigen epistemischen Merkmale religiöser Marginalisierung. Ein weiteres Merkmal ist, dass religiös marginalisierte Menschen dazu neigen, ein hohes Maß an *Vertrautheit* mit der autoritativen Version zu haben. Schließlich bedeutet zu einer Gemeinschaft zu gehören auch, sich in ihren Diskursen und Praktiken zurechtzufinden.[50] Eine religiös marginalisierte Person kann sogar einen *stärkeren* Antrieb als zentralere Mitglieder verspüren, im autoritativen Überzeugungssystem gut bewandert zu sein; ihr wird weniger interpretatives Wohlwollen entgegengebracht werden,

48 Collins 1991: 201.

49 Dotson 2011: 242.

50 Anderson 1998: 78–79; Wylie 2003: 34–39.

sollte sie sich einen sozialen oder diskursiven Fehltritt erlauben.[51] Aus dieser großen Distanz und zugleich auch Vertrautheit mit dem autoritativen Überzeugungssystem resultiert, was „Insider-Outsider-Perspektive" genannt wurde.[52] Das ist die Perspektive dessen, der das Mainstream-Überzeugungssystem nicht ganz oder mit ganzem Herzen teilt, es aber gut versteht.

Es ist sinnvoll, vier Arten von Insider-Outsider-Perspektiven zu unterscheiden. Diese ergeben sich aus der Kombination zweier verschiedener Variablen. Die erste Variable ist der *Grad an Überzeugung*, mit dem eine Person die autoritative Version des religiösen Überzeugungssystems ablehnt oder eine alternative Version unterstützt; das reicht von hochgradiger Gewissheit bis hin zu qualvoller Unsicherheit. Die zweite ist das *Ausmaß, in dem eine Person eine positive Alternative zur autoritativen Version* hat. Einige Menschen haben gut entwickelte alternative Überzeugungen, Begriffe und Werte, während anderen, insbesondere denen, deren Erfahrungen auf das Überzeugungssystem der Autoritäten selbst beschränkt sind, die Ressourcen dafür fehlen – auch wenn sie das Überzeugungssystem der Gemeinschaft nicht vollständig unterstützen.[53] In letzterem Fall können sie wissen oder vermuten, dass etwas nicht stimmt, aber ihnen fehlt der kognitive Rahmen, um zu verstehen, was es ist; sie könnten haben, was Fricker eine „hermeneutische Lücke" (*hermeneutical gap*) nennt.[54] Jede dieser Variablen ist gradierbar.

Diese beiden Variablen ergeben vier mögliche Arten von Insider-Outsider-Perspektiven. Wir können die erste die *überzeugt-alternative* Perspektive nennen; hier hat die Person eine alternative Version des religiösen Überzeugungssystems, die sie mit Überzeugung unterstützt. Die zweite ist die *vorsichtig-alternative* Perspektive: Die Person hat eine Alternative, schwankt aber zwischen ihr und der autoritativen Version. Drittens könnte eine Person *überzeugt sein, aber ohne Alternative*: Sie mag fest davon überzeugt sein, dass die autoritative Version problematisch ist, aber ihre Vorstellungskraft reicht nicht aus, um aufzuzeigen, was sie stattdessen denken oder wertschätzen soll. Schließlich könnte sie *vorsichtig und ohne Alternative* sein, wenn sie das Gefühl hat, dass die autoritative Version problematisch ist, aber ihren Sinnen nicht traut und nicht weiß, was sie stattdessen denken soll.[55]

---

51 Collins 1991: 208 erwähnt diesen Punkt in Bezug auf schwarze Frauen in weißen männlichen Gesellschaften.

52 Das Konzept des „Insider-Outsider" stammt aus der feministischen Standpunkttheorie (Harding 1993; Wylie 2003; Hooks 1984; Narayan 1988; Medina 2013). Ich wende es breiter als viele in der Literatur an; siehe Fn. 55.

53 Meyers 2016; Fricker 2007: 147–177; Wylie 2003: 37.

54 Fricker 2007: 160.

55 Die Standpunkttheorie neigt dazu, eine Insider-Outsider-Perspektive enger zu fassen als ich es hier tue, indem sie sich auf die überzeugt-alternative Variante beschränkt; siehe z. B. Wylie 2003. Darüber hinaus denken StandpunkttheoretikerInnen eher, dass marginalisierte Personen ein anderes *Überzeugungssystem* als das autoritative haben statt einer anderen *Version* desselben Überzeugungssystems.

Eine Insider-Outsider-Perspektive kann epistemische Nachteile mit sich bringen.[56] Diese zeigen sich am deutlichsten bei Menschen, deren Perspektive vorsichtig und ohne Alternative ist. Es ist etwas besser, epistemisch gesehen, keine alternative Version des religiösen Überzeugungssystems zu haben, wenn man zumindest davon überzeugt ist, dass es eine geben muss. Aber man ist immer noch mit der Verwirrung konfrontiert, nicht zu wissen, was man stattdessen denken soll. Wenn eine Person eine Alternative hat, sich aber nur vorsichtig auf sie einlässt, könnte sie sich bei einigen ihrer alternativen Überzeugungen, auch wenn sie wahr sind, nicht sicher genug sein, um sie als Wissen zu zählen. Selbst die überzeugt-alternative Perspektive hat Nachteile: Mit zwei alternativen Versionen des religiösen Überzeugungssystems zu operieren, könnte einer Person das Gefühl geben, in beiden unbeholfen oder unsicher zu sein.[57]

Trotz dieser möglichen Nachteile kann eine Insider-Outsider-Perspektive epistemische Vorteile mit sich bringen. Erstens kann eine Person mit einer solchen Perspektive motiviert dazu sein, weitere Gründe für ihre Überzeugungen zu suchen. Warum? Weil eine Insider-Outsider-Perspektive eine kognitive Dissonanz erzeugen kann. Wenn die Person eine überzeugt-alternative Perspektive hat, wird die Dissonanz nur emotional sein, d. h. eine Unzufriedenheit, zu einer Gemeinschaft zu gehören, mit der sie ausdrücklich nicht einverstanden ist. In den drei anderen Fällen könnte die Dissonanz auch epistemisch sein und von einem unsicheren Schwanken zwischen unterschiedlichen Konzeptionen religiöser Realität reichen bis hin zum Wissen, dass etwas nicht stimmt, ohne ausdrücken zu können, was. Kognitive Dissonanzen – insbesondere in wichtigen weltanschaulichen Fragen wie der Religion – sind unangenehm;[58] sie drängen auf Auflösung. Manchmal unterdrücken oder leugnen wir sie, aber wir können auch durch sie bewegt werden, nach Klarheit durch zusätzliche Argumente zu suchen – etwas, das ein in epistemischer Hinsicht zufriedenes Mitglied der religiösen Gemeinschaft wahrscheinlich nicht tut.[59]

Zweitens kann die Person mit einer Insider-Outsider-Perspektive in einer günstigeren Position sein als ein zentraleres Mitglied der Gemeinschaft, um neue Arten von Gründen zu bemerken und zu bewerten. Dieser Vorteil kommt vor allem denen zu, die eine überzeugt-alternative Perspektive haben. Denn eine

---

56 Es kann auch psychologische und emotionale Schwierigkeiten verursachen, einschließlich „ambivalence, uncertainty, despair, and even madness“ (Narayan 1988: 222).

57 Narayan 1988: 222.

58 Solomon u. a. 1991.

59 Zagzebski 2017: 105 betrachtet kognitive Dissonanzen als epistemisch problematisch. Ich behaupte im Gegenzug, dass auch ihr *Fehlen* epistemisch problematisch sein kann. Zu viel Kohärenz kann zu epistemischer Selbstzufriedenheit führen und grundlegende Fehler überdecken.

solche Person kann die „Brillen“ nach Belieben wechseln.[60] Ihre Erfahrungsgründe sind für psychologische und soziale Einflüsse aus zwei Versionen des religiösen Überzeugungssystems empfänglich. Und sie ist in der Lage, beide Versionen nebeneinander zu legen und zu vergleichen, wobei sie die Ressourcen jeder einzelnen Version nutzt, um die andere zu bewerten. Diese Fähigkeit gibt ihr die Möglichkeit, ein reflektierteres Bild der religiösen Realität zu bekommen als jemand (wie eine religiöse Autorität oder ein zentraleres Mitglied der Gemeinschaft), dessen Überzeugungssystem einfach die autoritative Version übernimmt.[61] Der Prophet Jeremia und Maria Ward sind Beispiele dafür. Beide waren religiös marginalisierte Menschen, deren alternative Standpunkte zu überzeugten Alternativen mit einem ausgeprägten kritischen Bewusstsein für die Mängel in den autoritativen Überzeugungssystemen ihrer Zeit ausgebaut wurden. Sie sind auch Beispiele für das, was Medina „epistemische Helden“ nennt:[62] eine Teilmenge derer mit überzeugt-alternativen Perspektiven, deren Handeln ihre Gemeinschaften zur Selbsterforschung zwingt.[63]

Aber man muss kein epistemischer Held sein oder gar eine überzeugt-alternative Perspektive haben, damit die eigene Marginalisierung zu religiösen Einsichten führt, sowohl für die Person selbst als auch für die religiöse Gemeinschaft. Wir können marginalisierte Menschen, die vorsichtig sind oder denen es an robusten alternativen Versionen des Überzeugungssystems mangelt, „epistemisch sanftmütig“ nennen. Eine solche Person wird Hilfe oder Ermutigung benötigen, um ihre Unzufriedenheit mit der autoritativen Version des Überzeugungssystems auszudrücken und zu erkennen, oder eine noch im Entstehen begriffene Alternative, die sie vielleicht hat, zu formulieren. Religiöse Autoritäten und zentrale Mitglieder der Gemeinschaft sollten bereitwillig solche Hilfe anbieten, wenn sie es können – aus epistemischen, aber auch aus moralischen Gründen, denn die Marginalisierten als epistemisch Handelnde ernst zu nehmen, kann ein wichtiger Schritt in Richtung Wiedergutmachung und Reintegration sein (siehe Abschnitt 5).[64]

---

60 Diese Fähigkeit wurde als „Doppelsehen“ bezeichnet (Narayan 1988: 221); siehe auch die Beiträge zu Harding 2004. Medina 2013: 186 verwendet den Begriff „*meta-lucidity*“, um ein ähnliches Phänomen zu erfassen.

61 Harding 1993: 221; Wylie 2003: 32–39; Medina 2013: 44–45; Narayan 1988: 220.

62 Medina 2013: 225.

63 In Dormandy 2016 beschreibe ich, wie marginalisierte Menschen ihre eigenen Narrative nutzen können, um die Gesellschaft zu motivieren, ihre eigenen Vorstellungen zu überdenken.

64 Harding 1993: 222 nennt dies „starting from the lives“ der Marginalisierten, um zu sehen, was man von ihnen lernen kann und wie man ihnen helfen kann, sich zu entfalten.

4.2 Das Leiden religiöser Marginalisierung

Ich habe dafür argumentiert, dass religiöse Marginalisierung einen Standpunkt bieten kann, von dem aus man die autoritative Version des religiösen Überzeugungssystems kritisch bewerten kann. Religiöse Marginalisierung kann einen zweiten epistemischen Vorteil mit sich bringen, der aus dem Leiden entsteht, das tendenziell damit verbunden ist.

Um sich diese Vorteile zu vergegenwärtigen, denke man daran, dass religiöse Marginalisierung Gefühle von z. B. Scham, Erniedrigung, Abscheu, Wertlosigkeit, Einsamkeit, Zurückweisung oder Selbsthass hervorrufen kann. Strukturelle, kausale und epistemische Marginalisierung kann jeweils dazu führen, dass man sich noch dazu machtlos fühlt. Epistemische Marginalisierung kann verwirrend sein und möglicherweise sogar dazu führen, dass man das Gefühl hat, dass die eigenen Erfahrungen die Wirklichkeit nicht korrekt widerspiegeln (man stelle sich vor, wie es für Maria Ward war, von niemand anderem als dem Papst selbst zu hören, dass ihre lebhaften Gotteserfahrungen Halluzinationen gewesen sein müssen).

Diese Erfahrungen können bestimmte epistemische Nachteile mit sich bringen. Ein Gefühl der Verwirrung kann das epistemische Selbstvertrauen einer Person schädigen und ihre Fähigkeit behindern, Verständnis zu suchen oder Wissen zu erlangen.[65] Leiden kann das Vertrauen einer Person in andere Menschen zerstören, auch in diejenigen, die vielleicht als hilfreiche Resonanzböden gedient hätten, um ihre Erfahrungen zu verstehen. Ihr Leiden kann einen psychologischen Einfluss auf sie haben, durch den ihre Erfahrungen negativ gefärbt werden, so dass sie eventuell der Realität weniger zutreffend widerspiegeln. Schließlich kann sie auf Leiden mit Verbitterung und geringerer Empfänglichkeit für bestimmte Tatsachen reagieren, wie z. B. das Leiden anderer.[66]

Aber Leiden kann auch zu religiösen Erkenntnissen führen. Dies kann auf zwei Arten geschehen, die wir als „positiv" und „negativ" bezeichnen können. Positiv ist, dass Leiden uns manchmal aus unserer Selbstzufriedenheit herausreißen und motivieren kann, neue psychische Ressourcen zu entwickeln. Es kann auch Unzufriedenheit mit oberflächlichen Antworten hervorrufen und die Suche nach tieferen anregen.[67] Daraus ergibt sich ein indirekter psychologischer Einfluss, der uns dazu motiviert, nach weiteren Gründen zu suchen.

Aber das ist nicht immer das Ergebnis des Leidens. Doch selbst dann (ja, vielleicht gerade dann) kann es Erkenntnisse auf „negative" Weise hervorbringen. Um zu verstehen, was ich meine, betrachte man die weit verbreitete Ansicht, dass religiöse Erfahrungen Gründe für die Existenz einer religiösen

65 Fricker 2007: 147–177; Medina 2013: 41.
66 Narayan 1988: 220.
67 Stump 2010: 457–460; Dormandy 2018.

Realität liefern.[68] In der Diskussion werden traditionell Erfahrungen von Schönheit, Liebe oder Gottes Gegenwart betont.[69] Aber auch Erfahrungen von Hässlichkeit, Ungerechtigkeit, Zwietracht, Hass oder der Abwesenheit Gottes oder des Verlassen-Seins können zu Einsichten führen. Mit anderen Worten: Religiöse Erfahrungen müssen nicht positiv gefärbt sein; sie können eine wichtige spirituelle Wirklichkeit gerade dadurch reflektieren, dass sie negativ sind. Man denke an Hiob, dessen Leiden (einschließlich der Marginalisierung durch die Gemeinschaft, in der er einst respektiert wurde) neue Tiefen religiöser Qualen ergründet, aber zu einer beispiellosen Vertrautheit mit Gott führt;[70] oder man denke an die dunkle Nacht der Seele, die einige MystikerInnen als Eingang in ein tieferes Verstehen der göttlichen Wirklichkeit betrachten.[71]

Dieser „negative" epistemische Einfluss ist evidentiell und psychologisch. Die relevanten Erfahrungen sind repräsentational und stellen somit epistemische Gründe (*evidence*) dar. Und die sie begleitenden psychologischen Zustände üben einen indirekten psychologischen Einfluss aus, indem sie eine Sensibilität für bestimmte Wahrnehmungen anregen. Zum Beispiel können sie Leidende dazu bringen, ähnliches Leiden bei anderen zu erkennen, und sie können die modalen Intuitionen einer Person so justieren, dass sie im Voraus erkennen können, welchen Weg ein bestimmtes Leiden nehmen wird, so dass sie auf einzigartige Weise befähigt sein wird zu helfen. Das Überzeugungssystem der Person, das durch diese Gründe und diesen indirekten psychologischen Einfluss geprägt wird, prägt wiederum die zukünftigen Erfahrungen und die Art und Weise, wie eine Person sie versteht und argumentativ einordnet.

Die epistemischen Einflüsse, die ich bisher hervorgehoben habe, resultieren aus dem Leiden an sich und sind nicht spezifisch für religiöse Marginalisierung, aber Leiden durch religiöse Marginalisierung kann darüber hinaus spezifische Einsichten liefern. Erstens gewinnt eine religiös marginalisierte Person eine besondere Perspektive auf die religiöse Gemeinschaft selbst, die ihr Einsichten einer Art bietet, die insbesondere den religiösen Autoritäten wahrscheinlich fehlt. Die Person wird die Schattenseite der Gemeinschaft sehen – ihre weniger sympathische, grausamere, ausgrenzende Seite, die sich im Verhalten ihrer zentraleren Mitglieder und vielleicht der Autoritäten selbst zeigt –, die aber ihren zufriedeneren Mitgliedern verborgen bleiben wird und auf Fehler in ihrem Denken hinweisen kann.

Zweitens haben alle Gemeinschaften bestimmte Normen, aber religiöse Normen sind tendenziell umfassender und präskriptiver als viele andere. Sie umfassen, wie man leben soll, worauf man hoffen darf, was man glauben und für besonders wichtig erachten soll, ja, den Sinn des Lebens selbst. Aus diesem Grund kann die Marginalisierung innerhalb einer religiösen Gemeinschaft eine

---

68 Alston 1991: 9–67; Swinburne 2004: 293–327.

69 Aquino 2017: 163–164; Plantinga 2000b: 171-172; Alston 1991: 12–13.

70 Stump 2010: 177–226; Dormandy 2018.

71 Siehe auch Gellman 1992, der behauptet, dass man die Abwesenheit Gottes erleben kann.

ungewöhnlich große psychologische Belastung sein. Es kann bedeuten (oder so empfunden werden), von sich selbst glauben zu müssen, in geradezu kosmischem Ausmaß falsch zu liegen oder selbst vollkommen wertlos zu sein. Ja, wenn eine religiöse Gemeinschaft die göttliche Realität vermitteln oder repräsentieren soll, kann Marginalisierung in einer solchen Gemeinschaft sogar als Ausschluss von der Gegenwart Gottes erlebt werden.

Hier sind zwei Beispiele für die Arten von Erkenntnis, die diese Form von Leiden hervorbringen kann. Erstens: Jemand, der religiösen Missbrauch erlitten hat, könnte angesichts seiner Erfahrungen gezwungen sein, vieles von dem, was er je über Gott geglaubt hat, zu überdenken. Einerseits könnte er eine verzerrte Vorstellung von Gott entwickeln. Das ist für ihn natürlich ein epistemischer Verlust, aber wenn die Gemeinschaft ihm Beachtung schenkt, kann er sie auf wichtige Informationen über ihren eigenen spirituellen Zustand aufmerksam machen – und sie vielleicht dazu bringen, Reue zu zeigen und so die Grundlage für seine psychologische und epistemische Heilung zu legen. Aber die Person könnte auch ein viel tieferes Verständnis entwickeln z. B. für die Gegenwart Christi in denen, die am schwersten verletzt und gebrochen sind – vom dem sicherlich auch die Gemeinschaft lernen könnte. Als zweites Beispiel können wir Hiob betrachten, der sein Ansehen in der Gesellschaft als Indikator für seine Gunst bei Gott interpretiert hatte. Was er über Gott lernte, als er ihm *in* seinem erbärmlichen Zustand erschien, war das hart erkämpfte Ergebnis dieser Marginalisierung und des intellektuellen und emotionalen Ringens mit ihr.[72]

Zusammenfassend lässt sich sagen, dass religiöse Marginalisierung qualvoll sein kann. Aber ihr epistemischer Einfluss kann religiöse Einsichten für die marginalisierte Person und (durch die Auseinandersetzung mit ihr) für ihre Gemeinschaft liefern.

Kritiker könnten mir den Vorwurf machen, dass ich es befürworte, Leiden für epistemischen Profit zu instrumentalisieren. Wenn es stimmt, dass religiöse Marginalisierung epistemische Vorteile mit sich bringt, dann könnte es so aussehen, als ob ich gezwungen wäre, dafür zu plädieren, dass Gemeinschaften Menschen routinemäßig allein aus diesem Grund marginalisieren sollten – eine *reductio* meines Arguments. Aber ich bin nicht darauf festgelegt, genauso wenig jemand, der sagt, dass man aus seinen Fehlern lernen kann, nicht fordern muss, dass man welche machen sollte. Epistemische Ziele konkurrieren mit anderen Zielen und das Ziel, religiöse Ausgrenzung zu verhindern, ist wichtiger als das Ziel, zusätzliche Erkenntnisse zu gewinnen.

Eine ähnliche Befürchtung ist, dass ich die Objektivierung marginalisierter Menschen *selbst* um des höheren epistemischen Gutes willen befürworte. Aber das tue ich nicht. Es ist wichtig, sich daran zu erinnern, wie gefährdet diejenigen sind, die Zeugnis ablegen, auch im wohlwollendsten aller Kontexte; das Risiko, das eine marginalisierte Person eingeht, um Zeugnis vor der Gemeinschaft

---

72 Stump 2010: 195–196.

abzulegen, die sie marginalisiert, ist exponentiell größer.[73] Die Würde und Selbstbestimmtheit marginalisierter Menschen muss respektiert werden, auch wenn dies bedeutet, auf einige der epistemischen Vorteile zu verzichten, die das Gespräch mit ihnen bieten könnte (siehe Abschnitt 5).

4.3 Die zu Recht Ausgegrenzten

Kehren wir zu den zu Recht Ausgegrenzten zurück – man denke an Rassisten, die von der Gemeinschaft strukturell, kausal, epistemisch und affektiv ausgrenzt werden. Ich habe behauptet, dass solche Fälle keine Ausnahme von meiner These sind, und jetzt ist es an der Zeit, zu zeigen warum.

Wir müssen uns darüber im Klaren sein, dass sich mit dem Widerspruch von zu Recht ausgegrenzten Menschen auseinanderzusetzen *nicht* bedeutet, ihr Überzeugungssystem zu tolerieren (das so abwegig sein könnte, dass es nicht einmal eine Version des gebräuchlichen religiösen Überzeugungssystems ist). Es bedeutet einfach, zu versuchen, ihr Überzeugungssystem zu verstehen: die Überzeugungen, Begriffe und Werte, die es ausmachen, zu klären und die evidentiellen, psychologischen und sozialen Faktoren zu identifizieren, die es beeinflussen.

Das Überzeugungssystem eines zu Recht ausgegrenzten Mitglieds der Gemeinschaft zu verstehen, kann mehrere epistemische Vorteile mit sich bringen. Erstens können die Mitglieder der Gemeinschaft Einblicke in ein abstoßendes Überzeugungssystem gewinnen, was ihnen Gelegenheit gibt, die Kohärenz und Genauigkeit ihrer eigenen Überzeugungssysteme zu verbessern, zur Verteidigung gegen Ideologien dieser Art.

Zweitens kann die Gemeinschaft lernen, wie das autoritative Überzeugungssystem oder die innerhalb der Gemeinschaft vorherrschenden epistemischen Einflüsse dazu beigetragen haben könnten, dass diese Person ihr abstoßendes Überzeugungssystem entwickelt hat. Dabei geht es nicht darum, die zu Recht ausgegrenzte Person von ihrer epistemischen oder moralischen Schuld freizusprechen, sondern lediglich darum, anzuerkennen, dass Gemeinschaften die Verantwortung übernehmen müssen für die evidentiellen, psychologischen und sozialen Einflüsse, die sie ausüben. Mag sein, dass es nichts gibt, was die Gemeinschaft hätte tun können, um die Vergiftung des Überzeugungssystems der zu Recht ausgegrenzten Person zu verhindern. Aber es könnte sich auch herausstellen, dass ihre Bedenken ungesunde Reaktionen auf nachvollziehbare Unsicherheiten oder Ängste sind, die hätten entschärft werden können, bevor sie zur Gefahr wurden, wenn ihnen im gemeinschaftlichen Diskurs ein angemessener Wert eingeräumt worden wäre.

[73] Dotson 2011: 238.

Drittens kann eine zu Recht ausgegrenzte Person kritische Gedanken zum autoritativen Überzeugungssystem haben: darüber, wie es intellektuell besser untermauert werden könnte oder wie es die legitimeren ihrer Bedenken angehen könnte.[74]

Viertens wird aber die Religionsgemeinschaft wahrscheinlich auch noch profitieren, wenn die zu Recht ausgegrenzte Person das autoritative Überzeugungssystem zu sehr missverstanden hat, um echte Fehler darin entdeckt zu haben. In diesem Fall kann es sein, dass die Gemeinschaft feststellt, dass es ihr nicht gelungen ist, ihr religiöses Überzeugungssystem effektiv zu kommunizieren. Wenn das der Fall ist, könnten andere in der Gemeinschaft ähnliche Missverständnisse haben; so kann diese Entdeckung – wenn sie zum Handeln führt – für viele das Verständnis verbessern und vielleicht sogar anderen extremistischen Entwicklungen vorbeugen.

Fünftens profitiert die Gemeinschaft auch epistemisch, indem sie zu Recht ausgegrenzten Personen hilft, Verständnis zu erlangen – schließlich sind auch sie Mitglieder der Gemeinschaft. Vielleicht lernen sie sogar, dass das autoritative Überzeugungssystem – oder vielleicht eine verbesserte Version davon – auf jede berechtigte Sorge, die sie haben könnten, in einer Weise eingehen kann, die ihrem eigenen, vergifteten Standpunkt fehlt.

Aber wir müssen vorsichtig sein, denn obwohl manchmal klar ist, ob ein bestimmter Fall von Ausgrenzung richtig oder falsch ist (wie bei dem Rassisten auf der einen Seite und Jeremia auf der anderen), ist es in anderen Fällen, wie wir gesehen haben, unklar. Für weitere Forschungen brauchen wir eine gründliche Erklärung dieser Unterscheidung.

---

[74] Eine ausgegrenzte Person kann eine Insider-Outsider-Perspektive haben oder auch nicht; ob dies der Fall ist, hängt davon ab, ob sie das autoritative Überzeugungssystem hinreichend versteht.

5. Fazit

Ich schließe mit ein paar Beispielen für Erträge aus dem Dissens mit religiös Marginalisierten und ein paar Bemerkungen darüber, wie die Auseinandersetzung mit ihnen weitergehen könnte.

Das Kinderlied „Mighty Mighty Savior“[75] beginnt mit den beiden Zeilen: „No one is good / No one is righteous before God.“ Ein Erwachsener, der sich mit Theologie auskennt, wird verstehen, dass das auf die Lehre anspielt, nach der niemand ohne Sünde ist. Aber theologisch ungebildete Erwachsene, ganz zu schweigen von den Kindern, die Zielgruppe des Liedes sind, könnten stattdessen leicht auf den naheliegenden Gedanken kommen, dass jeder – auch man selbst – wertlos ist. Eine Gemeinschaft, die solche Lieder unterstützt, wird wahrscheinlich den Unterschied zwischen Sünde und Wertlosigkeit in anderen Kontexten nicht klar kommunizieren. Das Ergebnis kann sein, dass einige Kinder, die mit diesem Lied aufgewachsen sind, mit Scham zu kämpfen haben und, wenn sie größer werden, an die Grenzen der Gemeinschaft driften werden. Die Gemeinschaft muss die Erfahrungen solcher Menschen dringend verstehen.

Man betrachte nun Hilfsüberzeugungen. Eine religiöse Gemeinschaft könnte glauben (ich habe von welchen gehört, die das tun), dass Vergebung eine Versöhnung mit dem Täter bedeutet. Dieser Glaube könnte leicht dazu führen, dass von Missbrauchsopfern erwartet wird, immer neue Konfrontationen mit den Tätern zu ertragen, oder dass sie glauben, dass mit ihnen etwas nicht stimmt, wenn sie immer noch Wut in sich tragen; eine solche Person kann gewiss an die religiösen Ränder driften. Damit diese falsche Hilfsüberzeugung korrigiert wird, ist es für die Gemeinschaft dringend notwendig, dass die Bedenken und Erfahrungen dieser Person vorgetragen werden (auch wenn sie diese möglicherweise nicht vollständig artikulieren kann). Auch epistemische Hilfsüberzeugungen können verbessert werden; schon, dass marginalisierte Menschen ihre Geschichten vortragen, kann eine religiöse Gemeinschaft dazu veranlassen, zur Überzeugung zu gelangen, dass Erfahrungen wie ihre ein größeres Gewicht bekommen sollten.

Eine religiös marginalisierte Person kann auch Einsichten in wichtige religiöse Konzepte haben. Unfassbare Geschichten über z. B. das Leiden im Holocaust, die von vielen erzählt wurden, die am Rand christlicher Religionsgemeinschaften standen (z. B. von solchen jüdischer Abstammung), haben historisch gesehen viel theologische Selbsterforschung angestoßen hinsichtlich der Frage, ob traditionelle Annahmen über den Begriff Gottes – wie etwa, dass er nicht leidensfähig sei – rational haltbar sind.

---

75 Aus dem Album „Awesome God“ von Sovereign Grace Music; Texte unter: https://sovereigngracemusic.bandcamp.com/track/mighty-mighty-savior, abgerufen am 9. Juli 2018.

Auch die Werte der Gemeinschaft können in epistemischer Hinsicht profitieren. Eine Person könnte z. B. marginalisiert werden, weil sie kein Verständnis aufbringen kann für die Konzentration der Gemeinschaft auf eine bestimmte Art von Politik im angemessenen Umgang mit häuslicher Gewalt. Sie anzuhören, könnte die Gemeinschaft auf die Notwendigkeit aufmerksam machen, die autoritative Version ihres religiösen Überzeugungssystems so weiterzuentwickeln, dass sie weniger einseitig ist. Oder man denke an eine überwiegend weiße religiöse Gemeinschaft, deren Minderheiten marginalisiert werden, weil die Gemeinschaft wenig Wert auf genuine Versöhnung legt (und nicht bloß oberflächliche). Ihren abweichenden Standpunkt zu hören, kann der Gemeinschaft etwas von großem religiösem Wert vermitteln.

Ähnliche Anmerkungen gelten für die in der Gemeinschaft vorherrschenden epistemischen Einflüsse. Marginalisierte Perspektiven liefern Gründe, die die Art von Gründen ergänzen können, über die zentralere Mitglieder der Gemeinschaft und religiöse Autoritäten meist verfügen; man denke an die Erfahrungen, die sie wahrscheinlich mit der grausameren Seite der Gemeinschaft haben, und an einige der impliziten Hilfsüberzeugungen, die das offenbaren kann. Und die regelmäßige Beschäftigung mit den Standpunkten der religiös Marginalisierten kann einige Stereotype schwächen, die überhaupt erst zu ihrer Marginalisierung beigetragen haben.

Bisher habe ich wenig darüber gesagt, *wie* eine religiöse Gemeinschaft sich mit dem Dissens ihrer Marginalisierten beschäftigen könnte. Hier ist nicht genug Raum für eine detaillierte Diskussion, aber ich möchte mit einigen kurzen Bemerkungen dazu abschließen.

1. Erstens sollten religiöse Autoritäten wie auch zentrale Mitglieder der Gemeinschaft auf die religiös Marginalisierten achten, seien sie epistemische Helden, epistemisch sanftmütig oder irgendwo dazwischen. Was epistemische Helden betrifft, so neigen religiöse Gemeinschaften dazu, eine gemischte Beziehung zu den ihren zu haben. Oft verfolgen sie sie zu Lebzeiten und verehren sie später. Es ist an der Zeit, sie in ihrer Zeit selbst anzuerkennen. Aber religiöse Gemeinschaften müssen auch auf die epistemisch Sanftmütigen achten. Sie werden wahrscheinlich nicht nur einen relativ großen Anteil der Marginalisierten in jeder religiösen Gemeinschaft ausmachen, sondern eine große Zahl von ihnen wird auch wahrscheinlich schon *lange vor* dem Entstehen jedes epistemischen Heldentums existieren – denn epistemisches Heldentum ist doch das Ergebnis eines Problems, das bereits akut geworden ist. Frühzeitig ein Auge auf die epistemisch Sanftmütigen zu haben, könnte der Notwendigkeit größerer Korrekturen später zuvorkommen.
2. Die Auseinandersetzung mit den religiös Marginalisierten darf keine gelegentliche Übung sein, sondern eher eine Lebensweise. Hat man sich einmal – vielleicht mühsam – mit dem Dissens mit einer Person arrangiert, ist es leicht, faul zu werden und sich immer wieder auf sie als „Sprecherin“

für andere wie sie zu beziehen.[76] Eine Gemeinschaft könnte ihre Botschaft sogar „domestizieren" und zugleich heuchlerisch zu alten Wegen zurückkehren – Jeremias Sorge um die Reinheit des Herzens und um die Armen beispielsweise muss ständig erneuert werden. Außerdem gibt es Einsichten und Erfahrungen von Marginalisierten in unterschiedlichen Formen, so dass es epistemisch naiv ist (um nicht zu sagen bevormundend), zu denken, dass eine Person überhaupt für alle sprechen *könnte.*[77]

3. Es ist bei der Auseinandersetzung mit den Marginalisierten wichtig, ihre Begriffe und ihren Wortschatz zu gebrauchen.[78] Obwohl es auch Beispiele von marginalisierten Personen gibt, die sich erfolgreich das Mainstream-Vokabular angeeignet haben, um ihre Sache zu vertreten,[79] kann die Erwartung, sich im Rahmen des Mainstreams auszudrücken, ihre Botschaft zum Verstummen bringen[80] – besonders, wenn die Botschaft genau diesen Rahmen herausfordert.
4. Die Bereitschaft, marginalisierte Menschen in ihren eigenen Worten anzuhören, bedeutet für religiöse Autoritäten und zentrale Mitglieder der Gemeinschaft anzuerkennen, dass sie selbst Schwierigkeiten haben könnten, außerhalb des Rahmens der autoritativen Version des Überzeugungssystems zu denken. Möglicherweise muss externe Interpretationshilfe in Anspruch genommen werden, um sicherzustellen, dass die marginalisierte Person gehört wird.
5. Fünftens ist es wichtig, sensibel für die Verwundbarkeit zu sein, die die Marginalisierten zeigen, wenn sie ihre Geschichten oder Sorgen zum Ausdruck bringen.[81] Schließlich ist es gut möglich, dass sie gerade in ihrer Marginalisierung, ganz zu schweigen von den Ereignissen, die dazu geführt haben, von der religiösen Gemeinschaft enttäuscht wurden und damit ein großes Risiko eingehen, wenn sie sich äußern. Es ist wichtig, ihr Vertrauen zu respektieren und sich dessen würdig zu erweisen.

Es ist abschließend wichtig, dass zentrale Mitglieder der Gemeinschaft oder religiöse Autoritäten mit epistemischer Demut an den Austausch herantreten, um zu erkennen, dass sie etwas Neues und vielleicht Herausforderndes über ihre eigene Version des religiösen Überzeugungssystems lernen können. Das bedeutet jedoch *nicht*, dass sie alles, was eine marginalisierte Person sagt, sklavisch übernehmen müssen[82] – denn Achtung gegenüber dem Standpunkt eines anderen schließt zum Teil auch Widerspruch auf der Suche nach echtem Verständnis ein.

---

76 Collins 1991: 204.
77 Ebd.
78 Collins 1991; Meyers 2016.
79 Dormandy 2016.
80 Das ist ein Beispiel für das, was Dotson 2011: 244 „testimonial smothering" nennt.
81 Dotson 2011: 237–238; Freedman 2015; Narayan 1988: 219.
82 Narayan 1988: 221.

Ich hoffe, dass nun klar ist, warum eine religiöse Gemeinschaft und ihre Autoritäten sich dem Dissens mit den Marginalisierten stellen sollten. Aber was können sich die Marginalisierten selbst davon erwarten – insbesondere angesichts der Gefahr, in die sie sich begeben, wenn sie ihre Geschichten und Ansichten mitteilen? Die Antwort wird von Situation zu Situation unterschiedlich sein. Eine Hoffnung ist jedoch, dass Reintegration für sie zu einer echten Option wird: zu ihren eigenen Bedingungen, in eine Gemeinschaft, die ihre Botschaften nun beachtet.

Abschließend sei gesagt, dass es epistemisch fehlgeleitet ist, vom Dissens in religiösen Gemeinschaften abzuraten; im Gegenteil – dies sollte aktiv gefördert werden. Die Standpunkte religiös marginalisierter Menschen sind in epistemischer Hinsicht wichtig für die mit ihnen verbundene Fähigkeit, über viele der unhinterfragten Überzeugungen, Konzepte und Werte hinauszuschauen, die ihren Ursprung im religiösen Denken des Mainstreams haben. Religiöse Autoritäten leisten wichtige Beiträge zu den epistemischen Zielen religiöser Gemeinschaften, sind aber gerade aufgrund ihrer sozialen Stellung epistemischen Einschränkungen unterworfen. Mit anderen Worten: Religiöse Erkenntnis ist nicht genauso verteilt wie religiöse Autorität. Da es religiös wichtige Erkenntnisse gibt, die von Nicht-Autoritäten erlangt werden müssen, haben verschiedene Mitglieder der religiösen Gemeinschaft – einschließlich und gerade ihre Marginalisierten – unterschiedliche Teile des epistemischen Puzzles. Sie zu beachten kann dazu beitragen, das autoritative Überzeugungssystem mehr als nur dem Namen nach autoritativ zu machen.[83]

Aus dem Englischen übersetzt von Lisa Erlmann und Sebastian Gäb

[83] Ich danke dem Österreichischen Wissenschaftsfonds für die Finanzierung zum Schreiben dieses Artikels. Vielen Dank für wertvolle Kommentare von John Cottingham, Dirk-Martin Grube, Christoph Jäger, Peter Jonkers, Sami Philström, Oliver Wiertz und die anonymen ReferentInnen von *Res Philosophica*. Für wertvolle Diskussionen danke ich Michael Dormandy, der Forschungsplattform „Kulturen – Religionen – Identitäten: Spannungsfelder und Wechselwirkungen“ an der Katholisch-Theologischen Fakultät der Universität Salzburg, dem Forschungszentrum „Synagoge und Kirchen“ an der Universität Innsbruck, dem Forschungsseminar am Institut für Christliche Philosophie der Universität Innsbruck und dem Frauennetzwerk „Sophia Forscht“ an der Theologischen Fakultät der Universität Innsbruck. Für die wunderbare Übersetzungsarbeit bin ich Lisa Erlmann und Sebastian Gäb sehr dankbar.

Literatur

Alston, William: *Perceiving God. The Epistemology of Religious Experience*, London: Cornell University Press, 1991.

Anderson, Elizabeth: Knowledge, Human Interests, and Objectivity in Feminist Epistemology, in: *Philosophical Topics* 23:2 (1995), 27–58.

Anderson, Pamela Sue: *A Feminist Philosophy of Religion*, Oxford: Blackwell, 1998.

Antony, Louise: Reflections on Saulish Skepticism, in: Brownstein, Michael/Saul, Jennifer (Hgg.). *Implicit Bias and Philosophy. Volume 1: Metaphysics and Epistemology.* Oxford: Oxford University Press, 2016, 157–190.

Aquino, Frederick D.: Spiritual Formation, Authority, and Discernment, in: Abraham, William J./ Aquino, Frederick D. (Hgg.): *The Oxford Handbook of the Epistemology of Theology*, Oxford: Oxford University Press, 2017, 157–173.

Chabris, Christopher/ Simons, Daniel: *The Invisible Gorilla and Other Ways Our Intuitions Deceive Us*, New York: Crown, 2010.

Coakley, Sarah: Feminism and Analytic Philosophy of Religion, in: Wainwright, William J. (Hg.): *The Oxford Handbook of Philosophy of Religion*. Oxford: Oxford University Press, 2005, 495–527.

Collins, Patricia Hill: *Black Feminist Thought. Knowledge, Consciousness, and the Politics of Empowerment*, New York: Routledge, 1991.

Conee, Earl/Feldman, Richard: *Evidentialism*, Oxford: Oxford University Press, 2004.

Cottingham, John: *The Spiritual Dimension: Religion, Philosophy and Human Value*, Cambridge: Cambridge University Press, 2005.

Dormandy, Katherine: Argument from Personal Narrative: A Case Study of Rachel Moran's Paid For: My Journey Through Prostitution, in: *Res Philosophica* 93:3 (2016), 601–620.

Dormandy, Katherine: Evidence-Seeking as an Expression of Faith, in: *American Catholic Philosophical Quarterly* 92:3 (2018), 409–428.

Dotson, Kristie: Tracking Epistemic Violence, Tracking Practices of Silencing, in: *Hypatia* 26:2 (2011), 236–257.

Freedman, Karyn: *Stories Count: Testimony, Gender, and Knowledge*, Dublin: Presentation at the Annual Conference for the Society of Women in Philosophy (SWIP) Ireland, 2015.

Fricker, Miranda: *Epistemic Injustice. Power and the Ethics of Knowing*, Oxford: Oxford University Press, 2007.

Gellman, Jerome: A New Look at the Problem of Evil, in: *Faith and Philosophy* 9:2 (1992), 210–216.

Gellman, Jerome: Religious Diversity and the Epistemic Justification of Religious Belief, in: *Faith and Philosophy* 10:3 (1993), 345–364.

Harding, Sandra: Rethinking Standpoint Epistemology. What is Strong Objectivity?, in: Alcoff, Linda/Potter, Elizabeth (Hgg.): *Feminist Epistemologies*, New York: Routledge, 1993, 218–236.

Harding, Sandra (Hg.): *The Feminist Standpoint Theory Reader*, London: Routledge, 2004.

Janis, Irving L.: *Groupthink: Psychological Studies of Policy Decisions and Fiascoes*, New York: Houghton Mifflin, 1982.

Jantzen, Grace: *Becoming Divine: Towards a Feminist Philosophy of Religion*, Manchester: Manchester University Press, 1998.

Kahneman, Daniel: *Thinking, Fast and Slow*, New York: Farrar, Straus and Giroux, 2011.

Kellner, Menachem: *Must a Jew Believe Anything?*, London: Littleman Library of Jewish Civilization, 1999.

Longino, Helen: *The Fate of Knowledge*, Princeton: Princeton University Press, 2002.

McKim, Robert: *Religious Ambiguity and Religious Diversity*, Oxford: Oxford University Press, 2001.

Medina, José: *The Epistemology of Resistance: Gender and Racial Oppression, Epistemic Injustice, and the Social Imagination*, Oxford: Oxford University Press, 2013.

Meyers, Diana Tietjens: *Victims' Stories and the Advancement of Human Rights*, Oxford: Oxford University Press, 2016.

Mills, Charles: White Ignorance, in: Sullivan, Shannon/Tuana, Nancy (Hgg.): *Race and Epistemologies of Ignorance*. Albany, NY: State University of New York Press, 2007, 13–38.
Narayan, Uma: Working Together Across Difference. Some Considerations on Emotions and Political Practice, in: *Hypatia* 3:2 (1988), 31–48.
Plantinga, Alvin: Pluralism. A Defense of Exclusivism, in: Meeker, Kevin/Quinn, Philip L. (Hgg.): *The Philosophical Challenge of Religious Diversity*. Oxford: Oxford University Press, 2000a, 172–192.
Plantinga, Alvin: *Warranted Christian Belief*, Oxford: Oxford University Press, 2000b.
Solomon, Sheldon u. a.: A Terror Management Theory of Social Behavior. The Psychological Functions of Self-Esteem and Cultural Worldviews, in: *Advances in Experimental Social Psychology* 24:1 (1991), 93–159.
Stump, Eleonore: *Wandering in Darkness: Narrative and the Problem of Suffering*, Oxford: Oxford University Press, 2010.
Swinburne, Richard: *The Existence of God*, Oxford: Oxford University Press, 2004.
Wylie, Alison: Why Standpoint Matters, in: Harding, Sandra/Figueroa, Robert (Hgg.): *Science and Other Cultures*. New York: Routledge, 2003, 26–48.
Wynn, Mark: Tradition, in: Abraham, William J./Aquino, Frederick D. (Hgg.): *The Oxford Handbook of the Epistemology of Theology*. Oxford: Oxford University Press, 2017, 126–140.
Zagzebski, Linda T: Authority in Religious Communities, in: Abraham, William J./Aquino, Frederick D. (Hgg.): *The Oxford Handbook of the Epistemology of Theology*. Oxford: Oxford University Press, 2017, 97–110.
Zeimbekis, John/Raftopoulos, Athanassios: *The Cognitive Penetrability of Perception: New Philosophical Perspectives*, Oxford: Oxford University Press, 2015.

Die Religion des Als Ob.
Hans Vaihinger versus William James

Christophe Bouriau

> If a person feels the presence of a living God, your critical arguments, be they never so superior, will vainly set themselves to change his faith.
> William James[1]

1. Einführung

Unmittelbar nach ihrer Veröffentlichung im Jahr 1911 wurde Vaihingers *Philosophie des Als Ob* als eine bloße Variante des Pragmatismus von James interpretiert. Vaihinger formuliert in diesem Buch nämlich eine Rechtfertigung bestimmter fiktionaler Ideen wegen ihrer Zweckmäßigkeit: Ihre praktische Anwendung definiert den echten Wert einer Idee. Der Philosoph Klaus Ceynowa veröffentlichte 1993 ein Buch mit dem Titel: *Zwischen Pragmatismus und Fiktionalismus. Hans Vaihingers Philosophie des Als Ob.*[2] Der Philosoph Klaus Hentschel hat seinerseits in seinem Buch über Einstein Vaihingers Philosophie des Als Ob als eine Variante eines utilitaristischen Pragmatismus vorgestellt.[3] Auch in Frankreich wurde Vaihingers Philosophie lange als eine Form des Pragmatismus gelesen.[4]

Im Gegensatz dazumöchte ich hier, im Rahmen der Philosophie der Religion, die Gründe erläutern, aus denen Vaihingers Fiktionalismus und James' Pragmatismus mir *unvereinbar* scheinen. Zuerst zeige ich, dass diesen beiden Denkweisen eine gemeinsame philosophische Richtung zugrunde liegt. In einem zweiten Schritt beschreibe ich wie sich die Merkmale des religiösen Pragmatismus und des Fiktionalismus voneinander unterscheiden. Schließlich unterziehe ich den theologischen Fiktionalismus Vaihingers einer Diskussion und stelle zuletzt meinen eigenen Standpunkt zur Religionsphilosophie kurz vor.

---

1 James 1991: 73.

2 Ceynowa 1993.

3 Hentschel 1990: 277.

4 Der Philosoph Albert Leclère zum Beispiel schrieb über Vaihingers Hautpwerk: „Par rapport à presque tout ce qui gravite aujourd'hui autour du pragmatisme, M. Vaihinger est un précurseur authentique.“ (Leclère 1912: 284)

2. Der gemeinsame Hintergrund des religiösen Pragmatismus von James und des theologischen Fiktionalismus von Vaihinger: F. A. Lange.

In seiner *Geschichte des Materialismus* (1866) bezieht Lange eine Position, die als der Ausgangpunkt des Pragmatismus von James und des Fiktionalismus Vaihingers gelesen werden kann (obwohl James keine Kenntnis von Langes Werk hatte). Diese Position ist die folgende: Lange kritisiert die jeweiligen Unzulänglichkeiten eines atheistischen Materialismus und eines dogmatischen Rationalismus, der den Glauben an Gott auf theoretische Gründe stützen will.

Einerseits ist Lange mit einem Aspekt des Materialismus einverstanden: Echte Erkenntnis wird auf Erfahrung begründet und damit bestätigt. Keine spekulative metaphysische Konstruktion, die mit religiösen Ansichten in Einklang kommt, kann einen Anspruch auf wahre Erkenntnis erheben. Die Ansprüche der natürlichen Theologie, als Zweig der speziellen Metaphysik, sind null und nichtig.

Jedoch bewahrt die Metaphysik ihren ganzen Wert nicht als theoretische Wissenschaft, sondern als poetische Gattung, als ein Werk der Einbildungskraft, das dem menschlichen Dasein wesentlich ist. Religion und Metaphysik gehören nach Lange zur fantastischen Literatur. Sie beruhen auf einer Einbildungskraft, die unseren innersten Bestrebungen nach Frieden und Harmonie dient. Das Werk von Friedrich Schiller veranschaulicht, Lange zufolge, wie man religiöse Fragen angehen sollte: poetisch, nicht rationalistisch, metaphorisch, nicht mit theologischen Argumenten. Die metaphorische Sprache ist die geeignete Ausdrucksweise, die religiöse Erfahrung zu beschreiben und mitzuteilen, die sich eher an die Einbildung und das Herz wendet als an die kalte Vernunft.

Seine prosaische Auffassung lässt den Materialismus Folgendes vergessen: Die Tatsache, dass die Religionen seit jeher existieren, beweist, dass sie ein grundlegendes geistiges Bedürfnis der Menschheit bedienen, das man nicht verachten soll, denn das hieße die Menschheit selbst zu verachten. Dieses Bedürfnis, laut Lange, ist das Bedürfnis nach dem Ideal:

> Eins ist sicher: dass der Mensch einer Ergänzung der Wirklichkeit durch eine von ihm selbst geschaffene Idealwelt bedarf, und dass die höchsten und edelsten Funktionen seines Geistes in solchen Schöpfungen zusammenwirken.[5]

Wenn Religion auch durch keine theoretischen, sondern durch praktische Gründe (Nächstenliebe, soziale Kohäsion) legitimiert wird, so weigert sich Lange dennoch nicht, über religiösen Glauben als Wahrheit zu sprechen. Er unterscheidet zwei Bedeutungen des Wortes „wahr": Einerseits gibt es wissenschaftliche Wahrheiten, die universell verifizierbar sind, andererseits

---

[5] Lange 1887: 828.

religiöse Wahrheiten, die nur auf einer individuellen oder gemeinschaftlichen Ebene gelten können. Der religiöse Glaube braucht ein anderes Kriterium der Wahrheit als wissenschaftliche Ideen. Dieses Kriterium ist subjektiv, individuell: Der Gläubige, der die Anwesenheit Gottes empfindet, die von den religiösen Ideen bewegt wird, der durch sie zu Brüderlichkeit angeregt wird, hat alle Gründe dazu, diese Ideen für wahr zu halten. Lange behauptet diese Position, indem er die innere Erfahrung des Gläubigen mit den Themen der Inspiration und des Enthusiasmus als Gefühl der Anwesenheit Gottes verknüpft:

> Die Alten sahen den Dichter als einen begeisterten Seher an, der von seinem Gegenstand ganz erfüllt, ganz hingerissen, der gemeinen Wirklichkeit im Geist entrückt war. Sollte nicht dasselbe Ergriffensein von der Idee auch in der Religion sein Recht haben?[6]

Die Lebendigkeit, die Beständigkeit des christlichen Gefühls und seine ethische Resonanz wirken als die innerste Bewährung des Glaubens.

> Wenn es dann Gemüter gibt, die so tief in diesen Erregungen leben, dass *ihnen* die gemeine Wirklichkeit der Dinge davor zurücktritt, wie wollen diese die Lebendigkeit, die Stetigkeit, die Wirksamkeit ihrer Erlebnisse im Geist anders bezeichnen, als mit dem Wort ‚Wahrheit'?[7]

Lange behauptet natürlich nicht, dass das religiöse Gefühl die Wahrheit des Glaubens beweist. Er sagt einfach, dass das zutiefst überzeugte Individuum, von stimulierender und sittlicher Einfühlung unterstützt, durchaus dazu berechtigt ist, seinen Glauben als wahr darzustellen, was aber keineswegs den Anspruch begründen kann, den anderen Menschen seinen Glauben aufzuzwingen.

Nun möchte ich zeigen, in welchem Maß William James, was die Philosophie der Religion betrifft, tatsächlich das Erbe Langes antritt, auch wenn er Langes Werk wahrscheinlich nicht gelesen hat. Anschließend werde ich James und Vaihinger auf der Basis ihres gemeinsamen philosophischen Hintergrunds voneinander abgrenzen.

3. Religiöser Pragmatismus von William James versus Vaihingers theologischer Fiktionalismus

3.1 James

Obwohl er Lange nicht zitiert, verrät James eine gewisse Übereinstimmung mit Langes Ansicht. In seinem Buch *Pragmatism* (1907) erklärt William James

---

6 Lange 1887: 777–778.
7 Lange 1887: 778.

nämlich, dass er zwei Extreme bekämpft: den empirischen Positivismus einerseits, den metaphysischen Rationalismus andererseits.

Doch im Gegensatz zu Lange weigert sich James, die religiöse Welt als eine bloß imaginäre Welt zu betrachten, die unsere Einbildungskraft im Dienst unserer Bestrebungen nach Sicherheit, Friede und Harmonie geschaffen hat. Die religiöse Welt ist für James nicht auf eine mythische Welt reduzierbar.

Die Originalität von James besteht in der Behauptung, dass religiöser Glaube eine wahre Bedeutung hat, obwohl er in der Außenwelt keine Entsprechung hat. *Er hat eine Bedeutung, weil er einen Unterschied in der Praxis ausmacht.* Was genau meint er damit? Folgendes: Was unsere Handlungsweise mit den anderen und der Welt gegenüber betrifft, macht es einen großen Unterschied, ob man an Gott glaubt oder nicht. An Gott glauben heißt erstens, sein Dasein zu behaupten, zweitens, unser Vertrauen in ihn zu setzen. Auch wenn religiöse Menschen vielleicht kein wirkliches Objekt haben, macht es einen praktischen Unterschied, diese Objekte als wirklich zu betrachten oder nicht. Deshalb kann man die Bedeutung eines Begriffs nicht auf die beobachtbare Erfahrung beschränken.

Wenn die Bedeutung einer Idee in ihren praktischen Konsequenzen besteht, dann muss man gestehen, dass dieser oder jener religiöse Glaube besondere Gefühle und eine spezielle Haltung den Ereignissen des Lebens gegenüber mit sich bringen wird. Dieses Erlebnis und diese Haltung werden verschieden sein von denjenigen eines materialistischen Atheisten, eines Agnostikers, oder eines Gläubigen einer anderen konfessionellen Gemeinschaft. Hierzu schreibt James:

> Here then, in these different emotional and practical appeals, in these adjustments of our concrete attitudes of hope and expectation, and all the delicate consequences which their differences entail, lie the real meanings of materialism and spiritualism.[8]

Wichtig ist hier der Ausdruck „real meaning“ (of materialism and spiritualism), der von einer „apparent meaning“ (scheinbare Bedeutung) zu unterscheiden ist. Die wirkliche Bedeutung des Materialismus, im Gegensatz zum Spiritualismus, beruht auf keiner abstrakten Definition des Wesens der Materie, sondern auf einem Zusammenhang von konkreten besonderen Positionen und Handlungen:

> Materialism means simply the denial that the moral order is eternal, and the cutting off of ultimate hopes; spiritualism means the affirmation of an eternal moral order and the letting loose of hope.[9]

James nimmt ein anderes Beispiel: das Wort „Gott“. Wenn man sich mit einer bloß nominalen, „rationalistischen Definition“ Gottes begnügt, dann bleibt dieses Wort eine leere Hülle, ein hohles Wort:

8 James 1975: 55.
9 Ebd.

> Ens a se, supra omne genus, necessarium, unum, infinite perfectum, simplex, immutabile, immensum, aeternum, intelligens, etc.[10]

Solch eine abstrakte Definition bezieht sich auf nichts in unserer Außenwelt und kann deswegen ganz willkürlich aussehen. Wenn man dagegen die psychologischen und praktischen Folgen des Glaubens an einen solchen Gott berücksichtigt, dann erhält dieses Wort seine volle Bedeutung, indem es unseren psychologischen Zustand und unser Verhältnis zum Leben verwandelt. Eine der Bedeutungen dieses Worts, laut James, ist das Vertrauen ins Leben und ins ethische Handeln, ein Vertrauen, das uns der Glaube an Gott gibt:

> Pragmatism alone can read a positive meaning into it, and for that she turns her back upon the intellectualist point of view altogether. ‚God's in his heaven; all's right with the world!'[11]

Im Unterschied zu Lange jedoch, der die religiösen Ideen als bloße Erfindungen der Einbildungskraft betrachtet, die eine große praktische Tragweite haben, oder auch als „zweckmäßige Mythen", gesteht ihnen James einen Wahrheitswert zu. Wie kann man hier von Wahrheit sprechen, wo doch die religiösen Konzeptionen durch keine Erfahrung ihres Gegenstands verifizierbar sind?

James zufolge ist eine religiöse Meinung, zum Beispiel der Glaube an eine göttliche Vorsehung, nicht wahr in dem Sinne, dass sie einer empirischen Realität entspricht. Sie ist auch nicht wahr im Sinne, dass sie eine rational-theoretische Rechtfertigung haben kann, wie die spekulativen Rationalisten es glauben. Kant hat ihre Forderung ruiniert, Gott durch die reine Vernunft zu beweisen. Was sind also für James die Kriterien der Wahrheit? Das erste ist das Kriterium der Kohärenz: Religiöse Ideen sollen nicht nur miteinander harmonieren, sondern auch mit den anderen Wahrheiten der Kultur der Zeit:

> For how much more [theological ideas] are true, will depend entirely on their relations to the other truths that also have to be acknowledged.[12]

Zum Beispiel: Der Glaube, dass Gott die Erde ins Zentrum des Universums gesetzt hat, kann nicht wahr sein, da man jetzt zweifellos weiß, dass das Universum nicht geschlossen, sondern offen ist, und als solches ohne Mittelpunkt ist. Wenn man als Gläubiger die These der Unsterblichkeit der Seele als wahr oder wahrscheinlich darstellen will, so muss man sich vergewissern, dass sie mit den Ergebnissen der wissenschaftlichen Psychologie nicht in Widerspruch gerät.

Das zweite Kriterium der Wahrheit eines religiösen Glaubens ist, dass er Gefühle und Handlungen hervorruft, die zu einem reicheren, intensiveren, brüderlicheren Dasein beitragen. Zum Beispiel der Glaube, dass Gott ein offenes Universum geschaffen hat, ein Universum das Unbestimmtheit oder Freiheit in sich aufnimmt, ist nach James stimulierender auf individueller Ebene und

---

10 James 1975: 62. (Übers. 168)

11 Ebd.

12 James 1975: 40f.

ergiebiger auf zwischenmenschlicher Ebene, da dieser Glaube Offenheit und Toleranz fördert.

Ein anderes wichtiges Gefühl ist, dass jedermann wirklich dazu beitragen kann, die Welt zu verbessern. Es ist keine nachweisbare, sondern eine praktisch zweckmäßige These, die eine wirkliche Verbesserung dieser Welt verursacht. James scheint hier nicht weit entfernt von Vaihinger zu stehen: Räsonieren und Handeln *als ob* diese Verbesserung, dieser „Meliorismus" (sein Ausdruck) gelingen solle, vermehrt tatsächlich die Chancen seiner Verwirklichung. Aber dieses „Als Ob" hat bei James nicht den Sinn, den Vaihinger ihm zugibt: James handelt nicht als ob das Fiktive wirklich wäre, um so ein theoretisches oder praktisches Problem zu lösen, sondern er handelt als ob sein unbeweisbarer und subjektiver Glaube objektiv wäre, um auf dieser Weise sein ethisches Ziel effizienter zu realisieren. Das „Als Ob" wird hier mit einem echten Glauben vereint. Es entspricht nicht einer bloßen Simulation.

Wenn Sie glauben, dass die Welt wirklich verbessert oder sogar gerettet wird durch Ihre christlichen Handlungen, wenn Sie handeln, als ob es der Fall wäre, dann wird sich die Welt tatsächlich verbessern. In seinem Buch *The Will to Believe* (1896) findet man die drei eben erwähnten Kriterien der Annehmbarkeit eines religiösen Glaubens: Dieser Glaube kann für wahr gehalten werden, wenn er mit anderen Wahrheiten übereinstimmt, wenn er individuell und gemeinschaftlich zweckmäßig ist, und schließlich, weil die Tatsache, ihn als wahr zu betrachten, unsere Handlung effizienter macht.

Welche sind nun die Hauptunterschiede zwischen diesem Pragmatismus und Vaihingers Fiktionalismus?

3.2 Vaihinger

Zwar findet man bei Vaihinger, wie bei Lange und James, das Bestreben, die zwei vorher zitierten Extreme – den dogmatischen Rationalismus und den religionsfeindlichen Materialismus – zu überwinden. Aber im Gegensatz zu James, nennt Vaihinger die religiösen Ideen „Fiktionen".

Nach dem Vorbild des Pragmatismus von James wertet Vaihinger seinerseits die Metaphysik und die Religion als einen Speicher von Ideen, die für unsere geistige und moralische Entfaltung wesentlich sind. Er schreibt im englischen Vorwort zu Ogdens Übersetzung der Philosophie des Als Ob:

> Both [pragmatism and fictionalism] acknowledge the value of metaphysical ideas.[13]

Der Unterschied zwischen diesen beiden Strömungen besteht jedoch darin, dass sie diesen metaphysischen Ideen jeweils einen unterschiedlichen Stellenwert zuweisen. Hierzu Vaihinger:

---

13 Vaihinger 1925: viii.

> Fictionalism does not admit the principle of Pragmatism which runs: ‚An idea which is found to be useful in practice proves thereby that it is also true in theory, and the fruitful is thus always true.‘[14]

Was Vaihinger im Pragmatismus von James ablehnt, ist der Übergang von der „Zweckmäßigkeit" einer Idee zu ihrer „Wahrheit". Dementgegen betont der „Fiktionalismus", dessen Name Vaihinger sich in diesem Kontext ausdenkt, dass eine richtige Idee nutzlos sein kann, während eine falsche oder zumindest fiktionale Idee sich als sehr nützlich und ergiebig erweisen kann. Der letztere Fall gilt genau für religiöse Ideen: Obwohl sie von einem praktischen Standpunkt aus gesehen sehr nützlich sind, sollte man ihnen lediglich einen bloß fiktionalen Status zuschreiben und keinen Wahrheitswert.

Wie alle anderen Fiktionen rechtfertigen sich religiöse Ideen zwar durch ihre *Zweckmäßigkeit.* Trotzdem muss man sie Fiktionen nennen, da sie keinen Anspruch auf Wahrheit haben können. Hier liegt laut Vaihinger die Differenz zwischen einer Hypothese und einer Fiktion: Hypothesen, da sie stets „auf die Wirklichkeit gehen", verlangen eine *Verifikation*, während Fiktionen nur praktisch *„justifiziert"* werden können. Erstere sind mit dem Anspruch auf *Wahrscheinlichkeit* verbunden, während letztere nur unter dem Gesichtspunkt ihrer *Zweckmäßigkeit* betrachtet werden können.

Und Fiktionen, anders als Hypothesen, haben meistens einen nur transitorischen Charakter:

> Der eigentliche Unterschied zwischen beiden ist, dass die Fiktion bloßes Hilfsgebilde ist, bloßer Umweg, bloßes Gerüst, welches wieder abgeschlagen werden soll, die Hypothese dagegen einer definitiven Fixierung entgegensieht.[15]

Wissenschaftliche Fiktionen sind vorläufig. In der Mathematik zum Beispiel muss man, um besonders komplizierte Gleichungen lösbar zu machen, imaginäre Größen auf beiden Seiten der Gleichung hinzufügen, die man nach der Vereinfachung der Gleichung beseitigt. Es sind nur vorläufige Fiktionen: Sobald sie ihre Rolle erfüllt hat, wird die theoretische Fiktion zerstört. Ist das aber der Fall bei religiösen Fiktionen? Im Gegensatz zu theoretischen Fiktionen sind religiöse Fiktionen keine transitorischen, vorläufigen Gebilde. Sie haben für die konkrete Lebenspraxis einen unentbehrlichen Stellenwert und sollen als solche *bewahrt* werden. Diese Position findet man schon in den Werken von Kant, Friedrich Carl Forberg und Lange, die zu den Hauptquellen von Vaihingers Philosophie der Religion gehören.

Wenn er von religiösen Ideen spricht, benutzt Vaihinger das Wort „Fiktion", im Gegensatz zu James, weil er wie ein Positivist denkt. Jede Idee, die nicht durch eine sinnliche Anschauung erfüllt wird, ist eine bloße Idee, ein fiktionales Gebilde. Diese Position unterscheidet sich vom Standpunkt eines Kant, der die

---

14 Ebd.

15 Vaihinger 1922: 148.

metaphysischen Ideen nicht als Fiktionen betrachtet, sondern als Ideen, die einen Gegenstand haben können, obwohl man es nicht wissen kann.

Mit seiner heterodoxen Interpretation Kants, die darin besteht, religiöse Ideen als zweckmäßige Fiktionen zu betrachten, ist Vaihinger dem Philosophen Friedrich Carl Forberg (1770–1848) sehr nahe. Friedrich Forberg ist der Erfinder des Ausdrucks „Religion des als ob", der paradoxerweise eine Religion ohne Gott kennzeichnet. Vaihinger schreibt darüber:

> Hier [mit Forberg] haben wir die Religion des *Als Ob* in ihrer schärfsten Ausprägung, in ihrer *reinsten* Form.[16]

Forberg legt nämlich den Akzent auf das moralische Handeln, ohne sich um Gott und das höchste Gute zu bemühen. Wichtig ist für ihn nicht die Erlösung oder das Ziel (das höchste Gut), sondern das Mittel, d. h. die Anstrengungen, um diese Welt zu verwandeln, so dass Gottes Reich kommt. So schreibt Forberg:

> Man könnte dann ganz wohl wissen, dass ein Reich Gottes oder ein ewiger Friede oder eine Welt voll Engel Unmöglichkeiten wären und blieben; und man könnte dennoch ohne Unvernunft fortfahren, zu handeln, als ob man sie möglich machen sollte. Es wären Ideale, die man im Auge, aber nie in der Nähe behalten sollte.[17]

Das heißt: Auch wenn das Reich Gottes eine Fiktion, eine Chimäre ist, müssen wir doch handeln und sprechen *als ob* dieses Reich erreichbar wäre, weil diese Haltung einen moralischen Fortschritt fördert. So zu handeln vermehrt außerdem die Chancen, dieses Reich wirklich umzusetzen. Wenn man das religiöse Dasein wesentlich als christlich-ethische Botschaft und Projekt sieht, so kann laut Forberg ein Atheist, der diese Botschaft respektiert und umsetzt, „religiös" genannt werden: „Religiös" bedeutet in diesem Sinn *Beziehungen* mit der Kirche und den Menschen so zu entwickeln, dass das Reich der Harmonie und der Bruderschaft anwächst. Solch ein Atheist ist Vaihinger zufolge bewundernswert: Er will das Gute, das Reich Gottes, um des Guten willen, nicht für irgendeinen Vorteil oder Belohnung in diesem kurzen Leben oder nach dem Tode. So ist eine solche Religion ohne Gott, laut Vaihinger, der erhabenste Punkt der moralischen Handlung, als echte uneingennützige, selbstlose Handlung:

> Forbergs Religion des Als-Ob [...] ist in ihrer radikalen Form das Erhabenste, wozu sich überhaupt der Menschengeist oder vielmehr das Menschenherz aufschwingen kann.[18]

Wie der Philosoph Georg Koridze triftig erklärt, wohnt die Religionsfreundlichkeit dem Fiktionalismus Vaihingers wie auch dem Pragmatismus von James inne. Welches ist der Hauptunterschied zwischen den beiden Philosophen? Koridze schreibt:

---

16 Vaihinger 1922: 747.

17 Forberg 1799: 142.

18 Vaihinger 1922: 753.

> Diese Religionsfreundlichkeit verleitet keineswegs bei Vaihinger zur Versprachlichung der realen Existenz der Glaubensobjekte.[19]

Deshalb ist die Position Vaihingers meiner Meinung nach hoch paradox, im Gegensatz zu der von James. Wenn das Dasein Gottes nicht wesentlich ist, warum will Vaihinger das Wort „Religion“ behalten? Verwendet er dieses Wort in seinem echten Sinn? Warum begnügt er sich nicht mit einer säkularen Moral? Ehe ich meine eigene Antwort gebe, will ich zuerst die zwei Hauptdifferenzen zwischen Vaihinger und James zusammenfassen:

1. Vaihinger zufolge sind religiöse Ideen bloße Fiktionen, das heißt Ideen, die keine Wahrheit beanspruchen können. Die Tatsache, dass sie stimulierende Gefühle erzeugen, dass sie keinen Widerspruch zu anderen Arten von Wahrheiten darstellen, ist kein Grund, sie für wahr zu halten. Das innere Gefühl, Zweckmäßigkeit und Kohärenz sind für Vaihinger, im Gegensatz zu James, kein Kriterium des Wahren, auch wenn man nur von einer individualen Wahrheit sprechen will. Aus dem Nützlichen Konsequenzen über das Wahre abzuleiten ist immer falsch. Dieser erste Unterschied zwischen den beiden Denkern hat einen zweiten zur Folge:
2. Für James ist eine Religion des Als Ob, eine Religion ohne Gott undenkbar: Religion bedeutet eine persönliche Verbindung mit Gott, das Vertrauen in Ihn und in Seine Unterstützung. Der Gläubige hat das Recht, seinen Glauben für wahr zu erklären (und nicht als bloßes unbestimmtes Gebilde): Sein Glaube ist wahr mindestens für ihn und für seine Gemeinschaft, auch wenn er, anders als wissenschaftliche Wahrheiten, nicht universell begründet werden kann.

Im Gegensatz zu Vaihinger, der von einer religiösen Erfahrung ohne Glaube an Gott spricht, gibt es für James keine religiöse Erfahrung ohne „sensus divinis“, ohne das Gefühl der Anwesenheit Gottes. Mir erscheint die Position von James überzeugender und stärker als die von Vaihinger.

4. Kritik des fiktionalen Theologismus und Verteidigung des religiösen Pragmatismus

Ich möchte zuerst an einige Argumente erinnern, die man gewöhnlich gegen den theologischen Fiktionalismus einwendet:

(a) Zunächst kann man ihm einen Mangel an Kohärenz vorhalten: Wenn ich nicht an Gott glaube, wie kann es sein, dass ich mich benehme, als ob er für mich wirklich existierte? Ist das hier kein echter Widerspruch?

---

19 Koridze 2014: 260.

Dieser Widerspruch wird noch deutlicher, wenn man den Glauben als eine Bestimmung (Disposition) zum Handeln versteht, wie es zum Beispiel Wittgenstein tut. Glauben bedeutet hier, sich in einer besonderen Weise zu benehmen: zum Beispiel glauben, dass es Milch im Kühlschrank gibt, das heißt sich auf diesen Schrank zubewegen mit der Absicht, die Flasche Milch zu holen. In demselben Sinne heißt an Gott glauben: beten, die Werte des Christentums einhalten und verteidigen, in die Kirche gehen, usw. Doch empfiehlt uns die Religion des Als Ob eines Vaihinger etwas ganz Irrationales: Wir sollen wie ein Gläubiger handeln, obwohl wir nicht an Gott (an sein Dasein und seine Hilfe) glauben! Freud kritisiert Vaihingers Position im fünften Kapitel seines Buches *Die Zukunft einer Illusion* (1927). Zuerst fasst er Vaihingers Fiktionalismus sehr triftig zusammen:

> [Vaihinger] führt aus, dass es in unserer Denktätigkeit reichlich Annahmen gibt, deren Grundlosigkeit, ja deren Absurdität wir voll einsehen. Sie werden Fiktionen geheißen, aber aus mannigfachen praktischen Motiven müssten wir uns so benehmen, ‚als ob' wir an diese Fiktionen glaubten.[20]

Freud präzisiert Vaihingers Position. Wir müssen aus praktischen Motiven – wie zum Beispiel zur Förderung der Kohäsion der Gesellschaft – dieses ‚als ob' annehmen:

> Dies treffe für die religiösen Lehren wegen ihrer unvergleichlichen Wichtigkeit für die Aufrechterhaltung der menschlichen Gesellschaft zu.[21]

Dann gibt Freud seine Meinung über diese praktische Rechtfertigung und Forderung des religiösen Benehmens kund, die nach Vaihinger auch für den Atheisten gilt, das heißt auch für jemanden, der die christlichen Dogmen zutiefst als unmöglich betrachtet. Freud betont, dass solch eine Forderung vernunftwidrig ist:

> Ich meine, die Forderung des ‚Als Ob' ist eine solche, wie sie nur ein Philosoph aufstellen kann. Der durch die Künste der Philosophie in seinem Denken nicht beeinflusste Mensch wird sie nie annehmen können, für ihn ist mit dem Zugeständnis der Absurdität, der Vernunftwidrigkeit, alles erledigt.[22]

Dies bedeutet: Wenn ein Atheist die Dogmen oder Glaubensartikel einer Religion nicht erkennt, als unmöglich einsieht, dann soll er nicht sich so benehmen, als ob er an die Wahrheit dieser Dogmen glaubte. Sonst wäre er irrational. Freud bemerkt noch, dass jemand, der eine Geschichte als ein Märchen identifiziert hat, an diese Geschichte nicht mehr glauben kann. Es wäre dann widersprüchlich, so zu handeln, als ob er diese Geschichte für wahr hielte. Dies kennzeichnet

---

20 Freud 1974: 162.
21 Ebd.
22 Freud 1974: 163.

doch das irrationale Benehmen des Philosophen des ‚Als Ob'![23] Deswegen ist die „Religion des als ob" unhaltbar.

Freuds Einwand scheint mir jedoch schwach und irrelevant: Der Widerspruch, den Freud in Vaihingers Position sieht, existiert eigentlich nicht. Für Vaihinger ist der grundlegende Glaube nicht: „Gott existiert nicht", sondern: „es lohnt sich, das Christentum zu verteidigen, auch wenn man nicht an Gottes (oder an Christus) Existenz glaubt". Vaihingers Benehmen ist durchaus kohärent: Da er an die Notwendigkeit einer Verteidigung des Christentums glaubt, auch wenn man das Dasein Gottes in Zweifel ziehen kann, benimmt er sich durchaus konsequent, indem er eine Lebensart und ein Verhalten annimmt, die durch das Christentum inspiriert werden.

Wir können manche Beispiele eines Benehmens dieser Art im gewöhnlichen Leben finden, nicht nur im religiösen Bereich. Es gibt nämlich für jeden von uns eine Hierarchie der Glauben, so dass wir immer in Kohärenz mit dem Glauben handeln, den wir vorziehen. Nehmen wir an, es ist der Geburtstag meines Sohnes. Ich glaube, dass ich diesen Actionfilm im Kino gar nicht schätzen werde. Ich gehe dennoch mit meinem Sohn ins Kino, um diesen Film zu sehen. Ist mein Benehmen inkonsequent, irrational, wie Freud meint? Gar nicht: Ich bin in voller Übereinstimmung mit diesem höheren Glauben, dass sich mein Sohn sehr freuen wird, diesen Film mit mir zu sehen. Ich werde meine innere Meinung nicht zeigen, werde nicht sagen, dass dieser Film mich nicht interessiert: Es würde sein Vergnügen verderben. Nichts zu sagen oder zu tun, das das Ziel des Handelns gefährden könnte, das ist genau Vaihingers Position zu Religion. Es geht nämlich darum, nichts zu sagen oder zu tun, was die christliche Religion und ihre praktischen Funktionen schwächen mag. Im Gegenteil: sich zu benehmen, als ob diese Religion die Wahrheit ausdrückte.

(b) In einer anderen Perspektive kann man den theologischen Fiktionalisten[24] im Stil Vaihingers einen echten Widerspruch vorwerfen, was ihre Praxis betrifft.

---

23 Freud schreibt: „Ich erinnere mich an eines meiner Kinder, das sich frühzeitig durch eine besondere Betonung der Sachlichkeit auszeichnete. Wenn den Kindern ein Märchen erzählt wurde, dem sie andächtig lauschten, kam er hinzu und fragte: ‚Ist das eine wahre Geschichte?' Nachdem man es verneint hatte, zog er mit einer geringschätzigen Miene ab. Es steht zu erwarten, dass sich den Menschen gegen die religiösen Märchen bald ähnlich benehmen werden, trotz der Fürsprache des ‚Als Ob'." (Ebd.)

24 Ich denke zum Beispiel an Fiktionalisten wie Don Cupitt, den Autor des Buchs: *Is Nothing Sacred? The Non-Realist Philosophy of Religion*, oder noch an Robin Le Poidevin: *Arguing for Atheism. An Introduction to the Philosophy of Religion*. Für diese Fiktionalisten kann man zugleich Atheist und religiös sein, indem man zu einer Religionsgemeinschaft gehört und mit ihr Aktivitäten teilt. Zum Beispiel war der Philosoph Don Cupitt auch ein anglikanischer Priester, als er seine „non-realist" theologische Position veröffentlichte. Die zwei erwähnten Fiktionalisten verteidigen beide folgende These: das wesentliche der religiösen Erfahrung besteht in den Gefühlen, die die heiligen Texte bei uns hervorrufen, und in dem Sinne, welchen diese Texte unserem Dasein geben. Was für diese Autoren wesentlich ist, ist die ethische und geistige Entfaltung, die die heiligen Texte und die heilige Praxis im Allgemeinen innerhalb der religiösen Institution fördern.

Welchen Sinn hat es nämlich, die Evangelien wie einen heiligen Text anzusehen und sie deswegen ernst zu nehmen, während man nicht glaubt, dass sie durch Gott inspiriert werden?

Wenn das Wichtigste der Religion nur in den stimulierenden ethischen Gefühlen und Zwecken besteht, warum nimmt man dann nicht einen profanen Text, der diese Gefühle und Zwecke gleichermaßen hervorruft? Oder auch: Warum in die Kirche gehen statt ins Kino oder ins Theater, wo man auch stimulierende ethische Gefühle haben kann? Macht es einen Sinn, wenn heilige Orte und Riten nicht als wirklich heilig betrachtet werden?

Da er Gott und Jesus als fiktive Figuren, die Kirche als einen bloßen Versammlungsort, die Hostie als ein bloßes Symbol betrachtet usw., stellt der Fiktionalist die religiöse und heilige Dimension des christlichen Lebens durchaus in Frage. Wäre er nicht konsequenter, wenn er sein ethisches und geistiges Leben nicht mehr als „religiöse Erfahrung" erklärte?

(c) Ein dritter Einwand gegen den theologischen Fiktionalismus ist folgender: Wenn wir mit Forberg und Vaihinger davon ausgehen, dass das Wichtigste im religiösen Leben im Beitrag zum „Reich Gottes" besteht – als Ideal einer kommenden harmonischeren und brüderlicheren Welt –, dann stellt sich uns ein schwerwiegendes Problem: Wie kann es jemandem der keinen Glauben hat, der also nicht an die Hilfe Gottes glaubt, gelingen, die harten Proben des Lebens in seiner Bestrebung nach moralischem Fortschritt zu überwinden? Wie wird er ohne das Vertrauen in Gottes Hilfe, ohne ein lebendiges Verhältnis zu Gott, die Kraft finden, Ermüdung oder Entmutigung zu überstehen?

Meiner Meinung nach wird der theologische Fiktionalist viel anfälliger und schwächer sein in seiner ethischen Handlung als der echte Gläubige, den James beschreibt, gerade weil ihm der Glaube an Gott fehlt. Bei James ist der Glaube an Gott ein echter Glaube, der auf kein ‚tun als ob' beruht, und gerade deshalb ist er vom praktischen Standpunkt aus wirksamer. Wenn ich davon überzeugt bin, dass meine Handlung Gottes Hilfe wirklich erhält, dann wird meine Handlung fester und stärker. Um eine Wendung von James zu gebrauchen, „it makes an important difference in practice". An Gottes Hilfe und an die Rettung zu glauben, bedeutet insbesondere, dass die Bedingungen für eine bessere Welt wirklich da sind, und dass wir unsere ethische Rolle zuversichtlich spielen können. So meint James:

> It means that some of the conditions of the world's delivrance do actually exist.[25]

(d) Ein letzter Einwand gegen den theologischen Fiktionalismus kann mit der Hilfe von einigen Analysen von James formuliert werden. Er betrifft den Gebrauch des Wortes „Bedeutung" durch Kant und nach ihm durch Vaihinger. Kant zeigt, dass alle Erkenntnis der sinnlichen Anschauung bedarf, der äußeren oder inneren. Ohne Anschauung sind unsere Begriffe leer, rein formale Ge-

---

25 James 1975: 136.

danken ohne Gegenstand.[26] Kant zufolge haben also die metaphysischen oder religiösen Ideen wie Gott, Unsterblichkeit und Erlösung keine „Bedeutung", da ihnen keine sinnliche Anschauung entspricht. James wendet ein:

> Yet strangely enough they have a definite meaning for our practice. We can act as if there were a God; feel as if we were free; consider Nature as if she were full of special designs; lay plans as if we were to be immortal; and we find then that these words do make a genuine difference in our moral life.[27]

James zufolge ist Kant widersprüchlich: Einerseits erklärt er, dass Gott, Freiheit oder Unsterblichkeit bedeutungslos sind, insofern ihnen keine Anschauung entspricht. Doch behauptet er dann in der zweiten *Kritik*, dass es in unserem praktischen Leben einen großen Unterschied ausmacht, ob man diese Idee postuliert, oder als eine objektive Idee betrachtet. Die Ideen Gottes, der Freiheit und der Unsterblichkeit der Seele ermöglichen nämlich, die Idee eines höchsten Guten nach dem Tode zu bilden, welches unserer ethischen Handlung einen Sinn, einen Grund zur Hoffnung gibt. Wenn die Annahme solcher Ideen eine praktische Differenz verursacht, dann muss man eingestehen, so James, dass sie tatsächlich eine Bedeutung haben und dass man die Bedeutung eines Begriffs nicht auf die sinnliche Anschauung reduzieren kann, die ihm entsprechen sollte. Kant hat ein viel zu enges Verständnis des Begriffs von „Bedeutung". Solche Kritik würde natürlich auch für Vaihinger gelten, der alle Ideen ohne feststellbares sinnliches Korrelat, wie die religiösen Ideen, fälschlicherweise „Fiktionen" nennt, obwohl ihr Gebrauch einen besonderen praktischen Sinn erhält.

5. Konklusion

James' Konzeption der religiösen Erfahrung, die in einen religiösen Relativismus und Pluralismus mündet, scheint mir schließlich triftiger als die des theologischen Fiktionalismus, mindestens aus den drei folgenden Gründen:

1. Sie gibt dem Wort „Religion" seinen eigentlichen Sinn, als lebendiges Verhältnis zwischen dem Menschen und Gott. Meines Erachtens ist eine Religion des Als Ob oder eine Religion ohne Glauben eine *contradictio in adjecto.*
2. Sie gibt der ethischen Handlung eine weit zuverlässigere Basis als der Fiktionalismus. Wie wir gesehen haben, ist die durch den Glauben an Gott

---

26 So Kant: „Gedanken ohne Inhalt sind leer, Anschauung ohne Begriffe sind blind. Daher ist es ebenso notwendig, seine Begriffe sinnlich zu machen (d. i. ihnen den Gegenstand in der Anschauung beizufügen), als seine Anschauungen sich verständlich zu machen (d. i. sie unter Begriffe zu bringen)." (KrV: A51/B75)

27 James 1991: 59.

angeregte Handlung viel wirksamer als eine Handlung, die nur auf einem „als ob" beruht.

3. Zuletzt gefällt mir der Pragmatismus von James aus diesen zwei zusammengehörenden Motiven: (a) Wie der Titel seines Buchs von 1902: *The Varieties of Religious Experience* anzeigt, respektiert James die Vielfalt der religiösen Erfahrungen, im Gegensatz zu den Vertretern eines theologischen Realismus, die noch heute für eine einzige Form des Glaubens kämpfen, die angeblich universell herrschen sollte. Roger Pouivet zum Beispiel sagt, dass er eine Form religiöser Exklusivität verteidigt, „nach welcher eine einzige religiöse Lehre wahr ist, während all die anderen falsch sind". Da die anderen Überzeugungen falsch sind, Pouivet zufolge, „so leiden notwendig ihre Grundlagen an epistemischen Mängeln. Und diejenigen, die an sie glauben, haben einige epistemische Laster."[28] Natürlich bin ich als Verteidiger von James' Pluralismus mit meinem Kollegen Pouivet nicht einverstanden. (b) Wie Nikolaus von Kues, dessen Geist nicht weit von Trier wohnt, vor ihm und im Gegensatz zu einem solchem theologischen Realismus, entwickelt James die These, dass es gerade die Vielfalt oder „Variety" der religiösen Überzeugungen ist, die auf der Höhe der Idee Gottes steht. Diese Vielfalt der religiösen Formen ist für ihn die beste Art, einem *transzendenten* Gott zu huldigen, dessen reicher Inhalt die Grenzen unseres Erkenntnisvermögens überschreitet. In diesem Sinne schrieb schon Nikolaus von Kues:

> Der Mensch erkennt Gott nicht wie Er ist, rein, einfach, nackt, unter seinem ersten Gesicht, sondern in einem gewissen Schatten, [...] und unter einem zweiten Gesicht.[29]

Literatur

Ceynowa, Klaus: *Zwischen Pragmatismus und Fiktionalismus: Hans Vaihingers „Philosophie des Als-Ob"*, Würzburg: Königshausen und Neumann, 1993.

Cupitt, Don: *Is Nothing Sacred? The Non-Realist Philosophy of Religion*, New York: Fordham University Press, 2003.

Forberg, Friedrich Karl: *Verteidigung seines angeblichen Atheismus*. Gotha: Justus Perthes, 1799.

Freud, Sigmund: *Fragen der Gesellschaft. Ursprünge der Religion. Studienausgabe Bd. IX*, Frankfurt/Main: Fischer, 1974.

Hentschel, Klaus: *Interpretationen und Fehlinterpretationen der speziellen und der allgemeinen Relativitätstheorie durch Zeitgenossen*, Basel: Brinkhäuser, 1990.

---

28 Pouivet 2013: 224f.

29 Nikolaus von Kues, *Der Weise*, Kap. XXXVIII. Eine ziemlich vergleichbare Position wird heute durch den Philosophen John Hick verteidigt, demzufolge das göttliche Wesen jeder Religion eine „Darstellung" der absoluten Realität ist, des Realen in sich, das man als Gott, Brahman, den Dharmakaya usw. denkt (Hick 2008: 451).

Hick, John: The Philosophy of Religious Pluralism, in: Clark, Kelly James (Hg.), Readings in the Philosophy of Religion, Peterborough, Ontario, Canada: Broadview Press, 2008.

James, William: *Pragmatism*, Cambridge: Harvard University Press, [1907] 1975.

James, William: *The Varieties of Religious Experience*, Triumph Book Edition, [1902] 1991.

Kant, Immanuel: *Werkausgabe Bd. III. Kritik der reinen Vernunft*, Frankfurt/Main: Suhrkamp, 1988.

Koridze, Georg: Vaihinger, James und die alten Athener, in: Neuber, Matthias (Hg.): *Fiktion und Fiktionalismus. Beiträge zu Hans Vaihingers ‚Philosophie des Als Ob'*, Würzburg: Königshausen und Neumann, 2014.

Lange, Friedrich Albert: *Geschichte des Materialismus und Kritik seiner Bedeutung in der Gegenwart*, Iserlohn und Leipzig: Verlag Karl Baedeker, [1865] 1887.

Leclère, Albert: La Philosophie du Comme si, in: *Revue de Philosophie*, 20 (1912), 283–294.

Le Poidevin, Robin: *Arguing for Atheism. An Introduction to the Philosophy of Religion*, London/New York: Routledge, 1996.

Pouivet, Roger: *Épistémologie des croyances religieuses*. Paris: Cerf, 2013.

Vaihinger, Hans: *Die Philosophie des Als Ob: System der theoretischen, praktischen und religiösen Fiktionen der Menschheit auf Grund eines idealistischen Positivismus. Mit einem Anhang über Kant und Nietzsche*. Leipzig: Meiner ^{8}1922.

Vaihinger, Hans: *The Philosophy of ‚As If'*. London: Routledge & Kegan Paul, 1925.

Warum das Argument weltanschaulicher Pluralität für Toleranz nicht ausreicht.
Philosophische und psychologische Überlegungen zu weltanschaulicher Pluralität und Toleranz

Georg Gasser

1. Hinführung: Toleranz in einer globalisierten Welt

Menschen früherer Generation waren sich natürlich bewusst, dass es verschiedene Völker mit unterschiedlichen Traditionen, Sitten, Weltauffassungen und Religionen gibt. So bemerkt bereits der antike Philosoph Xenophon ironisch, dass die Äthiopier behaupten, ihre Götter seien stumpfnasig und schwarz, während sie für die Thraker blauäugig und rothaarig sind. Allerdings war der direkte Kontakt zwischen unterschiedlichen Völkern meist sporadisch, von kurzer Dauer bzw. meist nur sehr kleinen Segmenten der Gesellschaft wie führenden Persönlichkeiten oder Händlern vorbehalten, weshalb Fragen kultureller, moralischer und religiöser Pluralität kaum größere Beachtung fanden.

Diese Situation änderte sich auch im abendländischen Mittelalter nicht wesentlich. Betrachtet man etwa die philosophische Auseinandersetzung zu religiöser Pluralität im Mittelalter, so stellt man fest, dass eine Orientierung an kanonischen Texten prägend war. Es gab einen verbindlichen Kanon an philosophischer und theologischer Literatur, der z. B. im Sentenzenkommentar des Petrus Lombardus lehrbuchartig zusammengefasst wurde, und jede Generation hatte diesen Kanon neu zu studieren und auszulegen. Mittelalterlichen Denkern blieb natürlich nicht verborgen, dass einerseits die Interpretation dieses Kanons verschiedene philosophisch-theologischen Ansätze und entsprechenden Kontroversen mit sich brachte und dass es andererseits auch wirkmächtige Traditionen außerhalb dieses Kanons wie die islamische oder jüdische Philosophie und Theologie oder einen säkularen Aristotelismus gab. Offenbar einte mittelalterliche Denker jedoch die Überzeugung, dass diese Divergenzen im Wesentlichen den hermeneutisch-epistemischen Grenzen des menschlichen Intellekts geschuldet seien, da der Kanon aus ein- und derselben Quelle des Wissens, nämlich der göttlichen Schöpfung und Offenbarung, entspringt. So charakterisiert Nicholas Wolterstorff die Situation folgendermaßen:

> Of course, it was recognized that there were heresies, errors, and disputed questions; [...]. Nonetheless, the conviction remained that if one assigned the proper priorities among the texts (with the Bible being preeminent), selected the right senses, used the appropriate strategies of interpretation, and made the right distinctions, a richly articulated body of truth would come to light. St. Paul and Virgil, Aristotle and Augustine, would all be seen to fit together.[1]

Diese Situation änderte sich in der frühen Neuzeit, da durch Reformation und der einsetzenden Frühaufklärung der gemeinsame religiös-weltanschauliche Kosmos zunehmend zerbröckelte. Blutige Religionskriege in England und Frankreich sowie der 30jährige Krieg ließen ein politisch und religiös fragmentiertes Europa zurück, in welchem die Idee eines einheitlichen weltanschaulichen Systems als Grundlage eines gemeinsamen Verstehens der Wirklichkeit sich nicht mehr länger als glaubwürdig erwies. Aus diesem Grund ist es nicht weiter verwunderlich, wenn nach neuen Grundlagen der Verständigung unabhängig von religiöser, politischer oder ethnischer Zugehörigkeit gesucht wurde und dabei der Gedanke religiöser Toleranz zunehmend an Bedeutung gewann. Bezeichnend für diese Suche sind etwa John Lockes Gedanken zur Toleranz.[2] Er argumentiert dabei zum einen für die These, dass die Verfolgung Andersgläubiger irrational sei, da wahrer religiöser Glaube nicht mit Gewalt erzwungen werden kann, sondern aufrichtig angenommen werden muss, und zum anderen, dass die Verfolger selbst falsch liegen könnten und daher sich die Ausübung von Zwang in einer Welt moralisch und epistemisch fallibler Subjekte nicht verallgemeinern lasse (und es daher auch für Bürger irrational wäre, die Ausübung religiöser Gewalt politischen Autoritäten zu übertragen).

Dieser Gedanke, sich hinsichtlich religiöser (und auch anderer) Überzeugungen, tolerant zu zeigen, tritt in einer globalisierten Welt nochmals schärfer zu Tage. Denn bis in die Mitte des 20. Jahrhunderts hinein lebten die meisten Menschen weiterhin in größtenteils homogenen sozialen, kulturellen und religiösen Kontexten. Erst neue Kommunikations- und Verkehrsmittel haben diese Situation grundlegend verändert. Während vor etlichen Jahrzehnten eine Reise von Kontinent zu Kontinent meist noch Wochen oder gar Monate in Anspruch nahm, dauert inzwischen einer der längsten Direktflüge von New York nach Singapur nur noch knappe 18,5 Stunden; dank Internet können wir über tausende von Kilometern hinweg miteinander in direkten Kontakt treten und Nachrichten aus aller Welt im Sekundentakt auf Smartphones abrufen. Globalisierung bedeutet, dass Menschen aus unterschiedlichen Teilen dieser Welt mit verschiedenen kulturellen, politischen und religiösen Überzeugungen sich im täglichen Austausch miteinander wiederfinden. Das Aufeinandertreffen verschiedener Überzeugungen findet andauernd statt und betrifft nicht mehr

---

1 Wolterstorff 1996: 2.

2 Besonders bedeutsam sind in diesem Zusammenhang „A Letter Concerning Toleration“ (1689), sowie seine Repliken auf Kritiker in „From A Second Letter concerning Toleration“ (1690) und „A third letter for toleration, to the author of the Third letter concerning toleration (1692).

eine kleine Elite, sondern einen beträchtlichen Teil der Bevölkerung. Diese Situation stellt eine Herausforderung dar, da wir unsere eigenen Überzeugungen laufend mit Alternativen konfrontiert sehen, die andere als genauso selbstverständlich, natürlich, sinnvoll und mehr oder weniger gut begründet ansehen wie wir dies in Bezug auf unsere Überzeugungen tun.

Damit stellt sich für uns nicht nur die Frage, wie tolerant wir im Umgang mit anderen Überzeugungen sein sollen, sondern es drängt sich die weitere Frage auf, inwieweit wir unsere eigenen Überzeugungen als rational gut begründet und abgesichert ansehen sollen. Wenn wir nämlich annehmen, dass andere Menschen gute Gründe für ihre alternativen Überzeugungen haben, so scheint dies die Begründung unserer eigenen Überzeugungen zu unterminieren. Eine Vielzahl offensichtlich gut begründbarer weltanschaulicher Überzeugungen, die zueinander in Spannung stehen oder einander gar widersprechen, legt nämlich die Annahme nahe, dass die Wahrscheinlichkeit, dass unsere eigenen weltanschaulichen Annahmen korrekt, während alle anderen falsch seien, gering ist.

Die Frage nach der Toleranz gegenüber anderen weltanschaulichen Überzeugungen und die Frage nach der rationalen Begründung der eigenen weltanschaulichen Überzeugungen lassen sich zur Annahme verknüpfen, dass die Grundlage aufrichtiger Toleranz in der Unsicherheit hinsichtlich der rationalen Begründung der eigenen weltanschaulichen Überzeugungen liegt. Anders ausgedrückt: Erst die Unsicherheit, ob die eigenen Überzeugungen wahr sind, macht den Weg frei für Toleranz, da die Bereitschaft die eigenen Überzeugungen mit Zähnen und Klauen zu verteidigen und Menschen mit anderen Überzeugungen auszugrenzen oder gar zu verfolgen, abnimmt. Weltanschauliche Pluralität, so wie sie in einer globalisierten Welt zunehmend zur Norm wird, wird folglich bei jemanden, der sich dieser Situation nicht verschließt, den Grad des Vertrauens in die Wahrheit der eigenen Weltanschauung mindern und entsprechend den Grad toleranten Verhaltens gegenüber alternativen Weltanschauungen anheben.

Diese Verschiebung der Einstellung gegenüber eigener und fremder Überzeugungen kann epistemisch oder psychologisch motiviert sein. Unter epistemischer Rücksicht kann man danach fragen, welche guten Gründe es gibt, eine Verschiebung der Einstellung hin zu mehr Toleranz vorzunehmen bzw. als begründet zu akzeptieren. Unter psychologischer Rücksicht fragt man hingegen nach den inneren und situativen Bedingungen, die eine solche Verschiebung der Einstellung hervorrufen bzw. fördern.

Dieser Beitrag beschäftigt sich mit beiden Rücksichten. Der Aufbau ist dabei wie folgt: Zuerst wird das einflussreiche Argument von Philip Quinn dargestellt, das unter epistemischer Rücksicht eine Grundlage für religiöse Toleranz erarbeiten will. In einem zweiten Schritt wird dieses Argument evaluiert. Drittens wird ausgeführt, was (religiöse) weltanschauliche Überzeugungen auszeichnet und zwei mögliche Haltungen dazu werden skizziert. Dies stellt die Überleitung zum weiteren Abschnitt dar, wo psychologische Bedingungen dargelegt werden, die als besonders bedeutsam erscheinen, um eine Haltung der Toleranz einnehmen zu können. Schließlich soll aus diesen Überlegungen die Skizze eines Fundaments weltanschaulicher Toleranz umrissen werden.

2. Philip L. Quinns Argument für (religiöse) Toleranz

Der Ausgangspunkt von Quinns Argument ist die These, dass die unterschiedlichen weltanschaulichen Überzeugungen mit vergleichbaren Rechtfertigungsstrategien einhergehen. So wie etwa das Christentum auf heilige Texte, Wunder, religiöse Erfahrungen, Vernunftargumente oder Autoritäten verweisen kann, so kann dies der Islam, das Judentum, der Buddhismus usw. Es gibt sozusagen eine argumentative Pattsituation zwischen verschiedenen weltanschaulichen Traditionen, d. h. ihr epistemischer Sicherheitsgrad (engl. *credence*) ist in etwa gleich groß. Es ist nun zu bedenken, dass sich zentrale weltanschauliche Aussagen häufig widersprechen und jede Weltanschauung ihren Wahrheitsanspruch vornehmlich durch einen Rückgriff auf die Zuverlässigkeit des Überzeugungsbildungsprozesses rechtfertigt, der auf der jeweiligen Tradition innewohnenden religiösen Erfahrungen und Praktiken beruht. Eine Argumentationsstrategie besagt angesichts dieser Situation, dass ein solcher interner Überzeugungsbildungsprozess, d. h. eine solche doxastische Praxis, die je eigene Weltanschauung als rational ausweisen kann trotz nicht gelöster Spannungen mit Überzeugungen anderer Weltanschauungen. Man ist gerechtfertigt an der eigenen Weltanschauung festzuhalten, obwohl offensichtlich alternative Weltanschauungen mit vergleichbarem epistemischen Sicherheitsgrad existieren.[3]

Quinn stimmt dieser Einschätzung zu, aber betont, dass ein gerechtfertigtes Festhalten an der eigenen Weltanschauung nicht die einzig mögliche rationale Reaktion angesichts weltanschaulicher Pluralität darstellt. Eine weitere mögliche Reaktion ist, in Anlehnung an die Kant'sche Unterscheidung zwischen Erscheinung und Ding an sich, die These zu vertreten, dass wir phänomenal gerechtfertigt sind, an unserer Weltanschauung festzuhalten, aber dass uns diese keine verlässliche Auskunft darüber gibt, wie es sich im Bereich der religiösen Wirklichkeit tatsächlich verhält. Quinn schreibt:

> [...] I conclude that, though it would be rational practitioners of CP [Christian Practice, Anm. G. Gasser] to continue to engage in it, it is not the only rational course of action for them in light of the facts of religious diversity. It would also rational for them to revise CP

---

3 Dieses Argument verteidigt z. B. Alston 1998. Quinn stimmt ihm zwar zu, aber sieht den epistemischen Sicherheitsgrad erheblich gemindert.

> in a Kantian direction and to make efforts to get the modified practice socially established.[4]

Und als allgemeines Fazit hält Quinn fest, dass der Sicherheitsgrad epistemischer Rechtfertigung durch weltanschauliche Pluralität im Unterschied zu einer kontrafaktischen Situation, wo es eine solche Pluralität nicht gibt, erheblich gemindert ist:

> For those Christians who are sufficiently aware of religious diversity, the justification that the distinctively Christian worldview receives from all its sources is a good deal less than would be the case were there no such diversity, even if the level of justification for the Christian belief system were not on that account reduced below the threshold for rational acceptability. And, other things being equal, the same goes for other world religions.[5]

Für Quinn betrifft somit weltanschauliche Pluralität nicht nur den Sicherheitsgrad rationaler Rechtfertigung spezifischer Überzeugungen, sondern Weltanschauungen als Ganze. Eine solche allgemeine Minderung des Sicherheitsgrads epistemischer Rechtfertigung von weltanschaulichen Überzeugungen ist ein entscheidender Baustein für Quinns philosophische Strategie, weltanschauliche Toleranz einzufordern. Dabei beruft er sich auf eine Idee, die Kant in *Die Religion innerhalb der Grenzen der bloßen Vernunft* anhand des bekannten Beispiels vom Inquisitor durchexerziert, der einen guten Bürger wegen seines Unglaubens zum Tod verurteilt.[6]

Für Kant ist ein solches Urteil moralisch nicht zulässig, selbst wenn der Inquisitor durch Verweise auf Stellen aus heiligen Schriften, ähnlichen Überlieferungen oder gar einer göttlichen Vision gute Gründe für die Annahme hat, dass ein solches Todesurteil gerechtfertigt und von Gott gewollt sei. Ein solches Urteil ist deswegen nicht moralisch zulässig, da zum einen die verfügbaren Rechtfertigungsquellen fehleranfällig sein können und wir zum anderen eine unmittelbare Einsicht in den moralischen Grundsatz haben, dass „man nichts auf die Gefahr hin wagen soll, dass es unrecht sei (quod dubitas, ne feceris!)".[7]

In derart extremen Fällen religiöser Intoleranz schlägt sozusagen dieses (für Kant) unmittelbar einsehbare moralische Prinzip mögliche weltanschauliche Rechtfertigungsgründe zugunsten von intolerantem Verhalten, da diese auf einem epistemisch unsicheren Fundament fußen. Aber wie verhält es sich mit weniger extremen Fällen?

Quinn diskutiert das Beispiel, dass eine Staatskirche alle Schulkinder zwingt, am von der Staatskirche festgelegten Religionsunterricht unabhängig von den persönlichen Glaubensüberzeugungen teilzunehmen. Zudem sind alle anderen Formen der religiösen Erziehung verboten und werden sanktioniert. Überlegungen wie „Nur der wahre Glaube führt zum ewigen Leben", „Es sollen keine

---

4 Quinn 2001: 63.

5 Quinn 2005: 137–8.

6 Kant, RGV (AA 06), 4 Stück, 2. Teil, § 4 (Vom Leitfaden des Gewissens in Glaubenssachen).

7 Ebd.

Irrlehren verbreitet werden" oder „Kinder haben ein Recht darauf, den wahren Erlösergott kennen zu lernen" können die Ausübung religiösen Zwanges durch Mitglieder der Staatskirche durchaus rechtfertigen. Für Quinn könnten solche Gründe in einer weitgehend religiös uniformen Gesellschaft durchaus genügen, um ein solches Verhalten rational rechtfertigen oder gar einfordern zu können. Sobald aber die Tatsache religiöser Pluralität berücksichtigt wird, verändert sich die Situation grundlegend, da der Grad der Rechtfertigung der jeweiligen weltanschaulichen Überzeugungen gemindert wird. Dies gilt auch für die religiösen Sanktionsmaßnahmen der Staatskirche. Quinn schreibt:

> But the factoring in of religious diversity may be enough to lower the claim's justification below threshold, thereby rendering it rationally unacceptable even for members of the church who are sufficiently aware of such diversity. And an appeal to the epistemological consequences of religious diversity may be the only factor capable of performing this function in numerous instances.[8]

Wir haben es sozusagen auf der einen Seite mit moralischen Prinzipien wie „Es ist unzulässig, die Gewissensfreiheit durch Zwang und Gewalt einzuschränken" zu tun, und auf der anderen Seite sehen wir uns mit verschiedenen, einander sich teilweise widersprechenden weltanschaulichen Überzeugungen konfrontiert, deren epistemischer Status durch die vorliegende weltanschauliche Pluralität gemindert wird. Diese Minderung des epistemischen Status ist entscheidend für das Einfordern toleranten Verhaltens in weltanschaulichen Belangen, da oft der epistemische Status moralischer Prinzipien zugunsten von Toleranz unklar ist und somit nicht von vorne herein über dem epistemischen Status weltanschaulicher Überzeugungen zugunsten weltanschaulicher Intoleranz liegen muss. Erst das Vorliegen weltanschaulicher Pluralität liefert in einer solchen Situation einen gewichtigen weiteren Rechtfertigungsgrund zugunsten weltanschaulicher Toleranz. Quinn fasst seine Position so zusammen:

> But when the strategy is employed in cases of moral principles with a lower epistemic status, it may well turn out, other things being equal, that religious claims which support intolerance have a higher epistemic status than such moral principles do. [...] The negative epistemic impact of religious diversity reduces the epistemic status of religious claims supporting below what it would otherwise be.[9]

Ein weltanschaulicher Pluralismus fordert also nicht nur Toleranz ein, sondern ist zugleich ein wesentlicher epistemischer Baustein für tolerantes Verhalten.

---

8 Quinn 2005: 139.

9 Quinn 2001: 76f.

3. Epistemische Überlegungen zu Quinns Argument und Weltanschauungen im Allgemeinen

Die Darstellung von Quinns Überlegungen macht deutlich, dass seines Erachtens jemand mit einer bestimmten Weltanschauung angesichts des Vorliegens guter weltanschaulicher Alternativen herausgefordert ist, zu begründen, warum er oder sie weiterhin an seiner bzw. ihrer Weltanschauung festzuhalten geneigt ist. Wenn etwa ein Theist nicht in der Lage ist, bessere Gründe zugunsten des Theismus im Vergleich zu anderen weltanschaulichen Alternativen vorzubringen, dann sinkt angesichts weltanschaulicher Pluralität der Rechtfertigungsgrad des Theismus. Dies bedeutet nicht, dass es irrational wäre, weiterhin Theist zu sein. Es bedeutet aber, dass der Theist eingestehen muss, dass seine weltanschauliche Position einen vergleichbaren Rechtfertigungsgrad zu anderen weltanschaulichen Alternativen aufweist und es somit epistemisch unklar ist, welche Weltanschauung – wenn denn eine überhaupt – die wahre ist. Daher ist Toleranz gegenüber diesen Alternativen die rationale Folge dieser Situation epistemischer Unklarheit.

Gegen diese Überlegung ließe sich einwenden, dass das Vorliegen robuster rationaler weltanschaulicher Alternativen nicht notwendigerweise eine Minderung des Rechtfertigungsgrads der eigenen weltanschaulichen Überzeugungen mit sich bringen muss. Jemand kann an diesen Überzeugungen auch festhalten, obwohl es entsprechende Einwände gibt, und obwohl keine weiteren unabhängigen oder nicht-zirkulären Gründe zur Verfügung stehen, um diese Einwände zurückzuweisen. Alvin Plantinga und andere reformierte Erkenntnistheoretiker betonen etwa, dass die Rechtfertigungsgründe grundlegender Überzeugungen nicht in unabhängigen Belegen und Argumenten bestehen, sondern sich aus dem funktionierenden Überzeugungsbildungsprozess selbst ergeben. Plantinga nennt etwa das Beispiel,[10] dass jemand, nennen wir ihn Hans, versucht einen Kollegen zu bestechen, damit dieser den Projektantrag von Hans positiv begutachtet. Der Kollege will dieses Fehlverhalten dem Institutsvorstand schriftlich in Form eines Briefes mitteilen. Mysteriöser Weise verschwindet aber der Brief aus dem Büro des Institutsvorstands und der naheliegende Verdacht ist, dass Hans diesen Brief entwendet hat. Es kommt erschwerend hinzu, dass Hans als Lügner bekannt ist und daher glaubt ihm der Kollege auch nicht, dass Hans mit dem Verschwinden des Briefs nichts zu tun hat. Aber Hans selbst erinnert sich ganz genau, dass er an diesem Tag, als der Brief in das Büro des Institutsvorstands gelegt wurde und dann verschwunden ist, eine bereits seit langem geplante Wanderung gemacht hat. Hans hat noch das angenehme Herbstlicht und das satte Grün der Almwiesen vor seinen Augen und er vergegenwärtigt sich die angenehme Wärme der Mittagssonne. Für Plantinga ist

[10] Plantinga 2000: 371. Plantinga spricht hier von einem intrinsic defeater defeater.

klar, dass Hans angesichts dieser lebendigen Erinnerungen keine Gründe hat, die Verdächtigung seiner Kollegen zu akzeptieren, selbst wenn er nachvollziehen kann, dass diese, objektiv gesehen, rational gerechtfertigt und naheliegend ist.

Auf die vorliegende Diskussion übertragen bedeutet dies, dass jemand laut Plantinga (religiöse) Erfahrungen machen kann, die jegliche epistemische Unsicherheit hinsichtlich der vertretenen weltanschaulichen Überzeugungen beseitigen können. Das Vorliegen weltanschaulicher Pluralität muss keine unterminierende Kraft entfalten, wenn entsprechende eindrückliche Erfahrungen vorliegen, und vorausgesetzt, es gibt gute Gründe anzunehmen, dass die erfahrungsgenerierenden Prozesse korrekt funktioniert haben und die betroffene Person nicht in irgendeiner Weise in ihren sensorischen und kognitiven Vermögen eingeschränkt war. In einer solchen Situation lässt sich nicht mehr von einer epistemischen Parität sprechen, da die betroffene Person zusätzlich zu externen Argumenten für und wider die verschiedenen weltanschaulichen Alternativen eine religiöse Erfahrung als entscheidenden internen Rechtfertigungsgrund zur Verfügung hat. Eine sich direkt anschließende Frage an diese Argumentationsstrategie lautet natürlich, wie verbreitet solche luziden religiösen Erfahrungen sind. Normale Gläubige berichten im Allgemeinen nicht davon, solche Erfahrungen gemacht zu haben. Für all jene dürfte das Argument von Quinn tatsächlich einen berechtigen Geltungsanspruch aufweisen.

Toleranz in weltanschaulichen Fragen ergibt sich aber bereits vorgängig weltanschaulicher Pluralität, wenn man sich die Eigenart weltanschaulicher Überzeugungen[11] als solche bewusst macht. Diese lassen sich als ein Bündel lebenstragender Überzeugungen umschreiben, das den Kern des gesamten Überzeugungssystems einer Person bildet. Dazu gehören Überzeugungen darüber, was es alles gibt, von welcher Art diese Dinge sind, die es gibt, wie sie aufeinander bezogen sind und welche Wertigkeit sie haben. Diese Überzeugungen erfüllen die Funktion, all das, was dieser Person in ihrem Leben begegnet, zu deuten, zu bewerten und in eine Gesamtsicht der Wirklichkeit einzuordnen.[12] Eine Weltanschauung stellt somit den Verständnishorizont unseres Weltbezugs dar und gibt uns dadurch auch eine allgemeine Orientierung für unser Handeln.[13] Je nachdem, wie die Weltanschauung einer Person strukturiert ist, werden Teilbereiche der Wirklichkeit unterschiedlich eingeordnet. So wird jemand, für den religiöse Überzeugungen wie „Es gibt einen liebenden Gott, der alles geschaffen hat" zum Kern einer Weltanschauung gehören, den Naturwissenschaften einen durchaus bedeutenden Deutungs-

---

11 Es ist sinnvoll darauf hinzuweisen, dass der Begriff „Weltanschauung" so verwendet wird, dass er einem rationalen Diskurs zugänglich ist und dementsprechend auch offen für Kritik und Einwände ist. Davon zu unterscheiden wäre die Ideologie als jeglichem rationalen Austausch verschlossene Weltanschauung. Ideologien sollen in diesem Beitrag aber keine Rolle spielen.

12 Paraphrasiert nach Löffler 2013: 152.

13 Siehe Riordan 1992.

rahmen im Hinblick auf den materiellen Teilbereich der Schöpfung einräumen. Diese Person wird aber nicht dem naturalistischen Credo zustimmen, dass alles, was es gibt, vollständig und am besten von den Naturwissenschaften beschrieben werden kann. Jemand, der sich hingegen an einer naturalistischen Weltanschauung orientiert, wird letztlich der Überzeugung sein, dass dieses Universum zufällig durch blinde Kräfte der Natur entstanden ist und seiner Existenz kein tieferer Sinn zugrunde liegt.[14]

Diese skizzenartige Charakterisierung der Eigenart von Weltanschauungen macht deutlich, dass es sich um sehr allgemeine und umfassende Überzeugungsstrukturen handelt. Es ist somit wahrscheinlich, dass manche Überzeugungen einer Weltanschauung nicht korrekt sind oder verschiedene Überzeugungen Inkonsistenzen bzw. Inkohärenzen aufweisen, da wir gar nicht in der Lage sind, alle einzelnen Überzeugungen, die Teil einer Weltanschauung sind, zu überblicken und auf ihre Richtigkeit hin zu überprüfen. Normalerweise verhält es sich so, dass jemand auf Ungereimtheiten selbst aufmerksam oder von anderen aufmerksam gemacht wird, und sich dann die Aufgabe stellt, diese Ungereimtheiten zu beseitigen oder neue, noch nicht berücksichtigte Belege und Erfahrungen in die bestehende Weltanschauung durch Modifikationen und Adaptionen zu integrieren. Die Rechtfertigungsgrundlage einer Weltanschauung erscheint daher aufgrund ihres umfassenden Charakters laufend fragil, im Fluss und unvollständig. Die Gesamtwirklichkeit samt unserer Existenz in ihr ist kein klar umrissenes Ding, das einer feinkörnigen theoretischen Analyse zugänglich wäre, sondern bestenfalls ein vages, von persönlichen Erfahrungen und subjektiven Perspektiven eingefärbtes Gebilde von Sachverhalten, die von ganz unterschiedlicher – wie physikalischer, biologischer, psychologischer, sozialer, normativer oder religiöser – Art sein können. Diese Gebilde ist unter vielerlei Rücksicht unterbestimmt und daher mehrdeutig, und dies trifft auf religiöse, existentielle und axiologische Fragestellungen zweifelsohne zu. Die Struktur einer Weltanschauung sollte uns daher bereits unabhängig vom Vergleich mit alternativen Weltanschauungen vorsichtig hinsichtlich der Beurteilung des epistemischen Status unserer eigenen und anderer Weltanschauungen machen.

Dieser epistemisch instabile Charakter einer Weltanschauung hängt wesentlich mit unserer Existenzform zusammen. Ein Gesamtverständnis der Wirklichkeit kann im Leben kontingenter Wesen und im Hinblick auf eine kontingente Wirklichkeit nur eine kontingente Form annehmen. Die Einnahme eines umfassenden und unumstößlichen Standpunkts, eines „*God's eye point of*

---

[14] Bezeichnend hierfür ist z. B. die Umschreibung von Dawkins 1995: 132: „In a universe of blind physical forces and genetic replication, some people are going to get hurt, other people are going to get lucky, and you won't find any rhyme or reason in it, nor any justice. The universe we observe has precisely the properties we should expect if there is, at bottom, no design, no purpose, no evil and no good, nothing but blind, pitiless indifference."

view", bleibt uns versagt. Daher kann der Anspruch, die Welt als Ganze korrekt deuten zu wollen, zwar erhoben, aber vermutlich nie endgültig eingelöst werden, da die *conditio humana* von einer begrenzten Erkenntniskraft geprägt und anfällig für Fehler jeglicher Art ist. Eine Weltanschauung ist somit stets vorläufig, unvollständig, sowie Zweifeln und Einwänden ausgesetzt, was entsprechende Vorsicht und Zurückhaltung in der Beurteilung der epistemischen Rechtfertigung anderer Weltanschauungen mit sich bringen sollte. Es gibt also Gründe, die sich aus den epistemisch-rationalen Strukturen von Weltanschauungen selbst ergeben, eine Haltung der epistemischen Bescheidenheit einzunehmen.[15]

Schließlich gilt es noch zu bedenken, dass eine Weltanschauung sich nicht einfach ergibt, sondern das Bemühen eines rationalen Wesens ausdrückt, mit der Welt als Ganzer zurecht zu kommen. Das Bemühen eine Weltanschauung zu entwickeln, die möglichst konsistent und kohärent ist, neues Wissen und neue Erfahrungen zu integrieren versucht und sich gegenüber Einwänden, Kritik und Zweifeln nicht verschließt, ist eine Ausdruckform der rationalen Natur des Menschen. Eine alternative Weltanschauung - selbst wenn man sie für falsch oder schwach begründet hält - kann somit einen gewissen Wert und eine Daseinsberechtigung darin haben, dass sie einen rationalen Versuch darstellt, die Welt zu verstehen und zu deuten. Was sozusagen von einem externobjektiven Standpunkt nur als ein problematisches Überzeugungssystem erscheint, kann von einem Standpunkt der Zweiten-Person-Perspektive aus als authentischer Ausdruck eines persönlichen Lebensentwurfs und Verständnishorizonts der Wirklichkeit wertgeschätzt werden. Dies bedeutet nicht, dass dadurch jeglicher rationale Diskurs ausgesetzt wird; es geht vielmehr darum, dass der Beginn eines ernsthaften weltanschaulichen Diskurses zuerst einmal in der Vergrößerung des gemeinsamen Verständnishorizonts bestehen muss, damit sich ein angemessenes Verstehen der persönlichen Überzeugung des anderen und ein Kennenlernen seiner subjektiven Gründe - kurzum ein Wahrnehmen des anderen als rationaler Gesprächspartner - ergeben kann. Toleranz gegenüber einer anderen Weltanschauung ist somit auch geboten, da diese immer auch Ausdruck des rationalen Bemühens von jemanden ist; somit wird nicht nur eine Weltanschauung toleriert, sondern auch eine Person als autonomes und (mehr oder weniger) rational handelndes Subjekt respektiert.[16]

---

15 Es sei nur angemerkt, dass eine solche Haltung der epistemischen Bescheidenheit keine agnostische Haltung hinsichtlich der eigenen Weltanschauung impliziert. Jemand kann die eigene Weltanschauung durchaus als weitgehend wahr und gut begründet einstufen, aber sich trotzdem bewusst sein, dass sie möglicherweise in entscheidenden Punkten falsch sein könnte. Siehe dazu auch Jones 2015: 83f.

16 Siehe dazu auch Byrne 2011: 292–294.

4. Psychologische Einstellungen zu weltanschaulichen Überzeugungen

Weltanschauliche Überzeugungen weisen nicht nur einen Grad epistemischer Rechtfertigung auf, der von der Qualität ihrer Gründe abhängig ist, sondern jemand kann eine Überzeugung mit größerer oder geringerer Gewissheit vertreten. Eine weltanschauliche Überzeugung kann schlecht begründet sein, aber trotzdem vertritt sie jemand mit großer Gewissheit und Verbissenheit. Relevant ist daher neben der epistemischen Frage der Begründung auch die psychologische Frage, welche Mechanismen dazu führen, dass jemand bereit ist, eine Überzeugung stärker oder schwächer zu vertreten und im Gegenzug alternative Überzeugungen stärker oder schwächer zu akzeptieren geneigt ist. Es soll dabei nicht darum gehen, die Ebene philosophischer Analyse und Argumentation mit der Ebene psychologischer Einstellungen und Mechanismen zu vermischen. Entscheidend ist vielmehr die Hinwendung zur Frage, unter welchen psychologischen Umständen jemand weltanschauliche Pluralität eher als Gefahr oder als positive Herausforderung betrachten und in der Folge eher für Argumente zugunsten von Toleranz offen sein wird.

In der psychologischen Literatur werden religiöse Überzeugungen häufig als Antwort auf existentielle Herausforderungen gedeutet, die das Leben an uns stellt. Dazu zählen etwa die Unausweichlichkeit des Todes, persönliche Verfehlungen, nicht gelingende soziale Interaktionen oder die Suche nach einem Lebenssinn.[17] Gerade existentielle Ansätze in der Psychologie orientieren sich am Leitgedanken, dass religiöse Einstellungen eine Art von Versuch darstellen, Antworten auf diese Herausforderungen zu geben und dadurch ein Gefühl existentieller Sicherheit zu erzeugen.[18] Die in diesem Zusammenhang prominent gewordene „Terror-Management-Theorie" geht etwa davon aus, dass das Bewusstsein von Endlichkeit und Tod laufend existentielle Ängste auslöst, die bewältigt werden müssen. Eine effektive Form der Bewältigung stellt die Entwicklung einer sogenannten „kulturellen" Weltanschauung dar, wozu auch religiöse Weltanschauungen als Sub-Spezies zählen. Die Motivation, eine Weltanschauung zu entwickeln, besteht also in einer Bewältigungsstrategie unserer Endlichkeit und existentiellen Unsicherheit. Die zuvor bei der Charakterisierung von Weltanschauungen genannte Funktion, einen umfassenden Verständnishorizont zu entwerfen, worin gemachte Erfahrungen und Überlegungen laufend integriert werden können, zielt somit unter

---

17 Siehe z. B. Vail u. a. 2010 und Steger u. a. 2010.

18 Batson und Stocks 2004 schlüsseln z. B. diese existentielle Funktion religiöser Einstellungen anhand der Bedürfnispyramide von Abraham Maslow auf, die von biologischen Grundbedürfnissen bis hin zu kognitiven Bedürfnissen des Verstehens und Wissens sowie der Selbst-Transzendenz reichen.

psychologischer Rücksicht darauf ab, Sinn, Bedeutung und eine Überwindung unserer existentiell fragilen Lage zu generieren.[19]

Eine entscheidende Frage ist dabei, auf welche Weise diese Einstellungen vorliegen. In der Literatur wird häufig zwischen einer sogenannten defensiven religiösen Einstellung („defensive religion") und einer sogenannten existentiellen bzw. suchenden religiösen Einstellung („existential religion" bzw. „quest religious orientation") unterschieden.[20]

Eine defensive religiöse Einstellung besagt, dass religiöse Überzeugungen primär dazu dienen, besagte existentielle Herausforderungen zu bewältigen. Das vornehmliche Motiv einer solchen Einstellung besteht darin, Trost, Unterstützung und Optimismus bereitzustellen. Jemand mit einer defensiv religiösen Einstellung neigt dazu, einen höheren Grad der Gewissheit hinsichtlich der Wahrheit der eigenen religiösen Überzeugungen einzunehmen und sich selbst in gewisser Weise als auserwählt, besonders beschützt und gesegnet zu empfinden. Motiviert sind diese Einstellungen durch Mechanismen, existentiell bedrohliche Momente der Orientierungslosigkeit, herausfordernde Erlebnisse oder die Unfähigkeit, irritierende Erfahrungen in das bestehende Überzeugungssystem einordnen zu können, zu unterdrücken bzw. zu beschönigen.[21]

Eine existentielle religiöse Einstellung ist hingegen zurückhaltend, religiöse Überzeugungen als „Lösungen" für existentielle Herausforderungen anzusehen. Es handelt sich vielmehr um eine religiöse Einstellung, die bereit ist, sich Fragen und Zweifeln zu stellen. Religiöser Glaube wird als etwas Unsicheres akzeptiert, der selten Gewissheiten bereitstellen kann. Indem mit Wahrheitsansprüchen religiöser Überzeugungen sehr zurückhaltend umgegangen wird, ist jemand mit einer existentiell religiösen Einstellung offen für Modifikationen des eigenen Überzeugungssystems und zeigt sich interessiert an alternativen Weltanschauungen. Religiöser Glaube wird als eine Art Reise angesehen, die durch Fragen und Unklarheit und nicht durch Antworten und Deutlichkeit charakterisiert ist.[22] Personen mit anderen Weltanschauungen werden weniger als Bedrohung, sondern vielmehr als interessante Bereicherung des eigenen Verständnisses der Wirklichkeit angesehen.

Abhängig von der jeweiligen psychologischen Einstellung zu seinen weltanschaulichen Überzeugungen wird somit jemand auf Personen mit anderen

---

19 Siehe z. B. Pyszczynski u. a. 1997. Ähnlich argumentieren auch Hogg u. a. 2010, die eine wesentliche religiöse Funktion in Antwortversuchen auf die existentiellen Unsicherheiten menschlichen Daseins sehen.

20 Ich orientiere mich weitgehend an Beck 2006.

21 Es sei angemerkt, dass eine solche Einstellung nicht notwendigerweise Religion als bloßes Mittel zum Zweck missbraucht, da auf diese Weise durchaus genuine religiöse Erfahrungen möglich sind und pro-soziale Verhaltensweisen gefördert werden können. Eine defensiv religiöse Einstellung besagt nur, dass die wesentliche Funktion des religiösen Überzeugungssystems darin besteht, eine existentiell zufriedenstellende und psychologisch stabilisierende Situation angesichts menschlicher Unvollkommenheit und Endlichkeit zu generieren.

22 Van Tongeren u. a. 2016: 213f.

Weltanschauungen eher positiv oder negativ reagieren. Im Lichte der Terror-Management-Theorie ließe sich etwa sagen, dass ein In-Frage-Stellen der eigenen Weltanschauung durch Kritik oder auch nur die bloße Tatsache weltanschaulicher Pluralität bei Personen mit einer defensiv weltanschaulichen Einstellung eher Aggression, negative Einstellungen gegenüber anderen Weltanschauungen oder einen starken sozialen Bezug zu Personen mit derselben Weltanschauungen auslösen werden, da diese Verhaltensweisen Versuche darstellen, die mit der eigenen Weltanschauung einhergehende existentielle Sicherheit zu verteidigen. Dies soll im nächsten Abschnitt anhand einiger empirischer Befunde zum Verhältnis von weltanschaulicher Einstellung und tolerantem Verhalten näher ausgefaltet werden.

5. Bedeutsame psychologische Faktoren für eine Haltung der Toleranz

Bei beiden soeben skizzierten psychologischen Einstellungen steht die Frage nach der Funktion existentieller Sicherheit im Vordergrund. Religiöse Überzeugungen gehen aber auch mit verschiedenen Graden der Gewissheit einher, da jemand eine defensive oder suchende religiöse Einstellung auf stärkere oder schwächere Weise einnehmen kann. Der jeweilige Internalisierungsgrad einer Überzeugung spielt eine wesentliche Rolle für den Grad an Toleranz, den jemand an den Tag legt: Jemand, der religiöse Überzeugungen stark internalisiert hat, versteht seine eigene Existenz, sein Handeln und die Welt im Lichte dieser Überzeugungen. Religiöse Überzeugungen gehören sozusagen zum Kern des weltanschaulichen Überzeugungsnetzes und die betreffende Person ist sich dieser Rolle religiöser Überzeugungen auch implizit oder explizit bewusst. Ein hoher Internalisierungsgrad der eigenen Religion stellt daher ein reifes und gut entwickeltes religiöses Selbstverständnis dar. Diese existentiell bedeutsame Funktion von Religion wirkt sich beruhigend auf existentielle Herausforderungen aus, da sich jemand in seinem „religiösen Kosmos" zu Hause weiß und darin Orientierung findet.
In einer rezenten Studie wird in diesem Zusammenhang das Verhältnis zwischen dem Internalisierungsgrad religiöser Überzeugungen, weltanschaulicher Toleranz und Angst vor einer Weiterexistenz im Jenseits untersucht.[23] Die Ausgangshypothese lautete, dass religiöses Priming die Angst vor existentiellen Herausforderungen bei Personen mit einem hohen Internalisierungsgrad religiöser Überzeugungen sinken lässt, da sie in ihrer religiösen Weltanschauung Antworten auf diese Herausforderung finden können. Im Unterschied dazu

[23] Van Tongeren u. a. 2013.

hat religiöses Priming bei Personen, die sich zwar als religiös bezeichnen, aber einen geringen Internalisierungsgrad religiöser Überzeugungen aufweisen, den umgekehrten Effekt: Zum einen werden Inkongruenzen zwischen der religiösen Weltanschauung und ihren Forderungen einerseits und der davon abweichenden faktischen Lebenspraxis andererseits sichtbar und zum anderen kann die Präsenz verschiedener Weltanschauungen, wie zuvor skizziert, existentielle Ängste auslösen, welche entsprechende Abwehrreaktionen zur Folge haben. Die Autoren schreiben:

> Thus, we hypothesize an interaction between priming condition (i.e., religious vs. neutral) and intrinsic religiousness, such that priming religion decreases existential concerns (as evidenced by greater tolerance and reduced death anxiety) for those high in intrinsic religiousness but increases existential concerns (as evidenced by less tolerance and greater death anxiety) for those low in intrinsic religiousness.[24]

Diese Hypothese wurde anhand zweier experimenteller Studien überprüft, wobei eine Studie den Grad weltanschaulicher Toleranz und die andere Studie die Angst vor dem Leben im Jenseits im Blick hatte. Die Ergebnisse beider Studien[25] legen eine Bestätigung der Hypothese nahe:

> Based on our theorizing, priming religion appears to promote existential security for the intrinsically religious, whereas it appears to undermine such security for those low in intrinsic religiousness.[26]

Der jeweilige Internalisierungsgrad religiöser Überzeugungen scheint folglich ein wesentlicher Einflussfaktor für tolerantes Verhalten zu sein. Wer aus einem gesunden religiösen Selbstbewusstsein und Weltverständnis heraus lebt, empfindet alternative Weltanschauungen im Allgemeinen als weniger bedrohlich und existentiell herausfordernd als jemand, dessen religiöse Überzeugungen schwächer ausgeprägt sind und sich inkongruent zu den eigentlich tragenden weltanschaulichen Überzeugungen verhalten.

Neben dem Internalisierungsgrad religiöser Überzeugungen spielt auch die jeweilige persönliche Einstellung, die mit religiösen Überzeugungen einhergeht, eine zentrale Rolle. Die Unterscheidung zwischen einer defensiven und einer existentiell-suchenden religiösen Einstellung findet daher einen entsprechenden empirischen Niederschlag. So zeigen Studien, dass Personen mit einer defensiv religiösen Einstellung die eigene soziale Gruppe deutlich gegenüber Gruppen mit alternativen Weltanschauungen bevorzugen.[27] Personen mit

---

24 Van Tongeren u. a. 2013: 511.

25 Die speziellen Methoden zum Erfassen intrinsischer Religiosität, die verwendeten Primes und das experimentelle Desgin können im Detail im Paper selbst nachgelesen werden und sind daher aus Platzgründen hier nicht extra angeführt.

26 Van Tongeren u. a. 2013: 518. Ähnliche Resultate finden sich z. B. auch in Jonas / Fischer 2006.

27 Beck 2006.

derselben Weltanschauung werden als talentierter, intelligenter oder ehrlicher eingestuft im Vergleich zu Personen mit einer anderen Weltanschauung.[28]

Ausdruck einer defensiven Einstellung sind etwa Überzeugungen wie „Gott beschützt mich vor Krankheit und Unglück", „Gott gibt mir Zeichen, was ich tun soll", „Ich kann mit allen Anliegen zu Gott kommen", „Es gibt einen besonderen Plan Gottes in meinem Leben" oder „Alles, was geschieht, ist Teil der göttlichen Vorsehung". Gemeinsamer Fluchtpunkt all dieser Überzeugungen ist ein Schutz vor den Unabwägbarkeiten, offensichtlichen Zufällen und unvorhersehbaren Ereignissen, die menschliches Dasein prägen und dadurch existentielle Ängste auslösen können.[29] Kritik und Zweifel an der eigenen Weltanschauung werden daher als existentielle Bedrohung eingestuft und daher ist die Bereitschaft geringer, sich mit weltanschaulicher Pluralität auseinanderzusetzen, während die soziale Orientierung hin zu weltanschaulicher Homogenität und zur eigenen Gruppe („in-group bias") relativ stark ausgeprägt sind.

Umgekehrt verhält es sich hingegen bei Personen, die eine existentiell-suchende Einstellung gegenüber religiösen Überzeugungen einnehmen. Sie weisen einen höheren Grad der Toleranz gegenüber alternativen Weltanschauungen auf und neigen dazu, Personen mit alternativen Weltanschauungen gegenüber Personen mit der eigenen Weltanschauung zu bevorzugen, da in ihnen die Motivation, sich mit neuen weltanschaulichen Überzeugungen auseinanderzusetzen, handlungsprägenden Charakter hat – selbst wenn dies auf Kosten existentieller Sicherheit erfolgt.[30]

Eine solche existentiell-suchende Einstellung gegenüber religiösen Überzeugungen weist auch eine positive Korrelation mit einer Haltung epistemischer Bescheidenheit auf.[31] Diese kann als Bewusstsein um die eigenen epistemischen Grenzen und Fehlermöglichkeiten einerseits und die damit einhergehende Bereitschaft, alternative Ideen auf eine interpersonell respektvolle Weise zu diskutieren, andererseits umschrieben werden. Empirische Studien zum Verhältnis von weltanschaulicher Toleranz und epistemischer Bescheidenheit zeigen, dass beide Faktoren positiv korrelieren. Ein höherer Grad epistemischer Bescheidenheit geht mit größerer weltanschaulicher Toleranz einher, während sich bei geringer epistemischer Bescheidenheit keine positive Auswirkung auf religiöse Toleranz feststellen lässt, selbst wenn eine Exposition mit weltanschaulicher Pluralität vorliegt. Dies bedeutet, dass das Bewusstsein weltanschaulicher Pluralität als solche noch nicht zu einer toleranteren Einstellung gegenüber alternativen weltanschaulichen Überzeugungen führt, sondern hierfür muss

---

28 Es gibt Belege, dass Menschen im Allgemeinen Mitglieder der eigenen sozialen Gruppe als moralisch überlegen gegenüber fremden Personen einstufen. Siehe z. B. Haidt / Algoe 2004.

29 Beck hat in diesem Zusammenhang einen sogen. „Defensive Theology Scale" entwickelt. Siehe Beck 2006: 152.

30 Siehe dazu z. B. van Tongeren u. a. 2016: 219–222.

31 Hook u. a. 2017.

epistemische Bescheidenheit als persönlichkeitsprägender Faktor[32] bereits vorliegen.

Als einen weiteren entscheidenden Faktor für tolerantes Verhalten identifizieren Studien aus der Sozialpsychologie und der Persönlichkeitspsychologie die Einschätzung des moralischen Charakters einer Person. So betonen etwa Goodwin, Piazza und Rozin:

> Moral character information powerfully determines the overall impression we form of another person with whom we have or expect to have an important or meaningful relationship.[33]

Die Einschätzung des moralischen Charakters scheint bedeutender zu sein als soziale Kompetenzen wie Geselligkeit, unkompliziertes Verhalten, Kontaktfreudigkeit oder Freundlichkeit. Im Allgemeinen werden moralisch herausragende Personen gegenüber moralisch durchschnittlichen Personen als soziale Kontakte bevorzugt. Es ist zwar korrekt, dass Menschen im Normalfall ihre eigene soziale, religiöse, ethnische oder wie auch immer durch bestimmte Merkmale ausgezeichnete Gruppe bevorzugen und diese gegenüber anderen Gruppen als moralischer einstufen. Bei moralisch herausragenden Personen gilt dieses Phänomen aber nicht mehr, sondern diese werden grundsätzlich positiver beurteilt, unabhängig von religiösen, ethnischen oder sonstigen Zugehörigkeiten. So ziehen Brambilla u. a. folgende Schlussfolgerung:

> [T]he irrelevance of the target membership might suggest that the primacy of morality is a stable effect, unaffected by the intergroup context.[34]

Ein gewisser Unterschied lässt sich bei Personen mit einer ausgeprägten existentiell-suchenden Einstellung festmachen, da hier moralisch herausragende Personen mit einer anderen Weltanschauung gegenüber solchen mit der eigenen Weltanschauung bevorzugt werden. Die Gründe für eine solche Beurteilung können vielschichtig sein und sind nicht eindeutig geklärt. So mag eine moralisch herausragende Person mit einer anderen Weltanschauung einen größeren Eindruck hinterlassen als eine moralisch herausragende Person mit einer vertrauten Weltanschauung; es mag der Wunsch nach neuen religiösen Einsichten mit einer besonders positiven Einschätzung von Personen, die einer anderen Gruppe angehören, einhergehen oder es mag eine grundsätzliche Skepsis gegenüber Mitgliedern der eigenen Gruppe vorherrschen, da etliche von ihnen auch von einer defensiv religiösen Einstellung geprägt sein dürften.[35] Wie dem auch sei, als entscheidende Einsicht für die vorliegende Diskussion lässt sich

---

32 Epistemische Bescheidenheit dürfte dabei ein außerordentlich bedeutsamer Faktor sein. Andere Studien legen nahe, dass eine konservative politische Einstellung eine negative Variable für weltanschauliche Toleranz darstellt (siehe Hopkin u. a. 2014). Liegt aber ein hoher Grad epistemischer Bescheidenheit vor, dann zeigt sich offenbar kein negativer Effekt.

33 Goodwin u. a. 2014: 164.

34 Brambilla u. a. 2011: 142.

35 Van Tongeren u. a. 2016: 218–220.

festhalten, dass eine positiv-freundliche Einstellung gegenüber einer anderen Person auf grundlegende Weise durch die Einschätzung des moralischen Charakters geprägt wird; andere Faktoren wie weltanschauliche Zugehörigkeit sind wichtig, aber im Vergleich dazu von sekundärer Bedeutung.

6. Zum Abschluss: Die Förderung weltanschaulicher Toleranz

Was macht Menschen tolerant und wie lässt sich Toleranz fördern? Zweifelsohne können philosophische Argumente wie solche von Quinn epistemische Zusammenhänge zwischen persönlichen weltanschaulichen Überzeugungen, weltanschaulicher Pluralität und Toleranz aufzeigen. Quinns Argument scheint auch durchaus zutreffend zu sein, da mit einer weltanschaulich pluralistischen Situation der Imperativ an die eigene Rationalität einhergeht, die eigene Weltanschauung in ein Verhältnis zu alternativen und konfligierenden Weltanschauungen zu setzen. Wenn diese als ähnlich rational wie die eigene Weltanschauung eingestuft werden, legt sich eine gewisse epistemische Verunsicherung nahe und damit auch die Bereitschaft der Toleranz gegenüber diesen alternativen Weltanschauungen.

Die alleinige Durchschlagskraft von Quinns Argument dürfte aber trotzdem begrenzt sein. Ein solides Fundament für weltanschauliche Toleranz lässt sich nicht alleine auf dem Pfeiler weltanschaulicher Pluralität errichten. Bedeutend sind hierbei vielmehr auch grundlegende philosophische Überlegungen zur epistemisch-rationalen Eigenart weltanschaulicher Überzeugungen, da diese laufend Modifikationen und Adaptionen durch neue Erfahrungen und Orientierungsanforderungen erfordern und somit im Allgemeinen keinen Grad allzu großer Gewissheit für sich verbuchen können. Zudem ist eine Weltanschauung auch Ausdruck der rationalen Natur menschlicher Personen und ihrer epistemischen Limitationen. Das Bemühen, die Wirklichkeit und sich selbst darin zu verstehen, verdient als solches Respekt und Anerkennung, selbst wenn die konkreten Ergebnisse dieser Bemühungen als wenig überzeugend gelten können. Ich kann sozusagen eine in meinen Augen falsche weltanschauliche Überzeugung tolerieren, weil ich darin den Ausdruck des rationalen Bemühens meines Gegenübers anerkenne und in seiner eigenständigen Suche nach Verstehen und Orientierung auch mein eigenes Bemühen wiederfinde. Es gibt folglich vorgängig der Situation weltanschaulicher Pluralität gute Gründe, gegenüber anderen Weltanschauungen tolerant zu sein und ihre Vertreter als Diskurspartner zu respektieren.

Da menschliche Personen sich aber nicht nur im Raum der Gründe bewegen, spielen für die konkrete Stoßkraft von Argumenten auch psychologische

Faktoren eine wichtige Rolle. Die Beschäftigung mit aktueller psychologischer Literatur, die das Verhältnis von (religiösen) Weltanschauungen und Toleranz untersucht, hat deutlich gemacht, dass gewissen Faktoren dabei besondere Wichtigkeit zukommt. Die Verinnerlichung religiöser Überzeugungen, eine defensive oder eine suchend-existentielle Einstellung, epistemische Bescheidenheit oder die Beurteilung des moralischen Charakters einer Person bestimmen wesentlich mit, ob dank weltanschaulicher Pluralität der Grad der Toleranz steigt oder nicht. Philosophische Argumente zugunsten der Toleranz können sozusagen ihre Wirkkraft erst dann entfalten, wenn sie auf psychologisch günstige Bedingungen treffen. Dazu zählen eine suchend-existentielle Einstellung gegenüber weltanschaulichen Überzeugungen und epistemische Bescheidenheit, aber auch ein hoher Internalisierungsgrad einer Weltanschauung.

Für all jene, die – aus welchen Gründen auch immer – über solche Einstellungen nicht verfügen, erscheint es im Licht psychologischer Befunde hingegen als ratsam, Bedingungen zu entwickeln, die dazu beitragen den Blick auf andere als moralische Subjekte offenzulegen. Wirksam ist weniger intellektuelles Verstehen, denn eine grundlegende Perspektivenänderung auf das Gegenüber hin. Bei Personen mit einer religiös defensiven Haltung oder gar bei dogmatisch verborten Personen fallen Argumente zugunsten weltanschaulicher Toleranz auf keinen fruchtbaren Boden, da sie eher existentielle Ängste und damit einhergehende Abwehrreaktionen auslösen. Philosophische Argumentation kommt hier an ihr Ende. Es geht dann vielmehr darum herauszufinden, welche Umstände günstig sind, um das Gegenüber so wie sich selbst als Mensch zu sehen, der sich um das Gute bemüht und daher in einem moralisch positiven Licht erscheint. Dann kann ein toleranteres Verhalten die Folge sein. Und vielleicht kann dies dazu beitragen, problematische Einstellungen zur eigenen Weltanschauung zu durchbrechen. Erst dann hat auch ein philosophisches Argument wieder eine Chance.

Literatur

Alston, William P.: Religious Diversity and Perceptual Knowledge of God, in: *Faith and Philosophy* 5 (1988), 433–448.

Batson, C. Daniel/Stocks, Eric L.: Religion: Its core psychological functions, in: Greenberg, Jeff u. a. (Hgg.): *Handbook of Experimental Existential Psychology*. New York: The Guilford Press, 2004, 141–55.

Beck, Richard: Defensive versus existential religion: Is religious defensiveness predictive of worldview defense?, in: *Journal of Psychology and Theology* 34 (2006), 143–153.

Brambilla, Marco u. a.: Looking for honesty: The primary role of morality (vs. sociability and competence) in information gathering, in: *European Journal of Social Psychology* 41/2 (2011), 135–143.

Byrne, Peter: Religious Tolerance, Diversity, and Pluralism, in: *Royal Institute of Philosophy Supplement 68* (2011), 287–309.

Dawkins, Richard: *River out of Eden. A Darwinian View of Life*. New York: Basic Books, 1995.

Goodwin, Geoffrey P. u. a.: Moral Character Predominates in Person Perception and Evaluation, in: *Journal of Personality and Social Psychology* 106/1 (2014), 148–168.

Haidt, Jonathan / Algoe, Sara B.: Moral amplification and the emotions that attach us to saints and demons, in: Greenberg, Jeff u. a. (Hgg.): *Handbook of Experimental Existential Psychology*. New York: The Guilford Press, 2004, 322–335.

Hogg, Michael A. u. a.: Religion in the Face of Uncertainty: An Uncertainty-Identity Theory Account of Religiousness, in: *Personality and Social Psychology Review* 14/1 (2010), 72–83.

Hook, Joshua N. u. a.: Intellectual humility and religious tolerance, in: *The Journal of Positive Psychology* 12/1 (2017), 29–35.

Hopkin, Cameron R. u. a.: Intellectual humility and reactions to opinions about religious beliefs, in: *Journal of Psychology and Theology* 42 (2014), 50–61.

Jonas, Eva / Fischer, Peter: Terror management and religion: Evidence that intrinsic religiousness mitigates worldview defense following mortality salience, in: *Journal of Personality and Social Psychology* 91/3 (2006), 553–67.

Jones, Michael S.: Does cognitive humility lead to religious tolerance? Reflections on Craig versus Quinn, in: *International Journal for Philosophy of Religion* 78 (2015), 73–89.

Kant, Immanuel: *Werkausgabe Band VIII: Die Metaphysik der Sitten. Die Religion innerhalb der Grenzen der bloßen Vernunft*. Frankfurt am Main: Suhrkamp, 1977.

Löffler, Winfried: *Einführung in die Religionsphilosophie*. Darmstadt: Wissenschaftliche Buchgesellschaft, 2013.

Plantinga, Alvin: *Warranted Christian Belief*. Oxford: Oxford University Press, 2000.

Pyszczynski, Tom u. a.: Why do we need what we need? A terror management perspective on the roots of human social motivation, in: *Psychological Inquiry* 8/1 (1997), 1–20.

Quinn, Philip L.: Religious Diversity and Religious Toleration, in: *International Journal for Philosophy of Religion* 50 (2001), 57–80.

Quinn, Philip L.: On Religious Diversity and Tolerance, in: *Daedalus* (2005), 136–139.

Riordan, Patrick: Religion as Weltanschauung: A Solution to a Problem in the Philosophy of Religion, in: *Aquinas* 34 (1992), 519–534.

Steger, Michael F. u. a.: The quest for meaning: Religious affiliation differences in the correlates of religious quest and search for meaning in life, in: *Psychology of Religion and Spirituality* 2/4 (2010), 206–26.

Vail, Kenneth E. u. a.: A terror management analysis of the psychological functions of religion, in: *Personality and Social Psychology Review* 14/1 (2010), 84–94.

Van Tongeren, Daryl u. a.: The Existential Function of Intrinsic Religiousness: Moderation of Effects of Priming Religion on Intercultural Tolerance and Afterlife Anxiety, in: *Journal for the Scientific Study of Religion* 52/3 (2013), 508–523.

Van Tongeren, Daryl u. a.: Toward an Understanding of Religious Tolerance: Quest Religiousness and Positive Attitudes Toward Religiously Dissimilar Others, in: *The International Journal for the Psychology of Religion* 26/3 (2016), 212–224.

Wolterstorff, Nicholas: *John Locke and the Ethics of Belief*. Cambridge: Cambridge University Press, 1996.

Die epistemischen Konsequenzen religiöser Vielfalt

Oliver Wiertz

Der schottische Philosoph David Hume hat folgendes Argument gegen die Zuverlässigkeit von Berichten über Wunder formuliert:

> Es gibt für die Wunder, auf die sich die einzelnen Religionen zur Begründung ihres Offenbarungsanspruchs berufen kein Zeugnis, „[...] dem nicht eine Unzahl von Zeugen entgegenstehen. [...] Zum besseren Verständnis dieser Behauptung muss man nur bedenken, dass in der Religion jeder Unterschied ein Widerspruch ist [...] Jedes Wunder, von dem die Religionen erzählen, hat, indem es das besondere (Glaubens)System, zu dem es gehört, begründen will, zugleich die indirekte Kraft, jedes andere Religionssystem umzustürzen. Mit der Zerstörung der anderen Systeme zerstört es aber auch die Glaubwürdigkeit der Wunder, auf welche jene errichtet waren. Deshalb müssen die Wunder der verschiedenen Religionen als widersprechende Tatsachen gelten, und ihre Beweiskraft [...] hebt sich gegenseitig auf.[1]

Diese Kritik Humes trifft nicht nur Wunder als Begründung des Offenbarungsanspruchs einer Religion, sondern jedes Argument für die Wahrheit einer Religion. Jedem Argument für die Wahrheit einer bestimmten religiösen Position stehen die Argumente für die Wahrheit anderer religiösen Anschauungen gegenüber, die zugleich Argumente gegen die Wahrheit des eigenen Glaubensbekenntnisses sind. Nach dem Philosophen J. L. Mackie ähneln die Geltungsansprüche der verschiedenen Religionen und die für sie angeführten Zeugnisse einem Gerichtsprozess, in dem zwanzig Zeugen auftreten, von denen jeder einzelne von den neunzehn anderen als Lügner bezeichnet wird.[2] Die Vielfalt der Religionen scheint ein großes Fragezeichen hinter die Wahrheit jeder einzelnen Religion zu setzen.[3]

Etwas formaler lässt sich das humeanische Argument der konkurrierenden religiösen Wahrheitsansprüche so formulieren:

(1) Jede Religion erhebt Wahrheitsansprüche (kognitivistische These).
(2) Die Wahrheitsansprüche der Religionen schließen sich gegenseitig aus.
(3) Wenn eine Religion wahr ist, sind alle anderen falsch. (aus 1 und 2)
(4) Jeder Grund für die Wahrheit einer Religion ist zugleich ein Grund für die Falschheit aller anderen Religionen. (aus 3 und der Annahme des wahrheitsanzeigenden Charakters von Gründen)

---

1 Hume 1999: 178.

2 Mackie 1985: 30. Allerdings hält Mackie die Stärke dieser Kritik wegen der gegenwärtigen toleranten Einstellung vieler Religion für stark eingeschränkt.

3 Trigg 2014: 61.

(5) Jede Religion führt Gründe für ihre Wahrheit und damit gegen die Wahrheit jeder anderen Religion an. (aus 4 und empirischer These)
(6) Jede Religion steht einer großen Anzahl von Gründen gegen ihre Wahrheit gegenüber. (aus 4 und 5)
(7) Wenn eine Religion einer großen Anzahl von Gründen gegen ihre Wahrheit gegenübersteht, ist es nicht vernünftig, dieser Religion zu glauben. (Prinzip der Entkräftung)
(8) Es ist nicht vernünftig, irgendeiner Religion zu glauben. (aus 6 und 7)

Graphisch lässt sich die Intuition hinter diesem Argument folgendermaßen darstellen:[4]

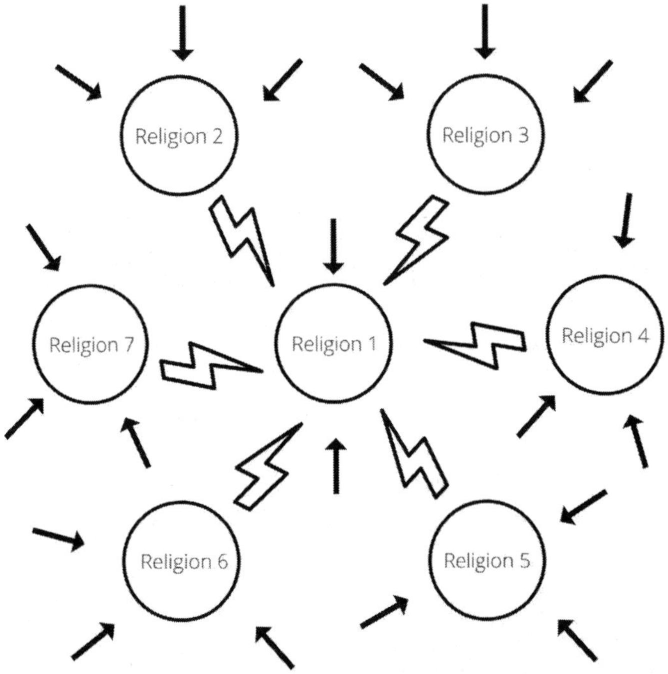

Die Vielfalt der Religionen stellt so die Grundlage eines Arguments gegen die Vernünftigkeit des Wahrheitsanspruchs jeder Religion dar, das als humeanisches atheistisch-agnostisches Argument aus der Vielfalt der Religionen bezeichnet werden kann.[5] Beweist somit die religiöse Verschiedenheit positiv

4 Die großen Blitze symbolisieren die Widersprüche zwischen den einzelnen Religionen (dargestellt am Beispiel einer einzelnen Religion, Religion 1) und die kleineren Pfeile die Gründe für die Wahrheitsansprüche der einzelnen Religionen. Die Zahl der Gründe für Religion 1 ist offensichtlich weitaus geringer als die Summe der Gründe für die anderen Religionen, die nach Hume zugleich Gründe gegen Religion 1 sind.

5 Religiöse Verschiedenheit kann auch direktes Beweismaterial gegen die Wahrheitsansprüche einer Religion bilden, wenn der Inhalt der Religion es unwahrscheinlich macht, dass es religiöse Verschiedenheit gibt, z. B. weil Gott nach dieser Religion sich in deutlicher Weise allen

die Irrationalität religiösen Glaubens und legt damit eine agnostische oder atheistische Haltung nahe?

Der folgende Text sucht nach einer (möglichen) Antwort auf diese Frage. Dabei werden zuerst Versuche behandelt, diese Frage zu unterlaufen. Danach stelle ich ausführlich die erkenntnistheoretische Diskussion des sogenannten Peer-Dissenses dar, also der Meinungsverschiedenheit zwischen Menschen, die in Bezug auf die strittige Frage wenigstens auf den ersten Blick gleichermaßen kompetent und rational wirken. Ich werde zwei extreme Positionen diskutieren und dann einen Kompromiss vorschlagen und abschließend dessen Konsequenzen für die Frage nach der Rationalität religiösen Glaubens unter den Bedingungen offensichtlicher religiöser Pluralität andeuten.

I

Humes Argument macht die Voraussetzung, dass „in der Religion jeder Unterschied ein Widerspruch ist“.[6] Diese Voraussetzung kann als ‚Widerspruchsmodell religiöser Vielfalt‘[7] bezeichnet werden: Wenn Peter sagt, dass er an den dreifaltigen Gott als Schöpfer des Himmels und der Erde glaubt, der in Jesus von Nazareth Mensch geworden ist, um die Welt zu erlösen, und Alia glaubt, dass Gott streng einer und es ihm nicht angemessen ist, einen Sohn zu zeugen, dann widersprechen die beiden sich. Die verschiedenen Glaubensbekenntnisse können nicht alle gänzlich wahr sein.

Abgesehen von den Fragen, ob tatsächlich *jeder* religiöse Unterschied bereits einen Widerspruch darstellt und ob es überhaupt sinnvoll ist, global von *der*

Menschen offenbart hat, er alle Menschen mit einem zuverlässigen Erkenntnisorgan religiöser Wahrheit geschaffen hat oder weil von einem allmächtigen, allwissenden und vollkommen guten Gott, der allen Menschen seine Liebe anbietet, zu erwarten ist, dass er sich offensichtlicher und vor allem eindeutiger kundtun müsste. Auf solche direkten Argumente aus der religiösen Verschiedenheit, die teilweise Varianten des Problems der Verborgenheit Gottes sind, kann ich im Folgenden nicht eingehen.

6 Eine weitere Voraussetzung ist, dass jeder Grund für eine Religion ein Grund gegen alle anderen Religionen ist. Die gilt aber nur für spezifische Gründe für die jeweiligen Religionen, d. h. für Gründe für diejenigen Wahrheitsansprüche einer Religion, die sie von allen anderen Religionen unterscheiden oder genauer, die sie mit allen anderen Religionen inkompatibel machen. Diese Voraussetzung ist problematisch. Ein Beweis für die Existenz des theistischen Gottes, der wesentlich im Islam entwickelt wurde, wie das sogenannte Kalam-Argument, ist allerdings nicht notwendig ein Beweis gegen die Existenz des christlichen Gottes, sondern kann ganz im Gegenteil von christlichen Theologen und Religionsphilosophen genutzt werden, um für die Existenz des theistischen Gottes zu argumentieren und auf dieser Basis dann für spezifisch christliche Wahrheitsansprüche zu argumentieren.

7 Gutting 1982: 15.

Wahrheit einer Religion zu sprechen,[8] lassen sich zwei grundsätzliche Einwände gegen das Widerspruchsmodell vorbringen, welche die Basis des Arguments aus der religiösen Verschiedenheit (nämlich dessen ersten beiden Prämissen) unterminimieren würden.

Man kann erstens gegen das Widerspruchsmodell anführen, dass religiöser Glaube nichts mit Wahrheitsansprüchen und Überzeugungen zu tun hat, sondern Ausdruck eines Lebensgefühls ist, also keine behauptende, sondern eine expressive Funktion besitzt. Religion ähnle nicht den objektiven Wissenschaften, sondern vielmehr subjektivem ästhetischem Empfinden.[9] Oder man könnte einwenden, dass religiöser Glaube eine Lebenshaltung bzw. Lebensweise ist, also eine praktische Einstellung, der es nicht um die theoretische Erkenntnis von Wahrheit gehe.[10] Der wesentliche Anspruch der Religion sei, uns zu helfen „mit dem Leben zurechtzukommen".[11] Solche sogenannten nonkognitivistischen Theorien religiöser Sprache, welche die kognitivistische Prämisse des

---

8 Dennis Potter argumentiert, dass in der Standardbehandlung interreligiöser Dissense religiöse Traditionen zu sehr als monolithische Gebilde wahrgenommen werden und die Tatsache intrareligiöser Dissense um die richtige Interpretation zentraler Glaubenslehren übersehen wird, weshalb oft voreilig von einer logischen Unvereinbarkeit zwischen den Lehren verschiedener religiösen Traditionen ausgegangen wird; Potter 2013. Allerdings hat Potter nicht gezeigt, dass solche internen hermeneutischen Dissense in Bezug auf das richtige Verständnis eigener und fremder Lehren genügen, um in vielen Fällen von scheinbarem interreligiösem Dissens logische Inkompatibilität wirklich auszuschließen: Wenn die christliche Lehre *C* sowohl in Interpretation_1 als auch in Interpretation_2 mit der islamischen Lehre *I* sowohl in deren Interpretation_1 als auch in Interpretation_2 unvereinbar ist, zeigt der interne Dissens über die jeweiligen möglichen Interpretationen 1 und 2 nicht, dass die Inkompatibilität zwischen *C* und *I* bloß scheinbar ist. Zweitens ist der Spielraum möglicher Interpretationen einzelner Lehren durch die Gefahr eines möglichen internen Konsistenz- bzw. Kohärenzverlustes eingeschränkt. Nicht jede Interpretation einer einzelnen Lehre etwa im Christentum ist vereinbar mit den anderen christlichen Lehren. Drittens gibt es zumindest in manchen Religionen klar erkennbare Mehrheitsinterpretationen kontroverser Lehren bzw. offizielle Stellungnahmen zur richtigen Interpretation durch eine religiös-hierarchische Autorität (wie etwa in der römisch-katholischen Kirche) oder eine anerkannte theologische Institution (wie etwa im Fall des sunnitischen Islams). Dies heißt nicht, dass diese tatsächlich die richtigen Interpretationen der umstrittenen Lehren sind, aber es ist eben die Interpretation, der die meisten Mitglieder einer religiösen Gemeinschaft folgen oder folgen sollen und die deswegen das doktrinelle Selbstverständnis einer bestimmten Gemeinschaft qua dieser Gemeinschaft bestimmt. Schließlich zählt in der Art von Dissens, um die es im Folgenden geht, vor allem die Meinungsverschiedenheit zwischen *Individuen* - ob diese repräsentativ ist für die Beziehung zwischen den Lehren der Religionen, denen diese Individuen angehören, spielt dagegen eine nebengeordnete Rolle. Aus stilistischen Gründen unterscheide ich allerdings nicht streng zwischen individuellen und „kommunitären" religiösen Dissensen.

9 Vgl. z. B. Carnap 2004: 104–108.

10 Nach Auffassung zumindest mancher Interpreten hat Ludwig Wittgenstein eine solche Konzeption vertreten.

11 Schneider 2008: 224.

humeanischen Argumentes bestreiten, dass Religionen Wahrheitsansprüche aufstellen, unterlaufen das Widerspruchsmodell.[12]

Hinter diesem Einwand verstecken sich eigentlich zwei verschiedene, wenn auch miteinander zusammenhängende Argumente: zum einen die Bestreitung der Voraussetzung, dass Religionen etwas mit Wahrheit[13] zu tun haben, und zum anderen die Annahme, dass alle Ansprüche von Religionen einen ausschließlich subjektiven Charakter haben und rationaler Beurteilung nicht zugänglich sind (also die Bestreitung der Annahme, dass Religionen bzw. religiöse Geltungsansprüche auch intersubjektive Aspekte haben).[14]

Sicher unterscheiden sich Religionen deutlich von wissenschaftlichen Hypothesen oder Theorien. Allerdings setzt jede Einstellung zur Wirklichkeit, jede Lebenshaltung und Lebensweise, bestimmte Annahmen über die Wirklichkeit, also Tatsachenaussagen, voraus: etwa über die grundlegende Struktur der

---

12 „If [...] religion is dismissed as subjective, it is no longer surprising that different individuals, let alone different cultures, believe different things." (Trigg 2014: 62)

13 Im Folgenden wird ‚Wahrheit' in dem allgemeinen Sinn verstanden: „Zu sagen, dass das Seiende, nicht ist, oder dass das Nicht-Seiende ist, ist falsch; dagegen zu sagen, dass das Seiende ist, und das Nicht-Seiende nicht ist, ist wahr." (Aristoteles, Metaphysik IV, 7, 1011b 26f.) Dabei besteht ein „Gefälle" zwischen dem Gesagten und dem Seienden: „Du bist ja nicht deshalb blass, weil unsere Meinung, du seiest blass, wahr ist, sondern weil du blass bist, sagen wir die Wahrheit, wenn wir dies aussprechen." (Aristoteles, Metaphysik VIII, 10, 1051b). Nicht die Wirklichkeit richtet sich nach der Wahrheit unserer Aussagen, sondern die Wahrheit unserer Aussagen ist von der Beschaffenheit der Wirklichkeit abhängig. Dies entspricht einer minimalen realistischen Wahrheitskonzeption, welche die genaue Beziehung zwischen Aussage und Wirklichkeit, Proposition und Tatsache offenlässt, vgl. Alston 1996: Kap. 1.

14 Begriffe wie ‚Rationalität', ‚Objektivität' und ‚Intersubjektivität' hängen miteinander zusammen und sind notorisch vieldeutig. Im Folgenden gehe ich von einer minimalen Rationalitätskonzeption aus, die aus zwei Gründen notwendig vage ist. Zum einen handelt es sich bei ‚Rationalität' um einen Clusterbegriff: ‚Rationalität' umfasst unterschiedliche Kriterien und setzt verschiedene Fähigkeiten voraus. Es gibt nur wenige neutrale, rein formalisierbar-quantifizierbare und situationsunabhängige Rationalitätskriterien bzw. Konsens darüber, welche Fähigkeiten unverzichtbar sind für Rationalität. Ein zentrales Rationalitätskriterium neben der Wahrung zumindest grundlegender Regeln der Logik ist die Gleichbehandlung von (in relevantem Sinn) Gleichem – was dies jeweils heißt, lässt sich nicht im Voraus und unabhängig von der jeweiligen Situation genau bestimmen. Zweitens handelt es sich bei „Rationalitätskompetenzen" nicht um Fähigkeiten, die entweder vorhanden oder nicht vorhanden sind, sondern um Dispositionen, die stärker oder schwächer ausgeprägt und in einzelnen Situationen mehr oder weniger stark verwirklicht sind. Es gibt keinen Algorithmus, mit dessen Hilfe sich prinzipiell festlegen lässt, welches Maß an Verwirklichung dieser Dispositionen notwendige Bedingung von Rationalität ist. Nach der minimalen Rationalitätskonzeption ist ein Ausführungstyp A nicht schlechthin rational oder irrational, sondern die Ausführung eines Subjekts S ist in bestimmten (Typen von) Situationen unter bestimmten Aspekten mehr oder weniger rational bzw. irrational. Daher gibt es keine exakte, scharfe Grenze zwischen rationalen und irrationalen Subjekten und Ausführungen, sondern eine große „Grauzone" mehr oder weniger rationaler bzw. irrationaler Subjekte bzw. Ausführungen. Dies gilt auch für die Rationalität bzw. Irrationalität religiöser Ausführungen; siehe Wiertz 2013. Im Folgenden setze ich voraus, dass das Vorliegen von (propositionalen) Gründen für die Wahrheit einer Proposition notwendige Bedingung für die Rationalität der Überzeugung von dieser Proposition ist; für eine Begründung dieser Voraussetzung siehe Wiertz 2016.

Wirklichkeit oder über das Ideal eines gelungenen Lebens. Wer etwa sagt, dass er Gott liebt und zugleich sagt, dass Gott nicht existiert, widerspricht sich – zumindest, wenn man die beiden Sätze in ihrem gewöhnlichen Sinn versteht. Liebe zu Gott und Verehrung Gottes setzen die Annahme voraus, dass Gott existiert und tatsächlich der Verehrung und Liebe würdig ist.[15] Religiösen Glauben, so wie er etwa im Christentum verstanden wird, gibt es nicht ohne religiöse Wahrheitsansprüche.

Auch wenn Wahrheitsansprüche für den religiösen Glauben nicht die wichtigste Rolle spielen mögen, sind sie doch unverzichtbar für ihn. Daher lässt sich das humeanische Argument nicht durch den Verzicht auf religiöse Wahrheitsansprüche umgehen.[16] Im Folgenden gehe ich von einer kognitivistisch-realistischen Interpretation religiöser Sprache aus: Manche religiösen Sätze erheben oder implizieren Wahrheitsansprüche und deren Wahrheit richtet sich allein danach, ob der behauptete Sachverhalt, etwa dass ein allmächtiger Gott existiert, auch tatsächlich besteht.

Eine zweite Möglichkeit Humes Argument zu unterlaufen, ist die Infragestellung der Voraussetzung, dass die verschiedenen Religionen sich auf denselben Gegenstand beziehen.[17] Ein offensichtlicher Widerspruch zwischen den Religionen kommt nur zustande, wenn sie *demselben* Gegenstand miteinander unvereinbare Eigenschaften zusprechen. Dagegen kommt es nicht zu einem Widerspruch, wenn miteinander unvereinbare Eigenschaften unterschiedlichen Gegenständen zugesprochen werden. Wenn ich sage, dass Zeus nicht allmächtig ist, aber Gott allmächtig ist, liegt kein Widerspruch vor, wenn Zeus und Gott nicht identisch sind (bzw. nicht als identisch angenommen werden). Moderne Theorien der sprachlichen Referenz machen allerdings die Möglichkeit plausibel, dass sich verschiedene Religionen auf denselben Gegenstand beziehen (können). Dass Christen, Juden und Muslime Gott teilweise

---

15 Sprechakttheoretisch formuliert: Das Gelingen jedes Sprechaktes setzt die Erfüllung der Gelingensbedingungen des jeweiligen Sprechaktes voraus und der Gläubige muss bei der aufrichtigen Ausführung eines religiösen Sprechaktes die Erfüllung der entsprechenden Gelingensbedingungen unterstellen und damit die Wahrheit bestimmter Aussagen voraussetzen.

16 Zudem müssen sich Widersprüche nicht auf logische Widersprüche im strengen Sinn zwischen Aussagen beschränken, sondern es gibt auch einander ausschließende Praktiken oder Einstellungen zur Welt. Wenn ich etwa meine Gebete direkt an Jesus Christus richte, ist dies unvereinbar mit einer religiösen Praxis, in der Gebete nur an Gottvater direkt adressiert werden oder mit einer religiösen Praxis, zu der überhaupt keine formulierten Gebete gehören. Genauso ist eine religiöse Einstellung zur Welt, die von einem grundlegenden Vertrauen in die Welt geprägt ist, unvereinbar mit einer religiösen Einstellung zur Welt, die diese vor allem als Ort der Heimsuchung und des Jammers oder als Ort eines Kampfes aller gegen alle sieht. Auch eine nonkognitivistische Interpretation von Religionen würde also nicht alle Widersprüche beseitigen, sondern diese nur auf die praktische oder spirituelle Ebene beschränken.

17 Der sprachlichen Einfachheit halber setze ich im Folgenden in meinen Formulierungen die Existenz Gottes voraus, um nicht jedes Mal sprachlich auch die Möglichkeit miteinzubeziehen, dass Gott nicht existiert, was unnötig komplizierte Formulierungen notwendig machen würde.

miteinander unvereinbare Eigenschaften zusprechen, schließt nicht notwendig die Bezugnahme auf denselben Gegenstand aus.[18] Daher erscheint prima facie die Voraussetzung, dass zumindest manche Religionen sich, trotz gegenseitig widersprechender Bestimmungen Gottes, auf denselben Referenzgegenstand beziehen.[19]

Auf den Versuch pluralistischer Religionstheorien eine kognitivistisch-realistische Interpretation religiöser Sprache mit einer Ablehnung des Widerspruchsmodells zu kombinieren, kann ich aus Platzgründen nicht eingehen und begnüge mich mit der Feststellung, dass die Erfolgsaussichten gerade dieser Kombination von vielen mit guten Gründen sehr pessimistisch beurteilt werden.[20]

Im Folgenden setze ich das Widerspruchsmodell voraus (zumindest in der schwächeren Form, dass in der Religion manchmal Unterschiede Widersprüche darstellen bzw. implizieren). Meine Frage lautet, ob es trotzdem eine Möglichkeit gibt, dem Verdikt der Irrationalität religiöser Überzeugungen zu entgehen.[21]

---

18 Ein ausgewiesener Biograph von Albert Einstein, der nur wahre Überzeugungen über Einstein hat und jemand, der von Einstein keine anderen Kenntnisse hat, als dass er ihn fälschlicherweise für den Erfinder der Atombombe und einen begnadeten Violinisten hält, können sich trotz der Zuschreibung von miteinander unvereinbaren Eigenschaften zu Einstein beide auf diesen beziehen; zur Frage nach einem gemeinsamen Referenten unterschiedlicher Religionen vgl. u. a. Wiertz 2012.

19 Zudem würde im Fall des Erfolgs dieser Umgehungsstrategie das Widerspruchsproblem nur verschoben werden. Falls jeweils nur eine Religion sich auf Gott beziehen könnte, würde diese dem Anspruch aller anderen Religionen widersprechen, sich auf Gott zu beziehen und umgekehrt. Der Widerspruch würde also von der (Objekt)Ebene solcher Widersprüche wie „Gott ist Mensch geworden versus Gott ist nicht Mensch geworden" auf die (Meta)Ebene solcher Widersprüche verlagert, wie „Allein der christliche Glaube bezieht sich auf Gott" versus „Allein der muslimische Glaube bezieht sich auf Gott."

20 Ich kann auch nicht auf Versuche eingehen, mit Hilfe einer Einschränkung der Geltung des Bivalenzprinzips, dass jede Aussage entweder wahr oder falsch ist, und die Erweiterung der zwei Wahrheitswerte „wahr" und „falsch" um einen dritten Wert „unentscheidbar" bzw. des Verzichtes auf den traditionellen bivalenten Wahrheitsbegriffs zugunsten des flexibleren und kontextsensitiven Begriffs der epistemischen Rechtfertigung oder Rationalität das humeanische Argument zu entschärfen; vgl. dazu Grube 2015; in diesem Sonderband des International Journal for Philosophy and Theology findet sich auch eine ausführliche Diskussion des Vorschlags von Grube. Eine Modifikation und differenzierte Auseinandersetzung Grubes mit Kritik an seinem Vorschlag findet sich in Grube 2019.

21 Die beiden Formulierungen zeigen, dass ich im Folgenden einen generischen Rechtfertigungsbegriff verwende, der nicht explizit zwischen internalistischen und externalistischen Rechtfertigungstheorien unterscheidet. Internalistische Rechtfertigungstheorien verlangen, dass die rechtfertigenden Gründe für eine Überzeugung dem epistemischen Subjekt dieser Überzeugung kognitiv zugänglich sein müssen. Externalistische Theorien verlangen dies nicht, sondern fordern, dass die Gründe einer Überzeugung die Wahrheit dieser Überzeugung tatsächlich sehr wahrscheinlich machen. Im vorliegenden Kontext spielt diese Unterscheidung keine wesentliche Rolle, da auch in externalistische Rechtfertigungstheorien religiöse Vielfalt ein potenzielles epistemisches Problem darstellt, weil die Wahrnehmung religiöser Vielfalt die externalistische Rechtfertigung religiöser Überzeugungen zumindest prima facie entkräften kann; vgl. als Beispiel Alvin Plantingas Auseinandersetzung mit der Wahrnehmung religiöser Vielfalt als mögliches Problem für sein eigenes A/C-Modell theistischer bzw. christlicher

Ein Ansatzpunkt für eine Entgegnung auf Hume ist die Doppeldeutigkeit des Gebrauchs des Ausdrucks „epistemischer Grund“ [22] im humeanischen Argument, weil offen bleibt ob es sich tatsächlich um *gute* epistemische Gründe handelt oder um Gründe, die bloß für gut gehalten werden. Dadurch wird der Satz, dass jede Religion Gründe für ihre Wahrheit nennt, doppeldeutig. Deskriptiv verstanden besagt er, dass die Religionen etwas vorbringen, was sie für gute Gründe für ihre Wahrheit halten. Normativ verstanden besagt er, dass die Religionen Gründe für ihre Wahrheit vorbringen, die tatsächlich gut sind. Dass Religionen Argumente vorbringen, heißt aber nicht notwendig, dass es sich dabei um gute Argumente handelt. Nur wenn „Gründe“ in Satz (7) normativ verstanden wird, folgt tatsächlich Satz (8) aus (7). Wenn aber Satz (7) normativ verstanden werden muss, müssen auch die Sätze (4)–(6) normativ verstanden werden, in dem Sinn, dass es in ihnen um *gute* Gründe geht. Die Sätze (4)–(6) sind aber nur in ihrer deskriptiven Fassung offensichtlich wahr. Wenn sie normativ verstanden werden sollen, bedürfen sie zusätzlicher Begründung, die Hume in seinem Argument nicht vorlegt. Solange diese Begründung nicht geliefert wird, ist das Argument aus den konkurrierenden religiösen Wahrheitsansprüchen entweder formal ungültig (weil der Übergang von den Sätzen (4) bis (6) zu den Sätzen (7) und (8) auf einer Äquivokation von „Gründe“ beruht) oder unplausibel (weil es mindestens eine Prämisse enthält, die weder offensichtlich wahr noch ausreichend begründet ist).

Das Christentum etwa hat traditionell zur Verteidigung gegen Formen des humeanischen Arguments aus der religiösen Verschiedenheit sich diese Doppeldeutigkeit zu Nutze gemacht und auf den unterschiedlichen Wert religiöser Zeugnisse hingewiesen, also bestritten, dass alle religiösen Zeugnisse und Gründe den gleichen epistemischen Wert besitzen. Es wurde geleugnet, dass die nichtchristlichen Religionen zuverlässig religiöse Erkenntnis vermitteln. Zum Teil wurde eine solche Abwertung fremder religiöser Traditionen und Ansprüche als Bestandteil der eigenen religiösen Tradition gesehen.[23]
Aber zumindest auf den ersten Blick erscheinen wenigstens manche Angehörige anderer Religionen als uns in kognitiver und moralischer Hinsicht gleichwertig. Oder wie der britische Theologe Keith Ward aus seiner englischen Erfahrung

---

Überzeugungen (Plantinga 2000: 447–457); eine sehr gute Diskussion der epistemischen Konsequenzen religiöser Vielfalt für Plantingas Position bietet Renusch 2015; Plantingas Antwort findet sich im selben Band auf den Seiten 252 bis 254. Eine Diskussion der epistemischen Folgen religiöser Verschiedenheit für die Erfüllung unterschiedlicher epistemischer Desiderata findet sich in: Wiertz 2019.

22 Der Ausdruck „epistemisch“ bedeutet nichts anderes als „in Bezug auf oder unter dem Gesichtspunkt der Erkenntnis von Wahrheit“. Wenn ich sage, dass Peters Überzeugung, dass er sich in Trier befindet, epistemisch gerechtfertigt ist, heißt dies, dass Peter getan hat, was er tun konnte, damit er eine wahre Überzeugung in Bezug auf seinen Aufenthaltsort hat bzw. seine Überzeugung wahrscheinlich wahr ist. Epistemische Gründe einer Überzeugung sind also Gründe für die Wahrheit dieser Überzeugung.

23 Vgl. dazu Di Noia 1995: 117–132.

schreibt: „Viele von uns treffen Buddhisten, Hindus, Muslime und Sikhs im alltäglichen Leben. Sie erscheinen uns als genauso vernünftig, intelligent, moralisch und fromm wie wir selbst.“[24] Angesichts dieser alltäglichen Erfahrungen und religionswissenschaftlicher Erkenntnisse erscheint die traditionelle Verteidigungsstrategie als wenig überzeugend. Dann stellt sich aber die Frage nach den epistemischen Auswirkungen der Tatsache, dass Menschen, die auf den ersten Blick in moralisch-spiritueller und kognitiver Hinsicht als gleichermaßen kompetent erscheinen, religiöse Überzeugungen haben, die miteinander unvereinbar sind.[25] Diese Frage ist ein Spezialfall der Diskussion um das erkenntnistheoretische Problem des sogenannten „Peer Disagreement“, die sich in den letzten zwanzig Jahren in der analytischen sozialen Erkenntnistheorie entwickelt hat und die im folgenden Teil behandelt wird.

II

Bei einem Peer Disagreement handelt es sich um eine Meinungsverschiedenheit, einen Dissens zwischen Menschen, die in epistemisch relevanten Aspekten gleich kompetent sind.[26] Zwei Personen sind genau dann Peers in Bezug auf eine bestimmte Frage, wenn sie in Bezug auf die Kenntnis des relevanten Beweismaterials und der relevanten Argumente und in Bezug auf die relevanten kognitiven Fähigkeiten sich nicht deutlich unterscheiden,[27] sondern als epistemisch gleichermaßen zuverlässig gelten können. Mit anderen Worten: Bei

---

[24] Ward 2009: 59. Die von Ward geschilderte Erfahrung *kann* dazu führen, dass „viele konkurrierende religiöse Ansprüche“, die uns umgeben, als „lebendige Optionen“ erfahren werden, wie es William James ausdrücken würde, d. h. als ernsthafte alternative Möglichkeiten, sein religiöses Leben zu führen.

[25] Auch wenn es sich bei den Argumenten nichtchristlicher Religionen für ihre mit dem christlichen Glaubensbekenntnis unvereinbare Lehren um gute Argumente handeln sollte, heißt dies nicht notwendig, dass es nicht bessere Argumente für das christliche Glaubensbekenntnis gibt. Dass viele Argumente gegen eine Position P formuliert werden können, heißt nicht notwendig, dass P schlecht begründet und die Überzeugung von der Wahrheit von P irrational ist. Dass die Gründe für das christliche bzw. allgemein das theistische Glaubensbekenntnis tatsächlich besser sind als die für nichtchristliche bzw. nichttheistische Glaubensbekenntnisse, wurde allerdings nicht gezeigt und die Möglichkeit, dass dies nicht so ist bzw. sich nicht deutlich zeigen lässt, kann nicht ohne Weiteres ausgeschlossen werden. Jedenfalls gehe ich im Folgenden von dieser Möglichkeit aus.

[26] Dabei setze ich wenigstens ein Mindestmaß an epistemisch-kognitiver Kompetenz voraus, wenn es sich um einen wirklichen Peer-Dissens handeln soll.

[27] Vgl. Kelly 2005: 174; J. Lackey nennt drei jeweils notwendige und zusammengenommen hinreichenden Bedingungen dafür, dass zwei Personen mit unterschiedlichen Meinungen zu p sich in einer Situation des Peer-Dissenses über p befinden: evidential equality, cognitive equality und full disclosure; siehe Lackey 2010: 302f.

Peers ist die Wahrscheinlichkeit, dass sie bei denjenigen Fragen, in Bezug auf die sie Peers sind, zu wahrer Erkenntnis gelangen, hoch und zwar gleich hoch.[28]

Bei einem Peer-Dissens ist es hilfreich, zwei zeitliche Abschnitte zu unterscheiden: Phase 1 vor der Aufdeckung des Dissenses und Phase 2 nach dessen Offenbarwerdung. In Phase 1, vor dem Offenbarwerden, kennen beide Peers (im Großen und Ganzen) das gleiche relevante Beweismaterial, haben sich (soweit als möglich) gegenseitig auch das ihnen vorliegende relevante Beweismaterial und die relevanten Gründe und Überlegungen mitgeteilt und haben dieselben kognitiven Fähigkeiten. In Phase 1 schätzen sich beide in der relevanten Frage als Peers ein und erwarten daher, dass sie in der Antwort auf sie miteinander übereinstimmen. In Phase 2 wissen allerdings beide, dass sie auf die relevante Frage miteinander unvereinbare Antworten geben. Peer 1 etwa hält den Menschen für frei, während Peer 2 den Menschen für (im selben Sinn von Freiheit) unfrei hält.

Im Zusammenhang mit Peer-Dissens stellen sich vor allem zwei erkenntnistheoretische Fragen:

1. Ist ein rationaler Peer-Dissens möglich? Ist es möglich, dass zwei Peers rationalerweise miteinander unvereinbare Überzeugungen haben oder kann höchstens einer von ihnen in seiner Überzeugung rational sein? Diese Frage bezieht sich bereits auf Phase 1.
2. Welche Folgen hat die Feststellung, dass man sich mit einer bestimmten Überzeugung im Dissens mit einem Peer befindet für die Rationalität dieser Überzeugung, oder allgemeiner: Wie sollte ich epistemisch auf das Offenbarwerden des Peer-Dissenses reagieren?[29] Diese Frage bezieht sich allein auf Phase 2.[30]

Trivialerweise gibt es für diese zweite Frage zwei prinzipielle Antwortmöglichkeiten: Am epistemischen Status der Überzeugung ändert sich nichts oder es ändert sich irgendetwas und entsprechend können die Peers nach der Aufdeckung des Dissenses rational auf ihrer Meinung beharren oder sollten in irgendeiner Form der Erkenntnis des Dissenses nachgeben, also ihre Meinung verändern. Entsprechend lassen sich bei den philosophischen Antworten grob zwei verschiedene Positionen unterscheiden, die ich als „Konformismus“ für die

[28] Zur Kategorie des qualifizierten epistemischen Peers siehe Matheson 2015: 24.

[29] Auch wenn diese Formulierung wie auch weitere im Folgenden es nahelegen könnte, wird kein doxastischer Voluntarismus vorausgesetzt, nach dem wir willentlich unsere Überzeugungen direkt verändern können, sondern es wird nur angenommen, dass wir indirekt und über einen längeren Zeitraum hinweg einen Einfluss auf unsere Überzeugungen haben.

[30] Mit der zweiten Frage hängt die weitere Frage zusammen, welche Gründe bei der Entscheidung für die richtige epistemische Reaktion auf die Offenbarung des Peer-Dissenses eine Rolle spielen dürfen; siehe Christensen / Lackey 2013: 2.

Position des Nachgebens und als „Nonkonformismus“ für die Position der Beharrlichkeit bezeichnen möchte.[31]

Der Nonkonformismus behauptet, dass man auch nach dem Offenbarwerden eines vermutlichen Peer-Dissenses epistemisch gerechtfertigt ist bzw. sein kann, unverändert an der eigenen Meinung festzuhalten und man auch nicht die Gewissheit der Meinung reduzieren muss.

Der Konformist dagegen vertritt die Auffassung, dass das Offenbarwerden eines vermutlichen Peer-Dissenses zu einer Änderung der Überzeugungen führen muss. Je nach Version des Konformismus wird Urteilsenthaltung oder zumindest Reduzierung der Gewissheit gefordert. Ich bezeichne diese beiden Versionen des Konformismus als „Enthaltungs-Konformismus“ bzw. als „Abschwächungs-Konformismus“.

Die Positionen des Nonkonformismus und des Konformismus sollen an einem bekannten Beispiel erläutert werden.

Peter und Alia sind gemeinsam ausgegangen und haben verabredet, die Restaurantrechnung zu teilen und genauso die zehn Prozent Trinkgeld, die sie der Bedienung geben wollen. Peter schätzt Alia als genauso kompetente Kopfrechnerin ein, wie sich selbst. Die beiden erhalten die Rechnung und rechnen im Kopf ihren Anteil aus. Peter kommt auf 42 Euro; Alia allerdings auf 44 Euro.[32] Was sollen Peter und Alia tun, nachdem sie ihren Dissens festgestellt haben? Der Nonkonformist behauptet, dass Peter und Alia auch nach der Aufdeckung des Dissenses an ihren jeweiligen Überzeugungen festhalten können bzw. sollen. Sie haben beide mehrfach im Kopf nachgerechnet und wissen, dass sie bei solchen Beträgen zuverlässige Kopfrechner sind.

Der Konformist dagegen argumentiert, dass wenn Alia und Peter zu unterschiedlichen Ergebnissen kommen, mindestens einer von ihnen einen Fehler gemacht haben muss und da die beiden sich als gleichermaßen kompetente Kopfrechner einschätzen, haben sie keinen Grund, der eigenen Meinung höhere epistemische Zuverlässigkeit oder Gewissheit zuzuschreiben. Daher befinden sich Peter und Alia in einem Dilemma. Sie können nicht rational entscheiden, welches Ergebnis richtig ist und müssen daher die Konsequenz ziehen und sich des Urteils enthalten (Enthaltungskonformismus) bzw. müssen sie beide die Gewissheit ihrer Überzeugungen aneinander anpassen, d. h. sie werden die Gewissheit ihrer jeweiligen Überzeugung, dass ihr Anteil 42 Euro bzw. 44 Euro beträgt, reduzieren (Abschwächungskonformismus).

Die Positionen des Konformismus und Nonkonformismus lassen sich auch auf religiöse Dissense übertragen: Peter ist Philosophieprofessor und überzeugter Christ eher konservativer Prägung und hält zentrale christliche Lehren, wie die von der Dreifaltigkeit Gottes für wahr. Peter entdeckt, dass seine

---

31 Anita Renusch verwendet die Ausdrücke „Konziliantismus“ und „Persistenzialismus“ als aus dem Englischen entlehnte Bezeichnungen für die beiden Positionen; vgl. Renusch 2014: Kap. 8. Meine Terminologie orientiert sich an Jennifer Lackey.

32 Das Beispiel der Restaurantrechnung stammt von David Christensen; Christensen 2007: 193.

fachlich und menschlich hochgeschätzte Kollegin Alia überzeugte Muslima ist und daher zentrale christliche Lehren, wie die der Dreifaltigkeit Gottes, für falsch hält. Bis zur Aufdeckung dieses Dissenses hat Peter Alia als Peer auch in metaphysisch-weltanschaulichen Fragen eingeschätzt. Sie kennt alle wesentlichen Argumente für und gegen das christliche Glaubensbekenntnis, genauso wie er, Peter, alle wesentlichen Argumente für und gegen das christliche Glaubensbekenntnis kennt. Peter hat also allen Grund, Alia als Peer auch in Bezug auf die Wahrheit des christlichen Glaubensbekenntnisses anzuerkennen.

Der Nonkonformist argumentiert, dass weder Peter noch Alia auf Grund des aufgedeckten Peer-Dissenses etwas an ihren religiösen Überzeugungen ändern müssen. Ihre Gründe für ihre jeweiligen Glaubenspositionen haben sich durch die Aufdeckung des Dissenses nicht geändert und diese Gründe haben vor der Aufdeckung des Dissenses für einen rationalen Glauben an das jeweilige Glaubensbekenntnis gereicht.

Der Konformist dagegen argumentiert, dass Peters und Alias ursprüngliche Glaubensüberzeugungen nach der Aufdeckung des Dissenses nicht mehr länger epistemisch gerechtfertigt sind, weil die beiden jetzt Grund zur Annahme haben, dass sie das ihnen vorliegende Begründungsmaterial falsch eingeschätzt haben. Der Peer-Dissens zeige, dass ein gleichermaßen kompetentes Erkenntnissubjekt auf der Basis des gleichen Beweismaterials zu anderen Schlussfolgerungen kommt. Genauso wie man berechtigterweise die Zuverlässigkeit von zwei Thermometern anzweifle, wenn diese in derselben Umgebung unterschiedliche Temperaturen anzeigen,[33] sorge der Peer-Dissens für Zweifel an der epistemischen Zuverlässigkeit von Peter und Alia in Sachen Religion.[34] Da Peter in unserem Beispiel keinen Grund habe, sich für kompetenter als Alia zu halten, müsse er gleichermaßen mit der Möglichkeit rechnen, sich getäuscht zu haben, wie dass Alia sich getäuscht hat. Entsprechendes gilt für Alia. Daher könnten die beiden in konformistischer Perspektive nach der Aufdeckung des Dissenses um den Preis der Irrationalität nicht einfach an ihren Überzeugungen festhalten.

Sowohl Konformismus als auch Nonkonformismus wirken auf den ersten Blick plausibel. Sie können aber nicht beide richtig sein. Im Folgenden soll daher genauer auf einige Argumente und Probleme der beiden Positionen geschaut werden.[35] Ich beginne mit der Position des Nonkonformismus.

Vor allem zwei Überlegungen werden für den Nonkonformismus angeführt: Erstens komme wirkliche epistemische Gleichrangigkeit gar nicht häufig vor. Im

---

33 Zur Thermometeranalogie siehe Feldman 2006: 232.

34 „[R]eliable methods of inquiry must tend to produce agreement." (Christensen 2009: 757)

35 Dass die folgenden knappen Ausführungen nicht der umfangreichen und komplexen Diskussion um die epistemische Bedeutung des Peer-Dissenses gerecht werden können, ist offensichtlich. Sie können aber Hinweise auf wichtige Gesichtspunkte bei der Beurteilung der epistemischen Auswirkungen religiöser Verschiedenheit auf die Rationalität religiöser Überzeugungen vor dem Hintergrund der epistemologischen Diskussion um Peer-Dissens geben.

Einzelfall habe man nur selten Grund zu der Annahme, es mit einer epistemisch ebenbürtigen Person zu tun zu haben. Die konformistische Haltung mag zwar im Fall wirklicher epistemischer Gleichrangigkeit angezeigt sein, aber dieser Fall tritt so gut wie nie ein. In dieser Überlegung geht es nicht in erster Linie um die richtige Reaktion auf einen offenbaren Peer-Dissens, sondern darum, dass wirkliche Fälle von aufgedecktem Peer-Dissens so selten sind, dass sie im Alltag epistemisch keine Rolle spielen.

Es stimmt, dass die Konzeption eines Peer-Dissenses sehr idealisiert ist und es fraglich erscheinen kann, ob es in der Praxis allzu viele Fälle von Peer-Dissens gibt. Aber erstens lassen sich die Bedingungen für Peer-Dissens soweit lockern, dass nicht eine genaue Gleichheit in allen epistemischen Faktoren gefordert wird, sondern ein Fall von Peer-Dissens dann vorliegt, wenn man gute Gründe für die Annahme hat, dass die Wahrscheinlichkeit, dass ich Recht und der andere Unrecht hat, nicht höher ist, als dass der andere Recht und ich Unrecht habe.[36]

Vor allem spricht, vor allen konkreten Anhaltspunkten, eine grundsätzliche Überlegung dafür, andere (vorläufig) als Peer anzusehen. In meinen alltäglichen Bemühungen um Wahrheitserkenntnis genauso wie in der erkenntnistheoretischen Reflexion auf diese Bemühungen, muss ich ein Mindestmaß an epistemischem Selbstvertrauen aufweisen. Ich muss davon ausgehen, dass ich wenigstens prinzipiell in der Lage bin, die Wirklichkeit angemessen zu erkennen. Ohne ein prinzipielles Vertrauen in meine kognitiven Fähigkeiten komme ich mit meinem Vorhaben der Gewinnung wahrer und der Vermeidung falscher Überzeugungen nicht weiter. Dieses Selbstvertrauen setzt die Überzeugung von der prinzipiellen epistemischen Zuverlässigkeit des eigenen Erkenntnisapparats, der eigenen kognitiven Fähigkeiten voraus.

Wenn ich allerdings solches epistemisches Selbstvertrauen besitze, stellt sich die Frage, wieso ich anderen epistemischen Subjekten die grundsätzliche Zuverlässigkeit ihrer kognitiven Ausstattung absprechen sollte. Wenn ich keinen guten Grund dafür besitze, andere anders als mich zu bewerten, muss ich ihnen bei Strafe der Irrationalität grundsätzliche kognitive Zuverlässigkeit zusprechen.[37] Wenn ich meine Mitmenschen als auf den ersten Blick gleichermaßen epistemisch zuverlässig anzusehen habe, ist es ein Verstoß gegen meine Pflicht zur Ausrichtung meiner Erkenntnispraxis am Ziel der Wahrheit, wenn ich die Überzeugungen anderer epistemischer Subjekte nicht berücksichtige, sei es, dass ich mich auf sie als mögliche Quelle von Erkenntnissen verlasse oder im Fall von Dissens als mögliches Korrektiv eigener Überzeugungen ernst nehme.

---

36 Adam Elga bestimmt epistemische Peers als solche, bei denen im Fall eines Dissenses die Möglichkeit eines Irrtums gleichwahrscheinlich ist (Elga 2007: 487).

37 Gleiches ungleich zu behandeln/bewerten verstößt gegen das grundlegende Rationalitätsprinzip der Gleichbehandlung/-bewertung von Gleichem. Die Irrationalität meiner Ungleichbehandlung/-bewertung von Gleichem ergibt sich aus der Grundlosigkeit meines Handelns bzw. Wertens, die daher zufällig und willkürlich sein müssen. Allerdings bleibt offen, was als relevante Gleichheit/Ungleichheit bzw. Gleich-/Ungleichbehandlung zählt.

Mit anderen Worten: Es spricht einiges dafür, dass meine Ausgangsposition in der epistemischen Einschätzung anderer die Annahme ist, dass es sich um Peers handelt, und ich positive Gründe gegen diese Annahme benötige, um andere rationalerweise als Nichtpeers zu behandeln.[38] Auf der anderen Seite sind Dissense eine alltägliche Realität. Durch die Kombination dieser beiden Überlegungen scheint die Ausgangswahrscheinlichkeit, dass Fälle von Peer-Dissens vorliegen, weitaus höher zu sein, als das erste nonkonformistische Argument annimmt.[39]

Die zweite Strategie zur Verteidigung des Nonkonformismus anerkennt die Realität von Peer-Dissens, bestreitet aber, dass die nonkonformistische Haltung in solchen Fällen irrational sein muss. Ich mag zwar oft Grund dazu haben, andere als epistemisch gleichrangig anzuerkennen, aber das beeinträchtigt nicht notwendig die Rationalität meiner Überzeugungen im Fall eines Dissenses. Epistemische Ebenbürtigkeit hat dieser Ansicht zufolge nicht die Bedeutsamkeit, die ihr vom Konformismus zugeschrieben wird.

Unter anderem werden zwei Überlegungen für diese Ansicht angeführt.[40] Peter van Inwagen argumentiert, dass die konformistische Deutung von Dissensen voraussetzt, dass die beteiligten Parteien ihre jeweiligen Gründe vollständig offenlegen können.[41] Diese Voraussetzung ist aber problematisch, da es nichtkommunizierbare Gründe gibt. Van Inwagen hat mit dieser Feststellung sicherlich Recht. Allerdings muss ich die Existenz solcher Gründe auch für die entgegengesetzte Position annehmen, so dass wieder ein epistemisches Patt zwischen beiden Parteien herrscht, das eine rationale Bevorzugung der eigenen Person verhindert. Darauf könnte der strikte Nonkonformist allerdings folgendermaßen antworten: Angenommen, dass Peter und Alia das Beweismaterial äußerst divergent einschätzen und ihren miteinander unvereinbaren Positionen einen jeweils sehr hohen Grad an epistemischer Gewissheit zuschreiben und der entgegengesetzten Position einen äußerst geringen Grad an epistemischer Gewissheit, stellt sich die Frage, wie etwa Peter, der vor dem Offenbarwerden des Dissenses Alia als Peer eingeschätzt hat, auf die Erkenntnis reagieren soll, dass Alia das Beweismaterial völlig entgegengesetzt einschätzt, obwohl sie beide sehr viel Sorgfalt auf die Einschätzung des Beweismaterials verwendet haben. Legt sich nicht für Peter der Verdacht nahe, dass gar kein Peer-Dissens im strengen Sinn vorliegt, da Alia gegen den ersten Anschein in dieser Frage kein Peer ist, da sie wider Erwarten in der Beurteilung des Beweismaterials deutlich

---

38 L. Zagzebski bezeichnet dieses Prinzip als „principle of epistemic trust in others: In any case in which, by believing in a way I trust in myself, I am led to believe that others have the same property I trust in myself [...], I have a prima facie reason to trust them as much as I trust myself." (Zagzebski 2012: 68)

39 Damit soll nicht von vornherein ausgeschlossen werden, dass die Aufdeckung eines Dissenses mit Person B eventuell einen guten Grund darstellen kann, B den Status eines Peers in der strittigen Frage abzusprechen.

40 Zum Folgenden vgl. u. a. Renusch 2014: Kap. 8.

41 Vgl. Inwagen 2010.

weniger kompetent ist als er?[42] Peter würde dann den Schluss ziehen, dass der Dissens zwischen ihm und Alia keine (wesentliche) epistemische Veränderung auf seiner Seite erfordert, sondern er seine Überzeugung unverändert beibehalten kann.

Es soll hier nicht auf die grundsätzliche epistemische Legitimität solcher Überlegungen eingegangen werden, sondern nur gefragt werden, ob dies ein erfolgversprechender Weg für die Auflösung von religiösen Dissensen ist. Kann etwa eine Muslima, die sich mit ihrem christlichen Freund in einem erkannten religiösen Dissens befindet, aus der Wahrheit ihres Glaubensbekenntnisses und der Unvereinbarkeit des vollständigen christliche Glaubensbekenntnis mit dem vollständigen muslimischen Glaubensbekenntnis schließen, dass das christliche Glaubensbekenntnis falsch ist und der scheinbare christliche Peer irgendeinen Fehler gemacht haben muss, daher in dieser Frage nicht mehr als Peer gelten kann und daher der muslimische Peer dem Dissens über das muslimische Glaubensbekenntnis unter epistemischer Rücksicht keine Beachtung schenken muss?

Das Problem an einer solchen Überlegung besteht darin, dass in religiösen Angelegenheiten der einzelne Gläubige psychisch fest davon überzeugt sein mag, dass sein Glaubensbekenntnis wahr ist, aber zumindest unter den gegenwärtigen Bedingungen der Versuch, diese Gewissheit im gleichen Maß epistemisch zu rechtfertigen schwierig ist. Auch unter denjenigen, die davon ausgehen, dass sich die Wahrheit eines religiösen Glaubensbekenntnisses argumentativ nachweisen lässt, nimmt die Mehrheit an, dass man in dieser Frage nur zu Wahrscheinlichkeitsurteilen und zu keiner annähernd absoluten Gewissheit kommt. Die Wahrheit religiöser Überzeugungen erscheint für den Großteil zumindest intellektueller Gläubiger epistemisch alles andere als absolut gewiss.[43] Wenn dies der Fall ist, und mir scheint dies als deskriptive Aussage über die Mehrheitsmeinung derjenigen, die sich als religiöse Peers anerkennen,

---

42 Diese Überlegung ist weniger merkwürdig als sie auf den ersten Blick scheinen mag. Nehmen wir als Beispiel eine Schlussfolgerung, in der aus den Prämissen P1, P2 und P3 in deduktiv gültiger Weise auf die Konklusion K geschlossen wird. Ich weiß, dass K falsch ist. Da ich ebenfalls weiß, dass die Schlussfolgerung von P1, P2 und P3 auf K formal gültig ist, weiß ich daher auch, dass mindestens eine der drei Prämissen falsch sein muss. Allerdings kann ich nicht angeben, welche. Trotzdem bin ich zu der Aussage berechtigt, dass sich die Situation, in der P1, P2 und P3 als Prämissen fungieren, von der Art von Situation unterscheidet, in der ausschließlich wahre Aussagen als Prämissen verwendet werden, obwohl ich nicht angeben kann, worin genau der Unterschied besteht, d. h. welche der drei Prämissen falsch ist/sind. Übertragen auf den Fall von Alia und Peter würde dies bedeuten, dass Peter aus der Überzeugung, dass seine Position richtig ist, nicht nur schließen kann, dass Alias Position falsch ist, sondern auch darauf, dass Alia bei der Beurteilung des Beweismaterials einen Fehler gemacht haben muss und daher nicht mehr als Peer gelten kann.

43 Von der epistemischen Gewissheit einer Überzeugung, die von der Stärke der epistemischen Gründe für und der Schwäche der epistemischen Gründe gegen sie abhängt, ist die psychische Gewissheit einer Überzeugung zu unterscheiden, welche in der Gewissheit besteht, mit der das epistemische Subjekt seine Überzeugung für wahr hält.

zutreffend, kann der religiöse Gläubige nicht so einfach das Problem des religiösen Dissenses lösen.[44]

Wenn es nicht offensichtlich ist, dass mein tatsächlicher oder vermeintlicher Peer mit seiner Überzeugung, dass nicht-p, die meiner Überzeugung, dass p, entgegensteht, nicht vertrauenswürdig ist, kann ich nicht davon ausgehen, dass ich mich in einer gegenüber meinem Peer epistemisch besseren Position befinde. Wenn sich mein Peer und ich nicht einig darüber sind, was aus unseren sonstigen relevanten Erkenntnissen (im Fall der Religion letztlich aus der Erkenntnis der Beschaffenheit der ganzen Wirklichkeit) für die Wahrheit der Aussage, dass p, folgt, scheint es schwierig zu sein, auf der Basis des vorliegenden Beweismaterials zu epistemisch zuverlässigen Schlussfolgerungen zu kommen. Dies sollte uns skeptischer in Bezug auf die Zuverlässigkeit unserer Schlussfolgerungen auf p oder nicht-p machen und zu einer Reduktion der Gewissheit der Überzeugung, dass p, genauso wie der Überzeugung, dass nicht-p, führen, weil die Entdeckung des Peer-Dissenses prima facie für die Schwierigkeit spricht, das relevante Beweismaterial in Bezug auf die Wahrheit der Überzeugung, dass p, bzw. dass nicht-p, korrekt einzuschätzen.[45] Dies wird im Fall von religiösem Peer-Dissens zusätzlich durch die Einsicht der großen Religionen gestützt, dass unsere Erkenntnisfähigkeiten an ihre Grenzen geraten, wenn ihr Gegenstand Gott bzw. ein göttliches Prinzip ist. Diese religiöse Einsicht stützt bereits unabhängig von Peer-Dissens eine gewisse (nicht eine schlechthinnige) Skepsis gegenüber der menschlichen Fähigkeit zu einer wirklich zuverlässigen detaillierten Erkenntnis Gottes, die durch die Aufdeckung von Peer-Dissens noch weiter bestärkt wird.[46]

Der Konformist übersehe allerdings, so der zweite wichtige nonkonformistische Grund, die Bedeutung der Perspektive der ersten Person und behandle die Beteiligten in einem Dissens wie Thermometer, die unterschiedliche Temperaturen anzeigen und bei denen wir nicht sagen könnten, welches richtig funktioniere und welches nicht. In einem Dissens haben die Beteiligten jedoch nicht die Möglichkeit, den Dissens aus der Perspektive der dritten Person zu

44 Vertreter der sogenannten Reformierten Epistemologie könnten einwenden, dass die Möglichkeit berechtigter Basalität religiöser Überzeugungen übersehen wird. Allerdings muss die berechtigte Basalität einer Überzeugung nicht notwendig mit einem hohen epistemischen Gewissheitsgrad einhergehen (ganz abgesehen von der Frage, ob religiöse Überzeugungen tatsächlich berechtigt basal sind).

45 Vgl. Thune 2010: 367.

46 Ein Peer-Dissens etwa innerhalb der Familie der monotheistischen Religionen bezieht sich nicht auf generelle religiöse Aussagen, wie etwa, dass Gott existiert oder dass er allmächtig ist, die zwischen den monotheistischen Religionen prinzipiell unstrittig sind, sondern auf detailliertere Aussagen, wie etwa, dass Gott dreifaltig ist. Wenn allerdings ein religiöser Gläubiger diese Erkenntnisschwierigkeiten in Bezug auf genauere Aussagen über Gott von vornherein im Gewissheitsgrad seiner religiösen Überzeugungen berücksichtigt hat, ändert die Aufdeckung eines Peer-Dissenses *in dieser Hinsicht* am Gewissheitsgrad seiner religiösen Überzeugungen nicht mehr viel, da die eigene kognitive Begrenztheit und Fehlbarkeit in Bezug auf Gott dem Gläubigen nicht erst durch den Peer-Dissens bewusst werden.

betrachten, sondern sie sind unweigerlich auf die Perspektive der ersten Person festgelegt. Eine „unparteiisch-neutrale" Abwägung der jeweiligen Gründe ist unmöglich, da ich meine Gründe eben anders bewerte als die Gründe der anderen Person.[47]

Sicher ist der Hinweis auf die epistemische Bedeutung der erstpersonalen Perspektive sehr wichtig, aber es ist ein Zeichen von Rationalität, dass wir diese Perspektive auch immer wieder zu erweitern oder übersteigen suchen, indem wir uns selbst wie von außen betrachten, also die Perspektive der dritten Person auf uns selbst einnehmen (bzw. einzunehmen versuchen). Die Fähigkeit dazu ist eine wesentliche Bedingung nicht nur von Rationalität, sondern auch unserer Autonomie – wir sind Traditionen, Gewohnheiten oder persönlichen Eigenarten, die unsere Überzeugungen und epistemischen Praxis prägen, nicht einfach hilflos ausgeliefert, sondern wir können uns von ihnen, wie unvollkommen auch immer, distanzieren.

Ein harter Nonkonformismus, der grundsätzlich Fällen von Peer-Dissens überhaupt keine Auswirkungen auf die eigenen Überzeugungen zuschreibt, scheint also keine überzeugende Antwort auf das humeanische Argument zu geben. Damit komme ich zum Konformismus.

Unter den konformistischen Positionen stellt der Enthaltungskonformismus die größte Herausforderung für die Rationalität religiöser Überzeugungen in der Situation religiöser Vielfalt dar.[48] So kritisiert etwa Richard Feldman die weitverbreitete Ansicht, darin übereinzukommen, in religiösen Fragen nicht übereinzustimmen und davon auszugehen, dass auch rationale Menschen über religiöse Fragen uneinig sein können. Feldman dagegen argumentiert, dass rationaler Dissens unter Peers nach Offenlegung aller ihrer Gründe nicht möglich ist. Genauso wenig kann ein Peer nach der Offenbarung des Peer-Dissenses und der Offenlegung aller Gründe rational an seiner ursprünglichen Überzeugung festhalten (und dabei den anderen Peer, der ebenso an seiner ursprünglichen Überzeugung festhält, auch für rational halten).[49] Die Situation des religiösen Peer-Dissenses mache eine agnostische Haltung rational unvermeidbar.

---

47 Enoch 2011.

48 Feldman 2007. Feldman benutzt ‚reasonable' statt ‚rational' als normative epistemische Kategorie, aber zugunsten einfacherer Formulierungen gebe ich ‚reasonable' nicht mit ‚vernünftig', sondern mit ‚rational' wieder. Aber Feldman scheint ‚reasonable' und ‚rational' nicht strikt zu trennen; siehe etwa Feldman 2007: 206: „The different starting points help support the existence of *reasonable* disagreements only if each side can *reasonably* maintain ist starting point ... only if people can think that their own starting point is *reasonable* and that different and incompatible starting points are *reasonable* as well. ... Once you see that there are these alternative starting points, you need a *reason* to prefer one over the other.... But it doesn't yield *rational* belief." (Kursivierung OJW).

49 Feldman konzentriert sich auf den Dissens zwischen Atheisten und Theisten, aber sein Argument lässt sich leicht auf den Dissens zwischen Anhängern verschiedener religiöser Traditionen übertragen.

Nach Feldman ist eine Überzeugung nur dann rational, wenn hinreichende Gründe in angemessener Weise für ihre Wahrheit sprechen, d. h. wenn die Überzeugung durch adäquates Beweismaterial gestützt ist.[50] Er geht dabei von drei klar abgegrenzten möglichen Überzeugungszuständen aus: überzeugt zu sein, dass etwas der Fall ist; überzeugt zu sein, dass etwas nicht der Fall ist und drittens, nicht überzeugt zu sein, sondern sich des Urteils zu enthalten.

Eine wichtige Grundlage seiner Argumentation gegen die Möglichkeit eines rationalen Peer-Dissenses und für das epistemische Gebot der Urteilsenthaltung in Fällen offenbaren Peer-Dissenses ist das sogenannte *Einzigkeitsprinzip* (uniqueness).[51] Dieses besagt, dass ein bestimmtes Beweismaterial für jede mögliche Aussage genau einen der drei möglichen Überzeugungszustände rechtfertigt. Das in einem Gerichtsprozess präsentierte Beweismaterial etwa erlaubt nur *eine* rationale Überzeugung über die Schuld des Angeklagten. Wenn ein Richtergremium sich uneinig ist und Richter A den Angeklagten für schuldig hält und Richter B den Angeklagten für unschuldig hält, kann höchstens eine dieser Überzeugungen rational sein.

Wenn nach dem Einzigkeitsprinzip ein bestimmtes Beweismaterial nur eine einzige epistemische Stellungnahme rational macht, kann es in Fällen, in denen zwei Personen dasselbe Beweismaterial vorliegt und die Personen auf dieser Basis unterschiedliche Überzeugungen bilden, nicht sein, dass beide Personen eine rationale Überzeugung haben. Mindestens eine der Überzeugungen kann nicht rational sein und muss deswegen aufgegeben werden.[52]
Dies gilt auch für den Fall, dass ein Teil des Beweismaterials den Peers nicht gleichermaßen zugänglich ist oder ein Peer Beweismaterial hat, das er mit dem anderen nicht teilen kann (etwa private Erfahrungen). Dieser Fall ist gerade für das Thema religiöser Verschiedenheit relevant, denn oft wird Religion in

---

50 Feldman 2007: 203. Es geht ihm nicht um die praktische Rationalität bestimmter Formen religiösen Verhaltens, sondern allein um die epistemische Rationalität religiöser Überzeugungen.

51 Feldmann 2007: 205.

52 Feldman 2007: 206. Auch in dem Fall, dass die Peers dasselbe Beweismaterial auf Grund rationaler aber verschiedener epistemischer Prinzipien oder metaphysischer Annahmen unterschiedlich bewerten sollten, habe man keinen rationalen Dissens, da sich die Probleme eines rationalen Dissenses nur eine Stufe weiterverschieben; denn nun stellt sich die Frage, welche Bewertung des Beweismaterials die richtige ist. Feldman sieht keine Möglichkeit, wie man seine eigenen Prinzipien für vernünftig halten kann und damit unvereinbare Prinzipien ebenfalls für vernünftig halten kann. Daher gebe es auch im Fall unterschiedlicher Prinzipien zur Bewertung des Beweismaterials keine Möglichkeit eines rationalen Peer-Dissenses. Wenn etwa drei Richter auf Grund unterschiedlicher Prinzipien das vorliegende Beweismaterial unterschiedlich bewerteten und daher zu unterschiedlichen Meinungen über die Schuld des Angeklagten kämen, stelle sich die Frage nach den Gründen der Richter für ihre jeweiligen Prinzipien. In einem idealen Fall von Peer-Dissens würden diese Gründe von den Beteiligten offengelegt und diskutiert werden, um herauszubekommen, für welches der konkurrierenden Prinzipien die besseren Gründe sprechen. Falls sich herausstelle, dass keiner der Richter bessere Gründe für sein jeweiliges Prinzip habe, sollten alle sich des Urteils über die jeweiligen Prinzipien und damit auch über die Beurteilung des Beweismaterials enthalten.

Zusammenhang mit sehr individuellen privaten Erfahrungen gebracht. Allerdings rechtfertigt auch die Existenz solchen privaten Beweismaterials laut Feldman nicht die Möglichkeit eines rationalen Peer-Dissenses, denn als Peer weiß der eine auch von des Anderen privater Erfahrung und deren Beweisstärke. Dass die eigenen Erfahrungen eben die eigenen sind, d. h. „happens to occur inside of him" (208) rechtfertigt nicht, diesen Erfahrungen einen besonderen Status zuzulegen. Auch wenn ich den genauen Inhalt des privaten Beweismaterials meines Peers nicht kenne, habe ich doch genügend Beweismaterial für die Annahme, dass auch der andere privates Beweismaterial für seine Position hat.

Dies läuft auf eine Unabhängigkeits- bzw. Neutralitätsthese heraus: Als relevantes Beweismaterial oder als Grund wird nur das zugelassen, was von jedem der am Dissens Beteiligten als guter relevanter Grund oder gutes relevantes Beweismaterial anerkannt wird. Es gibt kein relevantes privates Beweismaterial und keine subjektiven, sondern nur streng intersubjektive, dialektische Gründe.[53]

Was bedeutet es für den epistemischen Status von Überzeugungen, die Gegenstand eines erkannten Peer-Dissenses sind, wenn es keinen rationalen Peer-Dissens gibt? Nach der strengen Lesart ist in einem Peer-Dissens nur einer der Beteiligten rational in seiner Überzeugung und der andere ist unvernünftig.[54] Diese strenge Linie gilt für manche, aber nicht für alle Fälle von Peer-Dissens, meint Feldman. Er offeriert eine leicht skeptische Alternative: Urteilsenthaltung ist geboten, wenn keiner der beiden Peers herausfinden kann, ob er wirklich dem anderen überlegen ist bzw. der andere einen Fehler gemacht hat. Daher sind die beiden Peers zum Kompromiss gezwungen, indem sich beide des Urteils enthalten. Feldman scheint anzunehmen, dass es genügend Fälle religiösen Dissenses gibt, die zur zweiten Gruppe gehören und daher Urteilsenthaltung erfordern.

Feldmans Konklusion, dass erkannter Peer-Dissens zu einer Urteilsenthaltung führen muss, zwingt auf jeden Fall den Gläubigen zur Aufgabe seiner religiösen Überzeugungen, was mehr oder weniger auf Humes Schlussfolgerung hinausläuft. Angesichts der umfassenden und tiefgreifenden religiösen Verschiedenheit wären die Gläubigen bei Strafe der Irrationalität zur mehr oder weniger vollständigen Enthaltungen von allen substanziellen religiösen Überzeugungen gezwungen.[55]

Allerdings wendet Feldman gegen eine solche Schlussfolgerung ein, seine Argumentation habe nicht zu Folge, dass die an religiösen Dissensen beteiligten

---

53 Zur Bezeichnung „dialektischer Grund" vgl. Williamson 2007: 238f.

54 Siehe auch Feldman 2006: 230.

55 Tatsächlich bliebe wohl höchstens der Glaube an Hicks „Wirkliches an sich" übrig (zumindest wenn man den Peer-Dissens zwischen Gläubigen und Atheisten/Agnostikern außer Betracht lässt, der die epistemische Legitimität auch dieses Glaubens noch einmal in Frage stellen würde).

Menschen aufhören sollten, die Ansichten zu verteidigen, die ihnen richtig erscheinen – dies könne vielmehr der Erkenntnis von Wahrheit förderlich sein. Aber dazu müsse nicht die Überzeugung, dass man Recht habe, epistemisch gerechtfertigt sein. Diese abschließenden Sätze von Feldmans Aufsatz sind allerdings erstaunlich. Denn in seiner Argumentation gegen die Möglichkeit eines rationalen Peer-Dissenses hat er immer wieder darauf hingewiesen, dass ein Peer keinen guten Grund hat, sich selbst für epistemisch überlegen zu halten oder im Besitz von privatem Beweismaterial zu wähnen, also eine solche Position nicht epistemisch gerechtfertigt wäre. Dieses Fehlen von epistemischer Rechtfertigung hat er allerdings weit weniger sanguinisch kommentiert als in den abschließenden Bemerkungen, nämlich als kritikwürdige Zeichen von Sturheit und Willkürlichkeit.[56]

Damit komme ich zu einer kurzen kritischen Betrachtung von Feldmans Position und seiner Argumentation. Seine Position zeugt von realistischer epistemischer Bescheidenheit und kann auf gute Argumente verweisen. Aber sie ist nicht ohne Probleme.

Ein Problem taucht auf, wenn in einem Peer-Dissens einer der beiden Peers bereits vor dem Offenbarwerden des Dissenses eine agnostische Position hinsichtlich der umstrittenen Frage einnimmt, sich also des Urteils enthält. Was passiert, wenn Peter agnostisch in Bezug auf die Frage ist, ob Mohammed ein authentischer Prophet ist, sich also des Urteils darüber enthält, und wenn Alia, die überzeugt ist, dass Mohammed ein authentischer Prophet ist, Peter als Peer anerkennt und den Dissens zwischen sich und Peter feststellt? Wenn Alia gemäß dem Enthaltungskonformismus sich des Urteils darüber enthalten würde, ob Mohammed ein authentischer Prophet ist, käme dies der Aufgabe ihrer Glaubensüberzeugung gleich, aber Peter könnte seine Position der Urteilsenthaltung beibehalten. Dies scheint epistemisch ungerecht, weil von den beiden unterschiedliches verlangt wird, obwohl sie beide als Peers gelten, also keiner dem anderen epistemisch etwas voraushat und Peter keine überlegenen Gründe für seinen Agnostizismus hat. Feldmans Position hat also eine agnostische Dominanz. Sein Enthaltungskonformismus führt zur Bevorzugung einer bestimmten Überzeugungseinstellung: der Urteilsenthaltung. Aber was zeichnet diese gegenüber den beiden anderen Überzeugungseinstellungen aus?[57]

---

56 Feldman 2007: 209 (stubbornness); Feldman 2006: 226 (arbitrary).

57 Diese Bevorzugung des Agnostizismus ist sogar in solchen Fällen möglich, in denen keine gültigen oder gut begründeten epistemischen Prinzipien im Hintergrund stehen, die für Urteilsenthaltung auf Grund des vorliegenden Beweismaterials sprechen, wie sich am Fall von drei Richtern zeigen lässt, die herausfinden, dass sie ihrer Bewertung des Beweismaterials für die Schuld bzw. Unschuld des Angeklagten verschiedene epistemische Prinzipien zu Grunde legen und daher zu miteinander unvereinbaren Folgerungen auf Grund desselben Beweismaterials kommen (Schuldig, Unschuldig, Enthaltung). Falls sich zeigt, dass keiner der Richter überlegene Gründe für seine unterschiedlichen Prinzipien hat, sollen sich nach Feldman alle des Urteils über die richtigen Prinzipien enthalten und damit auch über die Schlussfolgerungen aus dem vorliegenden Beweismaterial auf die Schuld oder Unschuld des

Das wohl größte Problem des Enthaltungskonformismus besteht darin, dass die enthaltungskonformistische Position selbst nicht dem Enthaltungskonformismus entspricht, sich also nicht auf sich selbst anwenden lässt. Feldmans enthaltungskonformistische Position ist kontrovers; sie wird nicht von allen Kollegen geteilt und einige unter diesen Kollegen müssen als Peers von Feldman gelten. Sie sind weder schlechtere Philosophen als Feldman, noch besitzt Feldman Beweismaterial oder Gründe, die diesen nicht zugänglich sind. Trotzdem besteht ein dauerhafter und wirklicher Dissens zwischen Feldman und einigen seiner philosophischen Peers. Wenn man Feldmans Argumentation strikt folgt, müsste sich Feldman um der Konsistenz seiner Position willen zum Thema der richtigen rationalen Reaktion auf einen erkannten Peer-Dissens des Urteils enthalten, was heißt, dass er den Enthaltungskonformismus aufgeben müsste. Feldmans Position ist also selbstentkräftend.

In halbformaler Darstellung sieht diese Kritik folgendermaßen aus:

(1) Der Enthaltungskonformismus fordert Urteilsenthaltung über den Gegenstand eines offenbar gewordenen Peer-Dissenses. (enthaltugnskonformistischer Grundsatz)
(2) Der Enthaltungskonformismus ist Gegenstand eines offenbar gewordenen Peer-Dissenses. (empirische These)
(3) Der Enthaltungskonformismus fordert Urteilsenthaltung über den Enthaltungskonformismus. (aus 1 und 2)
(4) Feldmans enthaltungskonformistische Position enthält sich nicht des Urteils über den Enthaltungskonformismus.
(5) Feldmans enthaltungskonformistische Position widerspricht dem Enthaltungskonformismus. (aus 3 und 4)
(6) Der konsistente Enthaltungkonformist enthält sich des Urteils über den Enthaltungskonformismus. (aus 3, 4 und 5)
(7) Der konsistente Enthaltungskonformist gibt seinen Enthaltungskonfor-mismus auf. (aus 6)
(8) Der Enthaltungskonformismus ist selbstentkräftend. (aus 7)

Es stimmt, dass Satz (3) auch vom Kritiker des Enthaltungskonformismus die Aufgabe seines negativen Urteils über den Enthaltungskonformismus verlangt, aber es verpflichtet eben auch den Enthaltungskonformisten zur Urteilsenthaltung. Der Enthaltungskonformist ist also nicht länger in der Lage, rational den Enthaltungskonformismus zu vertreten: Wenn der Enthaltungskonfor-mismus wahr sein sollte, kann er unter den gegenwärtigen Bedingungen des epistemologischen Dissenses über den Enthaltungskonformismus nicht rational vertreten werden. Damit ist nicht gezeigt, dass der Enthaltungskonformismus falsch ist, aber dass er nicht rational vertreten werden kann (weil er im Fall

Angeklagten. Das heißt, dass die Richter A und B Richter Cs agnostische Position übernehmen müssen, obwohl der auch keine überlegenen Gründe für sein epistemisches Prinzip besitzt, das zu seiner Urteilsenthaltung geführt hat.

seiner Wahrheit in der gegenwärtigen epistemologischen Situation zur rationale Urteilsenthaltung über ihn führen würde und er nur rational vertreten werden könnte, wenn er falsch wäre, was seine rationale Vertretbarkeit wertlos machen würde, weil diese ein zuverlässiger Hinweis auf die Falschheit des Enthaltungskonformismus wäre). Es kann also keinen guten Grund geben, die Wahrheit des Enthaltungskonformismus anzunehmen.

Die Diskussion um Selbstwiderlegungs bzw. -entkräftungsargumente gegen den Enthaltungskonformismus ist umfangreich und komplex, aber es müssen aus Platzgründen einige knappe Bemerkungen genügen. Die hier vorgetragene Kritik beansprucht nicht, die Wahrheit, sondern die Rationalität des Enthaltungskonformismus in Frage zu stellen: Wenn das vorgetragene Argument zutrifft, kann der Enthaltungskonformismus auch im Fall seiner Wahrheit nicht rational vertreten werden.[58] Der Einwand, dass Selbstentkräftung das gewöhnliche Schicksal bestimmter Arten epistemischer Prinzipien, wie etwa des Prinzips minimaler epistemischer Bescheidenheit, ist, ist nicht überzeugend.[59] Denn die Selbstentkräftung des Prinzips minimaler epistemischer Bescheidenheit ist nicht offensichtlich. Nach diesem Prinzip gilt, dass wenn ich kurz (zehn Minuten) über die Proposition, dass p, nachgedacht habe und ich die Überzeugung gewonnen habe, dass p wahr ist, und dann epistemisch kompetenten Personen begegne, die gründlich über die Proposition, dass p, nachgedacht haben und diese für falsch halten, ich bei Strafe der Irrationalität die Stärke meiner Überzeugung, dass p, verringern muss. Die Anwendung des Prinzips führt nur zur Selbstentkräftung, wenn ich nicht gründlich die Gründe für und gegen das Prinzip geprüft habe, was ich als gewissenhafter Erkenntnistheoretiker sowieso getan haben sollte. Wenn ich das Prinzip der minimalen epistemischen Bescheidenheit auf der Basis einer gründlichen Überprüfung annehme, ist meine Überzeugung von der Gültigkeit des Prinzips nicht selbstentkräftend. Der ähnliche Einwand, dass jede Position in der Diskussion um Peer-Dissens außer einem radikalen Nonkonformismus in Inkonsistenzprobleme gerate und daher das Selbstanwendungs-/Inkonsistenzargument verdächtig sei,[60] ist zumindest nicht offensichtlich wahr, denn zum einen könnte man dies als Argument für einen radikalen Nonkonformismus deuten, aber vor allem findet das Selbstanwendungsargument auf anderen Gebieten der Philosophie, wie bei der Kritik am positivistischen Verifikationskriterium oder

58 Durch diese Verschiebung von der Wahrheits- zur Rationalitätsfrage kann das vorgetragene Argument B. Frances Einwand entgehen, dass das Argument der (mangelnden) Selbstanwendbarkeit grundsätzlich fehlgeleitet sei; Frances 2010: 457. Abgesehen davon spricht gegen Frances Kritik, dass in vielen Bereichen der Philosophie Selbstanwendungsargumente eine wichtige Rolle gespielt haben und spielen.

59 Christensen 2009: 763; ähnlich Elga 2010: 184f.

60 Christensen 2013: 86.

an radikalen relativistischen Positionen, erfolgreiche und allgemein anerkannte Verwendung.[61]

Feldmans Empfehlung der Urteilsenthaltung ist also alles andere als zwingend. Die Enthaltung von religiösen Überzeugungen scheint nicht die einzige und noch nicht einmal die beste Möglichkeit zu sein, rational auf religiöse Vielfalt zu reagieren. Daraus folgt aber nicht, dass die Wahrnehmung religiöser Vielfalt überhaupt keine Auswirkungen auf den epistemischen Status religiöser Überzeugungen hat. Dagegen sprechen die erwähnten Probleme eines harten Nonkonformismus. Die Schwierigkeiten des agnostischen Konformismus und des harten Nichtkonformismus legen eine mittlere Position nahe, die zwischen beiden Anliegen zu vermitteln versucht.

Dazu ist es notwendig zuerst Feldmans einfache Einteilung der drei Überzeugungseinstellungen „überzeugt sein, dass p“, „überzeugt sein, dass nicht-p“ und Urteilsenthaltung („nicht überzeugt sein, dass p, und nicht überzeugt sein, dass nicht-p“) durch ein gradiertes Modell von Überzeugungszuständen zu ersetzen; ein Modell, in dem es gleitende Übergänge zwischen Feldmans drei Überzeugungszuständen gibt, die sich in ihrem jeweiligen Gewissheitsgrad unterscheiden: ausgehend von der sehr hohen Gewissheit, dass etwas der Fall ist, über geringere Gewissheitsgrade, dass etwas der Fall ist, bis schließlich zu einem Gewissheitsgrad, der so gering ist, dass er der Überzeugung entspricht, dass etwas nicht der Fall ist. Für die Annahme eines solchen Kontinuums spricht die alltägliche Beobachtung, dass wir von unterschiedlichen Dingen mit einem unterschiedlichen Gewissheitsgrad überzeugt sind. Bei den meisten Menschen dürfte unter normalen Umständen die Überzeugung darüber, ob sie etwas zu Mittag gegessen haben, gewisser sein als die Überzeugung, dass es übermorgen nicht regnen wird.[62]

---

61 Auch die Unterscheidung zwischen Dissensen erster und Dissensen höherer Ordnung (also Dissensen über epistemische Prinzipien, wie etwa mit Fällen von Peer-Dissens umzugehen ist) und die Beschränkung des enthaltungskonformistischen Prinzips auf Dissense erster Ordnung hilft dem Enthaltungskonformisten nicht weiter. Denn wenn im Dissens höherer Ordnung der Enthaltungskonformist nicht seine Überzeugung vom Enthaltungskonformismus aufgeben muss, gilt dies entsprechend auch für die Überzeugung seines nonkonformistischen Peer von der Richtigkeit des Nonkonformismus. Dann ist dieser aber auch (via seines für ihn gerechtfertigten Nonkonformismus) in seiner Weigerung gerechtfertigt, Peer-Dissense erster Ordnung als Grund für die Enthaltung von der in diesen Dissensen strittigen Überzeugung zu werten; teilweise ähnlich Thune 2010: 371. Für eine ausführlichere Auseinandersetzung mit Einwänden gegen die Selbstanwendbarkeits- bzw. Selbstentkräftungskritik vgl. Wiertz (unveröffentlicht). Dort findet sich auch eine ausführliche Antwort auf Elgas „Stiftung Warentest“-Beispiel, die darauf hinausläuft, dass ein Verbrauchermagazin, das andere Verbrauchermagazine bewertet und mit sich selbst vergleicht, dabei die gleichen Maßstäbe anlegen muss, wie bei seinen sonstigen Tests und sich nicht selbst (einschließlich der Bewertung seiner eigenen Zuverlässigkeit) dogmatistisch von den eigenen Kriterien für andere Produkte ausnehmen darf.

62 Die meisten von uns halten die Wahrscheinlichkeit, dass „2 + 2 = 4“ für höher als die Wahrscheinlichkeit, dass $52^3 = 140608$. Wenn jemand wetten würde, würde er bei gleichen

Diese unterschiedlichen Gewissheitsgrade lassen sich mit Zahlenwerten zwischen 0 und 1 darstellen, wobei 1 vollständige Gewissheit bedeutet, dass etwas der Fall ist, 0 vollständige Gewissheit, dass etwas nicht der Fall ist, und 0.5 der Urteilsenthaltung gleichkommt. Wenn meine Überzeugung, dass ich zur Zeit in Trier bin, einen Gewissheitsgrad von 1.0 besitzt, heißt dies, dass ich absolut gewiss bin, dass ich mich in Trier befinde und entsprechend hat meine Überzeugung, dass ich mich nicht in Trier befinde, etwa dass ich in Mainz bin, einen Gewissheitsgrad von 0; d. h. ich bin mir absolut gewiss, dass ich nicht in Mainz bin.[63]

Wenn in einem Peer-Dissens die Peers derselben Aussage unterschiedliche Wahrscheinlichkeitswerte zuordnen, wenn sich also die Peers unterschiedlich gewiss sind, fordern manche Abschwächungskonformisten gemäß dem Prinzip „Split the Difference" eine Angleichung der Gewissheitsgrade (im Folgenden: Splitting-Abschwächungskonformismus). Die beiden Peers müssen nach der Entdeckung des Peer-Dissenses die Gewissheitsgrade ihrer Überzeugung einander symmetrisch angleichen. Was heißt dies für religiösen Dissens?

Nehmen wir an, dass Peters Überzeugung, dass Jesus von Nazareth wirklich Gottes Sohn ist, eine Gewissheit von 0.7 besitzt und Alias Überzeugung, dass Jesus von Nazareth wirklich Gottes Sohn ist, eine Gewissheit von 0.2 besitzt, was einer Gewissheit von 0.8 für die Aussage entspricht, dass Jesus nicht Gottes Sohn ist. Nach der Erkenntnis, dass hier ein Fall von Peer-Dissens vorliegt, und gemäß der Splitting-Maxime müssten die beiden die Gewissheitswerte ihrer Überzeugung symmetrisch angleichen. Dies würde bedeuten, dass Peter die Gewissheit seiner Überzeugung auf 0.45 reduzieren müsste und Alia die Gewissheit ihrer Überzeugung, dass Jesus nicht Gottes Sohn ist, auf 0.55. In diesem Beispiel verlangt die Maxime „Split the difference" von den beiden Peers entgegen dem ersten Anschein unterschiedlich einschneidende Überzeugungsänderungen. So wird von Peter eine dramatischere Änderung seiner epistemischen Einstellung verlangt als von Alia, denn er müsste seine Überzeugung aufgeben, dass Jesus der Sohn Gottes ist und stattdessen zu der schwachen Überzeugung wechseln, dass Jesus nicht der Sohn Gott ist. Alia dagegen könnte ihre Überzeugung beibehalten, dass Jesus nicht Gottes Sohn ist, und würde nur in ihrer Überzeugung deutlich weniger sicher. Der Splitting-Abschwächungskonformismus kann also nicht die Möglichkeit ausschließen, dass als Ergebnis des Offenbarwerdens eines Peer-Dissenses von den beiden Peers unterschiedlich einschneidende Überzeugungsänderungen verlangt werden. Dies scheint mit der Annahme in Spannung zu stehen, dass es sich bei beiden um Peers handelt, also um Menschen, die in Bezug auf die fragliche

---

Wettquoten rationalerweise eher Geld auf die Wette 2 + 2 = 4 setzen, als auf die Wette 52^3 = 140608.

63 Die Angabe exakter Zahlenwerte ist in vielen Fällen unmöglich, vereinfacht aber im Folgenden die Darstellung und Diskussion des Abschwächungskonformismus und seiner „Split the Difference"-Maxime.

Überzeugung epistemisch ungefähr gleichrangig sind. Wieso muss dann der eine Peer eine drastischere Überzeugungsmodifikation vornehmen als der andere Peer? Dies scheint, grob gesagt, epistemisch ungerecht zu sein, weil von den beteiligten Peers auf gleicher epistemischer Basis unterschiedlich starke Änderungen gefordert werden.

Weiterhin kämpft auch der Abschwächungskonformismus, zumindest wenn er das „Split the Difference"-Prinzip anerkennt, mit Problemen der Selbstanwendung, auch wenn diese weniger offensichtlich und dramatisch sind als beim Enthaltungskonformismus. Wenn Abschwächungskonformist David und Nonkonformist Peter sich als Peers anerkennen und ihren Dissens erkennen und beide ihre jeweilige Position mit demselben Gewissheitsgrad für zutreffend halten, muss David gemäß dem Splitting-Prinzip sich des Urteils über die Wahrheit des Abschwächungskonformismus enthalten, denn „Splitting" fordert ja die gleichmäßige Annäherung der Gewissheitsgrade der beiden Peers, so dass man im Fall von gleichhohen Gewissheitsgraden vor der Aufdeckung des Dissenses, nach dem Dissens immer einen Wert von 0,5 erhält, was Urteilsenthaltung in Bezug auf die kontroverse Frage bedeutet. Auch wenn der Splitting-Abschwächungskonformismus nicht in allen Fällen selbstentkräftend ist, dürfte es doch in der philosophischen Diskussion oft zu Situationen kommen, in denen der Splitting-Abschwächungskonformist zur Urteilsenthaltung gezwungen ist, weil er auf epistemologische Peers trifft, die mit mindestens dem gleichen Gewissheitsgrad von der Falschheit des Splitting-Abschwächungskonformismus überzeugt sind.

Diese beiden Probleme betreffen allerdings nicht den Abschwächungskonformismus als solchen, sondern nur dessen „Splitting"-Varianten.

Ich komme nun zur Auseinandersetzung mit zwei grundlegenden Prinzipien vieler konformistischer Positionen (genauer: aller Versionen des starken Konformismus[64]), die gerade im Kontext religiöser Verschiedenheit relevant sind: das Prinzip des gleichen Gewichts und das Einzigkeitsprinzip. Das Prinzip des gleichen Gewichts legt fest, dass die Gründe der Peers gleich zählen, da es keinen Unterschied für das Gewicht eines Grundes macht, ob es mein Grund oder der Grund meines Peers ist. Damit sind Gründe, die sich nicht vollständig kommunizieren lassen, gewissermaßen neutralisiert. Das Einzigkeitsprinzip legt fest, dass auf der Basis eines bestimmten Beweismaterials nur eine Überzeugungseinstellung rational sein kann.[65]

---

64 Siehe Pittard 2014: 81ff.

65 Das Einzigkeitsprinzip wird nur von einzelnen konformistischen Positionen (etwa der von R. Feldman) vorausgesetzt, gibt aber vielen konformistischen Positionen und den Argumenten für diese eine höhere Ausgangsplausibilität, aber der Konformismus impliziert strenggenommen nicht das Einzigkeitsprinzip (gegen Kelly 2010: 119f.). Für eine ausgewogene Diskussion vgl. Ballantyne / Coffman 2012. D. Christensen weist darauf hin, dass die Frage, ob der Konformismus das Einzigkeitsprinzip voraussetzt oder nicht, die grundlegendere Frage voraussetzt, ob der Konformismus sich vor allem dem Motiv verdankt, dass Peer-Dissens Beleg für einen

Ich beginne mit dem Prinzip des gleichen Gewichts: Problematisch, gerade im Zusammenhang mit religiösem Dissens, ist die Ablehnung der Möglichkeit essentiell privaten Beweismaterials, d. h. von Beweismaterial, das sich anderen nicht vollständig mitteilen lässt und daher für die eine Person stärkeres Gewicht hat als für die andere Person. Ich werde zuerst kurz auf eine allgemeine epistemologische Schwierigkeit und dann auf die spezielle religionsphilosophische Problematik dieser Ablehnung hinweisen.[66]

Der Ausschluss von essentiell privatem Beweismaterial und damit eine ausnahmslose und strikte intersubjektive Konzeption epistemischer Gründe bzw. die Forderung nach der Formulierung von ausschließlich strikt intersubjektiven Gründen kann nicht universal gültig sein. Denn die universale Beschränkung auf dialektisch-intersubjektive Gründe würde zu einem radikalen Skeptizismus führen.[67] Zudem ist sie selbstentkräftend, da sich die Beschränkung von Gründen auf strikt intersubjektive Gründe nicht mit ausschließlich dialektisch-intersubjektiven Gründen gegen Kritik verteidigen lässt.[68]

Vor allem, und damit komme ich zu den eher religionsphilosophischen Gründen, ist es eine Sache, dem anderen sein Beweismaterial mitzuteilen, aber etwas anderes, es mit ihm zu teilen. Dies gilt v. a. für das, was ich als personale Gründe bezeichnen möchte: Gründe für die Wahrheit einer Annahme, die wesentlich auf interpersonalen Erfahrungen, auf Erfahrungen aus der Begegnung mit anderen Personen beruhen. Es handelt sich um Gründe aus der Perspektive der zweiten Person, die nicht verlustfrei in Gründe aus der Perspektive der dritten Person umgewandelt werden können. Dies exemplifiziert Basil Mitchells Geschichte von der nächtlichen Begegnung mit dem geheimen Anführer der Partisanen. Eines nachts begegnet im besetzten Frankreich ein Mitglied der Résistance einem geheimnisvollen Fremden, der sich nach längerem Gespräch als der geheime Anführer der Résistance zu erkennen gibt, über den der Résistancekämpfer bisher immer nur Gerüchte gehört hat. Der Fremde bittet eindringlich den Kämpfer, ihm zu vertrauen, gleich was geschehen werde. Der Résistancekämpfer fasst tatsächlich Vertrauen zu dem geheimnisvollen Fremden. Er „wird bei diesem Treffen vollständig von der

---

Mangel an Rationalität ist oder dem Motiv, dass ein Peer-Dissens Zweifel an der Akkuratheit der eigenen Überzeugung schürt; Christensen 2016.

66 Viele Erkenntnistheoretiker setzen einen idealisierten Begriff des Peers voraus. Diese Idealisierung führt zu dem sogenannten Erfüllungsproblem, dass es im realen Leben mehr oder weniger unmöglich ist, zwei Peers zu finden; vgl. King 2012. Dadurch gerät die Diskussion um Peer-Dissens in die Gefahr, für den Alltag irrelevant zu werden. Daher ist eine realistischere Definition von Peers angebracht. Aus einer realistischeren Perspektive zählen zwei Menschen dann als Peers, wenn sie mit dem jeweils zugänglichen relevanten Beweismaterial und den relevanten Gründen und Argumenten im ungefähr gleichen Maß vertraut sind und vergleichbare relevante kognitive Fähigkeiten besitzen. Unter dieser Voraussetzung wird der Ausschluss von persönlichem Beweismaterial noch unplausibler (Machuca 2013: 3).

67 Kaum ein philosophisches Argument überzeugt alle Philosophinnen und Philosophen – zum Teil wird noch nicht einmal die Relevanz des Argumentes für die jeweilige Frage anerkannt.

68 Williamson 2007: 240.

Aufrichtigkeit und Zuverlässigkeit des Fremden überzeugt und verpflichtet sich, ihm zu vertrauen".[69] Er hält ihm die Treue, obwohl in der Folgezeit der Fremde neben vielen Handlungen, die zu einem Anführer der Résistance passen, auch, wie angekündigt, Dinge tut, die eher dagegen zu sprechen scheinen. Diese Treue des Widerstandskämpfers ist nicht grundlos, obwohl er seine Gründe, zu denen die persönliche Erfahrung der nächtlichen Begegnung gehört, nicht verlustfrei anderen mitteilen kann.

Die Zulassung von privatem Beweismaterial ist kein Freifahrtschein für Leichtgläubigkeit oder Obskurantismus.[70] Aber wir haben manchmal Gründe, die wir nur mühsam und nie ganz adäquat an andere vermitteln können, die aber dennoch eine große epistemische Bedeutung haben können. Gerade in religiösen Kontexten spielen Gründe einer solchen personalen Form eine wichtige Rolle.[71] Paul Moser hat nicht ganz zu Unrecht die religionsphilosophische Konzentration auf Beweismaterial aus der Perspektive der dritten Person beklagt. Er hat im Gegenzug darauf hingewiesen, dass wenn das Christentum Recht hat (und ähnliches ließe sich wohl auch für den jüdischen und den islamischen Glauben sagen), vor allem mit „Beweismaterial" aus der Perspektive der zweiten Person zu rechnen ist, das ein autoritatives, die Person involvierendes Beweismaterial ist – im Gegensatz zu dem so genannten Zuschauer-Beweismaterial, das wir unbeteiligt aus der Perspektive der dritten Person zur Kenntnis nehmen können. Das autoritative Beweismaterial betrifft das ganze Leben des Menschen und zielt auf die freie Antwort des Menschen auf Gottes Ruf zu Reue und Umkehr, die am Anfang eines Prozess steht, in dem der Mensch sich immer mehr Gottes selbstloser Liebe angleichen lässt.[72] Da es Gott nicht in erster Linie um die epistemische Respektabilität des religiösen Glaubens geht, sondern um Erlösung und damit eine Bekehrung des Herzens, ist aus der christlichen Perspektive nicht Zuschauerbeweismaterial zu erwarten, sondern vor allem mit existenziell-autoritativer Evidenz zu rechnen. Die gleicht aber mehr personalen Gründen als Gründen, die anderen umstandslos und verlustfrei mitgeteilt werden können.[73]

---

69 Mitchell 1985: 216. Mitchells Aufsatz findet sich im Original in Flew / MacIntyre 1955.

70 Denn das private Beweismaterial muss kohärent in das bisherige Überzeugungssystem der betreffenden Person integriert werden können, das wiederum viele Elemente enthält, die nicht vor allem auf privatem Beweismaterial beruhen und intersubjektiver Begründung zugänglich sind.

71 An dieser Stelle wird deutlich, dass es wenig sinnvoll ist, eine einzige detaillierte epistemologische Norm für alle Fälle von Peer-Dissens zu formulieren, denn diese Fälle unterscheiden sich zu sehr in Bezug auf die Massivität der Unterschiede zwischen den beiden inkompatiblen Überzeugungen der Peers, in Bezug auf deren Gewissheits- und Rechtfertigungsgrad und in Bezug auf die Art des relevanten Beweismaterials.

72 Mit Hilfe von Zuschauerbeweismaterial lässt sich aus der neutralen Perspektive der dritten Person, also einer Beobachterperspektive, etwa die Existenz Gottes erkennen, ohne dass diese Erkenntnis Auswirkungen auf das eigene Leben hat.

73 Moser 2008; Moser 2010; Moser 2012.

Wenn man aber nicht nur strikt intersubjektive Gründe zulässt und zudem berücksichtigt, dass im Alltag Peers nur annährend gleiche kognitive und epistemische Voraussetzungen haben, erscheint nicht nur das Prinzip des gleichen Gewichts, sondern auch das Einzigkeitsprinzip in einem zweifelhaften Licht.[74] Wir können personale Gründe nicht mit solcher Zuverlässigkeit und Genauigkeit weitergeben und bewerten, dass von vornherein auszuschließen ist, dass es nur eine einzige rationale Antwort auf diese Gründe geben kann.[75] Wenn mir diese Möglichkeit bewusst ist, spricht nichts gegen die *Möglichkeit*, trotz des Dissenses um P, sowohl meinem Peer als auch mir eine rationale Einstellung zu P zuzuschreiben. Entgegen dem Einzigkeitsprinzip scheinen Peers auch nach Aufdeckung des Dissenses in *rationaler* Weise an miteinander unvereinbaren Aussagen festhalten zu können – allerdings mit einem geringeren Gewissheitsgrad. Denn der Peer-Dissens weist deutlich auf die Fehleranfälligkeit unserer Erkenntnis hin und ist relevantes Beweismaterial, das, trotz aller Bedeutung personaler Gründe, berücksichtigt werden muss. Die Annahme eines Peer-Dissenses muss so bei der Abwägung der Gründe für und gegen meine religiösen Überzeugungen und deren Gewissheit ernsthaft berücksichtigen werden und dieses neu hinzugekommene Beweismaterial macht (zumindest in manchen Fällen) die Möglichkeit eines Irrtums eventuell auf meiner Seite (subjektiv) wahrscheinlicher. Dies wird noch verstärkt durch den besonderen, transzendenten, Charakter des „Erkenntnisgegenstandes“: Gott, der die menschlichen kognitiven Fähigkeiten an ihre Grenzen führt. Allerdings lässt sich weder detailliert noch für den Einzelfall genau angeben, in welchem Maß die Wahrnehmung religiöser Vielfalt die rationale Gewissheit religiöser Überzeugungen reduziert, wie in der Splitting-Maxime. Insgesamt scheint diese Strategie eines solchen „probabilistischen Handels“ am ehesten unseren Rationalitätsstandards und der tatsächlichen Praxis rationaler Menschen zu entsprechen, auch wenn sie auf Grund des Verzichtes auf das Splitting-Prinzip an einer gewissen Unbestimmtheit leidet. Dies ist aber nicht unbedingt ein Nachteil, weil es zum einen die Probleme des Splitting-Prinzips umgeht und vor allem die Position des probabilistischen Handelns zu einer realistischen Position macht, die den *unterschiedlichen* alltäglichen Fällen von Dissensen gerecht werden kann.

---

74 Im Folgenden kritisiere ich nur die intersubjektive Version des Einzigkeitsprinzips, nach der es ausgeschlossen ist, dass verschiedene Personen auf der Basis identischen Beweismaterials der Wahrheit einer bestimmten Position rationalerweise unterschiedliche Gewissheitsgrade zusprechen.

75 Zudem ist eine Rationalität nach Menschenmaß zwar durch ein Streben nach Intersubjektivität und Übereinstimmung geprägt, aber eben nicht eine Rationalität idealer epistemische Wesen, die Eindeutigkeit zulässt, sondern eben eine Rationalität endlicher Wesen mit ihren konkreten kognitiven Fähigkeiten und Grenzen, die sich so gut wie möglich um die Verwirklichung des Ziels der Wahrheitserkenntnis und Rechtfertigung ihrer Überzeugungen bemühen, aber dabei immer wieder an Grenzen stoßen, ohne dass man ihnen allein deswegen Irrationalität vorwerfen kann. Dann aber scheint ein striktes Einzigkeitsprinzip nicht der menschlichen Rationalität gerecht zu werden

III

Es spricht einiges dafür, dass das Offenbarwerden von Dissens im religiösen Feld zumindest in manchen Fällen die Reduzierung der epistemischen Gewissheit der betroffenen Glaubensüberzeugungen verlangt. Manchen intellektuellen Gläubigen wäre die Wahrheit des eigenen religiösen Glaubensbekenntnisses epistemisch gewisser, wenn sie keine Kenntnis von der Existenz anderer Religionen hätten. Aber allein daraus, dass es andere Religionen gibt, die Gründe für ihre Wahrheitsansprüche nennen, folgt nicht notwendig die Unmöglichkeit eines rationalen religiösen Glaubens. Die epistemischen Folgen der Vielfalt der Religionen allein sind noch keine Basis für ein gutes Argument für den Atheismus oder Agnostizismus – allerdings dafür, den Gewissheitsgrad der eigenen religiösen Überzeugungen zumindest etwas zu verringern – mit anderen Worten: auch in religiösen Angelegenheiten, sich die eigene Fehlbarkeit einzugestehen und nicht von vornherein auszuschließen, dass man sich in religiösen Dingen u. U. auch fundamental geirrt hat. Ob tatsächlich ein Irrtum vorliegt, kann man allerdings nur herausfinden, wenn man sich mit den Gründen für und gegen die eigenen religiösen Überzeugungen und den Gründen für und gegen fremde religiöse Überzeugungen auseinandersetzt.[76]

Literatur

Alston, William P.: *A Realist Conception of Truth.* Ithaca: Cornell University Press, 1996.

Aristoteles: *Metaphysik.* Berlin: Akademie-Verlag, 2003.

Ballantyne, Nathan/Coffman, E. J. (Hgg.): Conciliationism and Uniqueness, in: *Australasian Journal of Philosophy* 90 (2012), 657–670.

Carnap, Rudolf: Überwindung der Metaphysik durch logische Analyse der Sprache, in: Ders.: *Scheinprobleme in der Philosophie und andere metaphysikkritische Schriften.* Hamburg: Meiner Verlag, 2004, 81–109.

Christensen, David: Conciliation, Uniqueness and Rational Toxicity, in: *Noûs* 50 (2016), 584–603.

Christensen, David: Disagreement as Evidence: The Epistemology of Controversy, in: *Philosophy Compass* 4/5 (2009), 756–767.

Christensen, David: Epistemic Modesty Defended, in: Christensen, David/Lackey, Jennifer (Hgg.): *The Epistemology of Disagreement. New Essays.* Oxford: Oxford University Press, 2013, 77–97.

[76] Über diese epistemischen Schwierigkeiten im Zusammenhang religiöser Vielfalt sollte nicht vergessen werden, dass die deutliche Wahrnehmung religiöser Vielfalt und die ernsthafte Auseinandersetzung mit ihr allen Beteiligten auch epistemische Chancen bieten: Vielfalt und Dissens fördern, zumindest in einem bestimmten Rahmen, Erkenntnisfortschritt, indem sie verschiedene Alternativen zur Verfügung stellen, so dass unterschiedliche Wege zur Wahrheit miteinander verglichen und ausprobiert werden können; vgl. Dormandy 2019.

Christensen, David: Epistemology of Disagreement. The Good News, in: *Philosophical Review* 116 (2007), 187–217.
Christensen, David/ Lackey, Jennifer: Introduction, in: Dies. (Hgg.): *The Epistemology of Disagreement. New Essays*. Oxford: Oxford University Press, 2013, 1–8.
Di Noia, Joseph A.: The Doctrines of a Religious Community about Other Religions, in: Dean, Thomas (Hg.): *Religious Pluralism and Truth. Essays on Cross-Cultural Philosophy of Religion*. Albany: SUNY Press, 1995, 117–132.
Dormandy, Katherine: The Benefits of religious diversity, in: *Religious Studies* 2019 (doi.org/10.1017/S0034412518000847)
Elga, Adam: How to Disagree about How to disagree, in: Feldman, Richard/Warfield, Ted A. (Hgg.): *Disagreement*. Oxford: Oxford University Press, 2010, 175–187.
Elga, Adam: Reflection and Disagreement, in: *Noûs* 41 (2007) 3, 478–502.
Enoch, David: Not Just a Truthometer: Taking Oneself Seriously (but not Too Seriously) in Cases of Peer Disagreement, in: *Mind* 119 (2011), 953–997.
Feldman, Richard: Epistemological Puzzles about Disagreement, in: Hetherington, Stephen (Hg.): *Epistemology Futures*. Oxford: Oxford University Press, 2006, 216–236.
Feldman, Richard: Reasonable Religious Disagreement, in: Antony, Louise M. (Hg.): *Philosophers Without Gods. Meditations on Atheism and the Secular Life*. Oxford: Oxford University Press, 2007, 194–214.
Flew, Anthony/MacIntyre, Alasdair (Hgg.): *New Essays in Philosophical Theology*. London: SCM Press, 1955.
Frances, Bryan: The Reflective Epistemic Renegade, in: *Philosophy and Phenomenological Research* 81 (2010) 2, 419–463.
Grube, Dirk Martin: Justified Religious Difference. A Constructive Approach to Religious Diversity, in: *IJPT* 76 (2015), 419–427.
Grube, Dirk Martin: Respecting religious otherness as otherness versus exclusivism and religious pluralism: towards a robust interreligious dialogue, in: Jonkers, Peter/Wiertz, Oliver J. (Hgg.): *Religious Truth and Identity in an Age of Plurality*. London / New York: Routledge, 2019, 182–199.
Gutting, Gary: *Religious Belief and Religious Skepticism*. Notre Dame: University of Notre Dame Press, 1982.
Hume, David: *An Enquiry Concerning Human Understanding*. Oxford: Oxford University Press, 1999.
Inwagen, Peter van: We're right. They're wrong, in: Feldman, Richard/Warfield, Ted A. (Hgg.): *Disagreement*. Oxford: Oxford University Press, 2010, 10–28.
Kelly, Thomas: Peer Disagreement and Higher-Order Evidence, in: Feldman, Richard/Warfield, Ted A. (Hgg.): *Disagreement*. Oxford: Oxford University Press, 2010, 111–174.
Kelly, Thomas: The Epistemic Significance of Disagreement, in: Gendler, Tamar Szabó/Hawthorne, John (Hgg.): *Oxford Studies in Epistemology* Vol. 1. Oxford: Oxford University Press, 2005, 167–196.
King, Nathan L.: Disagreement: What's the Problem? Or a Good Peer is Hard to find, in: *Philosophy and Phenomenological Research* 85 (2012), 249–272.
Lackey, Jennifer: A Justification View of Disagreement's Epistemic Significance, in: Haddock, Adrian u. a. (Hgg.): *Social Epistemology*. Oxford: Oxford University Press, 2010, 298–325.
Machuca, Diego E.: Editor's Introduction, in: Ders. (Hg.): *Disagreement and Skepticism*. New York/London: Routledge, 2013, 1–23.
Mackie, John Leslie: *Das Wunder des Theismus*. Stuttgart: Reclam 1985.
Matheson, Jonathan: *The Epistemic Significance of Disagreement*. Basingstoke: Palgrave Macmillan, 2015.
Mitchell, Basil: Falsifizierbarkeit und Gottvertrauen, in: Hoerster, Norbert (Hg.): *Glaube und Vernunft. Texte zur Religionsphilosophie*. Stuttgart: Reclam, 1985, 215–218.
Moser, Paul K.: Gethsemane Epistemology: Volitional and Evidential, in: *Philosophia Christi* 14 (2012), 263–274.
Moser, Paul K.: *The Elusive God. Reorienting Religious Epistemology*. Cambridge/New York: Cambridge University Press, 2008.
Moser, Paul K.: *The Evidence for God. Religious Knowledge Reexamined*. Cambridge/New York: Cambridge University Press, 2010.

Pittard, John: Conciliationism and Religious Disagreement, in: Bergmann, Michael/Kain, Patrick (Hgg.): *Challenges to Moral and Religious Belief. Disagreement and Evolution*. Oxford: Oxford University Press, 2014, 80–100.
Plantinga, Alvin: *Warranted Christian Belief*. Oxford/New York: Oxford University Press, 2000, 447–457.
Potter, Dennis: Religious disagreement: internal and external, in: *International Journal for Philosophy of Religion* 74 (2013), 21–31.
Renusch, Anita: *Der eigene Glaube und der Glaube der anderen. Philosophische Herausforderungen religiöser Vielfalt*. Freiburg / München: Verlag Karl Alber, 2014.
Renusch, Anita: Thank God it's the right religion! – Plantinga on religious diversity, in: Schönecker, Dieter (Hg.): *Plantinga's „Warranted Christian Belief". Critical Essays with a Reply by Alvin Plantinga*. Berlin / Boston: De Gruyter, 2015, 147–168.
Schneider, Hans Julius: *Religion*. Berlin/New York: De Gruyter, 2008.
Thune, Michael: 'Partial Defeaters' and the Epistemology of Disagreement, in: *Philosophical Quarterly* 60 (2010), 355–372.
Trigg, Roger: *Religious Diversity. Philosophical and Political Dimensions*. Cambridge: Cambridge University Press 2014.
Ward, Keith: Programm, Perspektiven und Ziele Komparativer Theologie, in: Bernhardt, Reinhold / Stosch, Klaus von (Hgg.): *Komparative Theologie. Interreligiöse Vergleiche als Weg der Religionstheologie*. Zürich: Theologischer Verlag Zürich, 2009, 55–68.
Wiertz, Oliver J.: Die rationale Begründung religiösen Glaubens und die Vielfalt der Religionen, in: Resch, Felix (Hg.): *Die Frage nach dem Unbedingten. Gott als genuines Thema der Philosophie*. Dresden: Verlag Text & Dialog, 2016, 329–350.
Wiertz, Oliver J.: Epistemic desiderata and religious plurality, in: Jonkers, Peter/Wiertz, Oliver J. (Hgg.): *Religious Truth and Identity in an Age of Plurality*. London/New York: Routledge, 2019, 142–161.
Wiertz, Oliver J.: *Robust Conciliationism and the Charge of Self-Defeat*, unveröffentlichtes Manuskript.
Wiertz, Oliver J.: Sprechen alle Religionen von demselben Gott? Anmerkungen zur Austauschbarkeit der Religionen aus philosophischer Perspektive, in: Arnold, Johannes (Hg.): *Sind Religionen austauschbar? Philosophisch-Theologische Positionen aus christlicher Sicht*. Münster: Aschendorff, 2012, 109–133.
Wiertz, Oliver J.: Zum Begriff und zum Problem der religiösen Irrationalität in religionsphilosophischer Perspektive, in: Schmidt, Jochen/Schulz, Heiko (Hgg.): *Religion und Irrationalität. Historisch-systematische Perspektiven*. Tübingen: Mohr Siebeck, 2013, 211–253.
Williamson, Timothy: *The Philosophy of Philosophy*. Oxford: Blackwell Publishing, 2007.
Zagzebski, Linda T.: *Epistemic Authority. A Theory of Trust, Authority, and Autonomy in Belief*. Oxford / New York: Oxford University Press, 2012.

„Transzendentaler Ultimismus“ als Ausweg aus den relativistischen Tendenzen des religiösen Pluralismus?

Dennis Stammer

Das Faktum religiöser Diversität scheint *prima facie* John Hicks philosophische Sichtweise zu bestätigen, dass es eine große Bandbreite religiöser Glaubenssysteme gebe, keines von ihnen jedoch seine eigene notwendige (und angeblich überlegene) Adäquatheit gegenüber den jeweils anderen Glaubenssystemen beweisen könne. Vielmehr scheinen sie alle in erster Linie von Menschen gemachte Ansätze zu bleiben, mit denen zwar versucht wird, eine letzte Realität zu erreichen; allerdings kann diese Realität weder erschöpfend erfasst noch hinreichend bewiesen werden. Das derart von John Hick beschriebene „transkategoriale, unaussprechliche Bild des Göttlichen“ erfuhr unlängst eine bedeutungsvolle Kritik von John L. Schellenberg.[1] Anders als Hick will Schellenberg nicht die (allem Anschein nach) selbstreferenziell inkonsistente These vertreten, dass die letzte bzw. ultimative Realität – „das Reale“ – *per se* als „das Unbeschreibliche“ zu gelten habe; denn dies implizierte streng genommen eine Beschreibung (wenn auch wider Willen, implizit und rein negativ). Dagegen behauptet Schellenberg, dass in seinem „Ultimismus“ eine „freie Sicht“ (spare vision) eröffnet werde, welche „die Tatsachen der religiösen Verschiedenartigkeit voll und ganz berücksichtige“, indem hauptsächlich ein sehr allgemeiner, dafür aber temporal stabiler Rahmen für eine weitere Erforschung gegeben werde.[2]

Ausgehend von einer Vorstellung des Schellenberg'schen Ansatzes möchte ich die These des Hick'schen religiösen Pluralismus hinterfragen und versuchen, die inhärent relativistische Tendenz zu vermeiden. Dafür werde ich auf einen unhintergehbaren philosophischen Ausgangspunkt rekurrieren: dass *eine einzige, allen gemeinsame Realität die notwendige metaphysische Grundlage einer verbindlichen Einheit für alle Vielfalt* darstellt. Auf diese Weise soll schließlich eine transzendentalpragmatische Entfaltung der Bedeutung einer notwendigen

---

1 Schellenberg 2016. Im Folgenden übersetze ich das englische Original im Text auf Deutsch und füge bei längeren Zitaten oder mir bedeutsam erscheinenden Begrifflichkeiten den Originaltext ggf. in der Fußnote dazu. Hervorhebungen in Zitaten stehen, soweit nicht anders kenntlich gemacht, im Original. Anmerkungen oder Korrekturen von mir sind in eckigen Klammern eingefügt.

2 Schellenberg 2016: 175f.

metaphysischen Basis als ergänzende Weiterführung der ultimistischen Perspektive vorgeschlagen werden.

1. Das Problem von John Hicks religiösem Pluralismus

John Hick schlug vor, den religiösen Bezugspunkt der Vielzahl unterschiedlicher Religionen an einer letzten *transzendenten* Realität festzumachen, und er nannte diese kurz „das Reale" („The Real").[3] Dieses ist ihm zufolge „transkategorial", d. h. es transzendiert alle menschlichen Begrifflichkeiten. Hick begründet seine Ansicht damit, dass religiöse Erfahrungen immer nur in Artikulationsformen vorfindbar seien, die historisch und kulturell abhängige Interpretationen implizieren. Jede Religion formuliert die eigenen Erfahrungen im Gewand der jeweiligen kulturell-geschichtlichen Situation mit den je eigenen Mitteln. Keine einzige Religion begreife jedoch „das Reale" als solches adäquat oder gar erschöpfend. Dieser Ansatz ermöglicht zwar eine Erklärung, weshalb es zu konfligierenden Aussagen über „das Reale" zwischen den verschiedenen Religionen kommt. Die Differenz in der Beschreibung ergebe sich durch die verschiedenen Perspektiven, die jedoch alle auf eine gemeinsame Realität gerichtet seien, welche von keiner einzigen Perspektive allein adäquat eingefangen werden könne. Dennoch erscheinen im Blick auf die Vielfalt religiöser Glaubenszeugnisse die miteinander konfligierenden Wahrheitsansprüche (truth-claims) weiterhin als Problem. Es stellt sich mehr noch die Frage, ob Religion überhaupt noch Wahrheitsansprüche im Vollsinne – d. h. bivalent wahrheitsfähige Aussagen über ein und dieselbe ontologische Wirklichkeit – zugestanden werden können. Hick diskutiert dieses Problem zwar, weist den religiösen Behauptungen letztlich aber eher einen „mythologischen" als einen „logischen Status" zu.[4]

Aus diesem Umstand ergibt sich, was man den *Apophatischen Trugschluss* nennen könnte: Soll die Erfahrung „des Realen" letztlich im strengen Sinne unbegreiflich sein, weil jedes Reden über „das Reale" immer auf *vollkommen inadäquate Begriffe* angewiesen ist, so ergibt sich ein tiefer *Hang zum Relativismus.* Schlechthin *nichts*, was über „das Reale" ausgesagt würde, könnte ihm wirklich entsprechen. Theologie würde somit zu *bloßer menschengemachter Fiktion*. Es wäre dann aber zu fragen, wie sich angemessenere von unangemesseneren Religionen überhaupt noch unterscheiden ließen. Anhand welcher Kriterien ließe sich des

---

3 Vgl. Hick 1989. Siehe auch Hick 1995: hier besonders 57–82. Die Zentralthese des Hick'schen Religionspluralismus sieht Reinhold Bernhardt darin, dass die dem Christentum gegenüber „anderen großen, traditionsreichen Religionen der Welt" ebenfalls „auf authentischen und heilseröffnenden Erschließungen der einen göttlichen Wirklichkeit (von Hick ‚The Real' genannt) [gründen]", Bernhardt 2005: 169.

4 Vgl. zu dieser Problematik etwa Johnson 1997.

Weiteren solch eine Unterscheidung festmachen, wenn sie sich nicht auf „das Reale“ selbst beziehen könnte? Wären kriteriologische Unterscheidungen generell nicht möglich, weil gemäß der starken Apophatik „das Reale“ *jeglichem* menschlichen Begriff *prinzipiell unzugänglich* und somit *all* unser theologisches Begreifen nur Ausgeburt historisch-kultureller Bedingungen wäre, so würde dem Relativismus schlussendlich in der Tat Tür und Tor geöffnet.[5]

Von diesem Punkt aus liegt die transzendentale Kritik nahe, das Problem gegen Hicks eigenen Ansatz zu wenden: Wie nämlich steht es um seine eigene religionstheologische Einsicht? Woher weiß er, dass es um „das Reale“ und unsere religiösen Bezüge auf es hin auf die Art und Weise bestellt ist, wie er es darstellt? Hick benutzt offensichtlich Begriffe, welche Propositionen vermitteln und somit Wahrheitsansprüche enthalten. Kurz: Er macht Behauptungen über die Vielzahl der Religionen und deren von ihm als „das Reale“ benannte Referenzobjekt. *Implizit*[6] tragen alle diese Behauptungen den Charakter eines „Es verhält sich so, dass ...“. Kann das aber anders gedeutet werden, als dass es sich um auf die Beschreibung der „wahren Wirklichkeit“ zielende Behauptungen mit metaphysischem Anspruch handelt?

John L. Schellenberg sieht zunächst benevolent vor allem Hicks „Feingefühl für die Fakten religiöser Diversität“[7]. Verbunden mit einem kantischen Denkimpetus, der kritisch zwischen der Welt der *Erscheinung für uns* und dem *Ding an sich* zu unterscheiden weiß, sei die Grundlage gelegt, aufgrund derer Hick die „Idee der Unaussprechlichkeit“ bemüht. Doch damit sei Hick nach Schellenbergs Ansicht „in einem bedeutenden Sinne zu weit gegangen“: „Von den detaillierten Konzeptionen bewegen wir uns zu einem Level von Vagheit hin, das so tief ist, dass buchstäblich nichts mehr über das Göttliche gesagt werden kann.“[8] Schellenberg führt nun jedoch nicht lediglich die transzendentale Kritik gegen Hicks Ansatz ins Feld. Vielmehr verweist er darauf, dass die *Überbetonung der Apophatik der Phänomenologie religiöser Erfahrung nicht gerecht* werde:

> Dass nichts über das Göttliche gesagt werden kann, dass ihm allein Schweigen gebührt, usw. – das sind jene Dinge, die religiöse Menschen sagen, wenn sie in bestimmten Arten religiöser Erfahrung angesichts der offenbaren Größe Gottes in sprachloses Staunen verfallen. Und das ist eine positive Qualität. Auch wenn niemand ihm gerecht werden

---

5 Es zeigt sich bereits in der dieserart zugespitzten Formulierung, dass der Allquantor das zentrale Problem des Ansatzes darstellt. Würde man ihn jedoch zurücknehmen, ergäbe sich eine gemäßigtere Position des Pluralismus, die einem metaphysischen Gottesdenken zumindest *auf transzendentalem Wege* Möglichkeiten einräumte, wofür ich mit diesem Beitrag werben möchte. Zur Diskussion um eine übertriebene Apophatik siehe etwa: Halbmayr/Hoff 2008. Vgl. auch Gäb 2019.

6 Was dieses „Implizit“ genau bedeutet, wird im 3. Abschnitt ausgeführt.

7 Schellenberg 2016: 175.

8 Schellenberg 2016: 165: „[...] while admirably motivated, in an important sense it goes too far. From detailed conceptions we move outward to a level of vagueness so deep that literally nothing can be said about the Divine.“

> *könnte*, weil die Tiefe von Gottes Größe permanent unaussprechlich bleibt, würden wir immer noch Größe haben![9]

Was hier als Erfahrung von göttlicher (Über-)„Größe" herausgestellt wird, vor der unsere menschlichen (Allgemein-)Begriffe versagen, kann durchaus in die neuplatonische Linie eines Anselm von Canterbury gestellt werden, welcher Gott als „dasjenige, über das hinaus Größeres nicht gedacht werden kann" (id quo maius cogitari nequit), bezeichnet.[10] In dieser Tradition arbeitet zur Zeit die sogenannte Perfect-Being-Theology,[11] aber auch religionstheologisch pluralistische Ansätze im Gefolge von John Hick können auf diesen Vermittlungspunkt geführt werden.[12] Schellenberg hingegen stellt sein eigenes Konzept zunächst in Abgrenzung von Hick als einen einerseits weiter gefassten – und damit weniger durch ein spezifisches religiöses Bekenntnis vorbelasteten – Ansatz zur Diskussion, der andererseits dennoch einen verbindlichen Diskussionsrahmen öffnen können soll, um ein pluralitätsbewusstes wie akademisch zeitgemäßes Forschen zu ermöglichen.[13]

2. Der Ultimismus John L. Schellenbergs

Gegenüber John Hicks Rede von „dem Realen" ist Schellenbergs „Ultimismus", wie er selbst sagt, „nicht abgestumpft gegenüber den Bestrebungen der realen Welt, ein gewisses Verständnis von Gott zu erlangen."[14] D. h. Schellenberg geht den *kantianischen Hiatus* zwischen religiöser Erfahrung bzw. Phänomenalität und „Ding an sich" nicht in jener Radikalität mit, welche in den *Apophatischen Trugschluss* mündet. Stattdessen könne sein Ansatz eine grundlegende Struktur, ein

---

9 Schellenberg 2016: 175f.: „That nothing can be said of the Divine, that it merits silence alone, and so on -these are the sorts of things religious people say when stunned by the apparent greatness of God in certain kinds of religious experience. And this is a positive quality. [...] Even if none *could* do it justice because the depths of God' s greatness are permanently ineffable, still we would have greatness!"

10 Anselm von Canterbury, *Proslogion*, Kap. 2. Dieser Gedanke taucht bei Schellenberg jedoch explizit in der Skizzierung „axiologischer Ultimativität" („axiological ultimacy") auf, siehe unten.

11 Vgl. etwa Morris 1987.

12 Vgl. Winkler 2006: 296.

13 Vgl. dazu Schellenberg 2016: 166 in Bezug auf Schellenberg 2005: „With concepts come propositions or claims- claims to the effect that those concepts are exemplified. And so, as we have already noted, with the idea of a personal God comes the claim of traditional theism (or theism for short). In part because everything I'm doing here amounts to a debate with those who wish to think no more broadly than theism, I shall generally be speaking of my depiction of the alternative, more general way of thinking about God in terms of the proposition claiming *it is* realized. This proposition I have called *ultimism*."

14 Schellenberg 2016: 176: „Notice that ultimism, unlike the concept of the ‚Real' is not insensitive to real-world aspirations to gain some understanding of God."

„framework“, bieten, das es ermöglicht, hinsichtlich konkreter Gegebenheiten weiter ausgearbeitet zu werden, um jene Bestrebungen nach einem tiefergehenden Verständnis über Gott voranzutreiben. Religionsphilosophische Forschungsvorhaben sollen dergestalt in einer „weitreichenden und optimistischen“ Weise vorangetrieben werden können, insbesondere so, dass „die Fakten religiöser Diversität sehr viel angemessener integriert“ werden können sollen.[15]

Was also ist dieses vielversprechende Konzept des Ultimismus? Schellenberg beschreibt es wie folgt:

> ‚Ultimismus‘ ist der Name, den ich für einen Weg zur Entwicklung der ultimativen [bzw. letztgültigen] Proposition vorschlage, den ich verteidigen werde, um einen Rahmen zu bieten, der weit in die Zukunft hinein für religiöse Untersuchungen geeignet ist, und um die Realität zu beschreiben, die am ehesten wert ist, ‚Gott‘ genannt zu werden. Nach diesem Ansatz sollte der grundlegende Anspruch [von] Religion im einundzwanzigsten Jahrhundert darin gesehen werden, uns aufzurufen, in Erwägung zu ziehen, dass es eine Realität gibt, die *in dreierlei Hinsicht ultimativ* ist: metaphysisch, axiologisch und soteriologisch.[16]

Der so bezeichnete Ansatz wird von Schellenberg immer wieder als „freie Sicht“ („spare vision“) bezeichnet, die „*auf dreierlei Weise ultimativ*“ („*triply ultimate*“) sei. Im Deutschen lässt sich die Rede vom „Ultimativen“ am ehesten in Form einer Letzt- oder Endgültigkeit übersetzen.[17] Mag man darin einen *prima facie* überzogenen metaphysischen Letzt-Anspruch wähnen, wird Schellenberg doch ebenso wenig müde, zu betonen, dass es um ein weites Konzept gehe, das die Vielzahl der religiösen Zugänge weder ersetzen soll noch ihnen quasi ad extra philosophisch überzustülpen sei. Vielmehr handele es sich um das „logische Äquivalent zu einer großen *Disjunktion* von Propositionen“, die im Einzelnen in den konkreten „religiösen Behauptungen weiter ausgearbeitet“ werden können, dabei aber immer „[die Grundthese des] Ultimismus enthalten, [...] wodurch sie sich als wahrhaft ‚religiös‘ auszeichnen“.[18]

---

15 Ebd.: „Instead, it provides a frameworkwithin which we may seek to fulfill them. [...] it certainly provides a basis for wide-ranging and optimistic exploration. [...] the facts of religious diversity are fully -certainly *more*fully -accommodated here.“

16 Schellenberg 2016: 166: „‚Ultimism‘ is the name I offer for one way of developing the ultimate proposition, the way I shall defend as offering a framework appropriate for religious investigation far into the future, and as describing the reality most worthy of being called ‚God‘. On this approach, the basic claim [of] religion in the twenty-first century should be seen as calling us to consider is that there is a reality *ultimate in three ways:* metaphysically, axiologically, and soteriologically.“

17 Wie in Kürze sichtbar wird, entspricht dem „Ultimativen“ im deutschen religionsphilosophischen Kontext vermutlich am ehesten der Begriff des „Unbedingten“.

18 Schellenberg 2016: 171: „According to ultimism's spare vision there is a reality triply ultimate: metaphysically, axiologically, and soteriologically. Ultimism, as can be seen, is actually logically equivalent to a large *disjunction* of propositions – all those more detailed religious claims that entail ultimism and thus, if my proposal be accepted, are able to show themselves *worthy* of the label ‚religious.‘“

Mit anderen Worten liegt die Intention Schellenbergs darin, den die Pluralität der Religionen übergreifenden *Kern der Religiosität als solcher* so allgemein zu begreifen, dass im Ausgang von dieser Bestimmung alle möglichen, konkret in Diversität auftretenden religiösen Weiterbestimmungen als *auf dieselbe letzte Realität bezogen* erscheinen. Zudem suggerieren die drei Aspekte der Letzt- oder Endgültigkeit eine (allerdings noch unbestimmt bleibende) inhaltliche Füllung, die den Religionsbegriff in seiner Weite zumindest formal nicht leer erscheinen lässt. Mehr noch äußert sich auf diese Weise ein kriteriologischer Anspruch: Was „wahrhaft religiös" genannt zu werden verdiene, müsse diese drei Aspekte des Ultimismus in irgendeiner Art und Weise bedienen können.

Schließlich stellt Schellenberg seinen Ansatz unter einen „temporalistischen" Vorbehalt, der ihm zufolge einen weiteren Vorzug gegenüber anderen, weniger allgemeinen Ansätzen darstellt. Wir werden diese Punkte im Einzelnen näher betrachten müssen, um die Frage nach der Leistungsfähigkeit der ultimistischen Konzeption erörtern zu können.

2.1 Die Frage nach der Religiosität

Eine definitorische Bestimmung dessen, was „Religion" bedeutet, sowie eine philosophische Erklärung des Phänomens der Religiosität sind nach wie vor unabgeschlossene Forschungsaufgaben. Es mehren sich seit geraumer Zeit die Stimmen, dass eine eindeutige Bestimmung des Terminus „Religion" ohnehin eine unlösbare Aufgabe darstelle und stattdessen ein „offenes Konzept" vor allem religionswissenschaftlich vielversprechender erscheine.[19] Einige der Hauptgründe für die Problematik einer eindeutigen Begriffsbestimmung sind einerseits die zeitlich wie kulturell vielfältigen Erscheinungsformen von Religiosität mit ihren geschichtlich verschiedentlich verwachsenen Verflechtungen (wenn nicht gar geradeaus von Synkretismen zu reden ist). Andererseits ist jede Bestimmung von Religiosität immer aus einer zeitlich wie kulturell vorbestimmten Perspektive getroffen, die oftmals ein – nicht immer explizites – Verhältnis zu einer oder mehreren konkreten Religionen impliziert. Kurz: Es gibt *keinen unbefangenen objektiven Standpunkt*, von dem aus die verschiedenen Religionen – oder genauer: die diversen religiösen Erfahrungen, Praktiken, Traditionen und Institutionen – auf einen *vorbehaltlos eindeutigen Begriff* gebracht werden könnten. Zumindest ist uns Menschen ein solcher Standpunkt nicht zugänglich.

---

19 Vgl. Heil 2010: besonders 22. Unter explizitem Verweis auf Hock ^{3}2008: 20f. nimmt Heil unter anderem die These auf, dass „Religion" ein „wissenschaftliches Konstrukt" darstelle, dass einer Reformation bedürfe. Diese könne ihm zufolge einen „vorläufigen" und somit begrifflichen weit gefassten Status haben, was der Perspektive von J. Schellenberg durchaus entgegenkommt.

Ganz im Sinne eines solchen „offenen Konzeptes“ lassen sich jedoch *allgemeine Merkmale* hinsichtlich der Vielfalt religiöser Phänomene diskutieren. Schellenbergs Ultimismus kann seinem Selbstverständnis folgend als ein *Vorschlag* solcher allgemeinen Merkmale aufgefasst werden. Er liefert also keine direkte Definition von Religiosität, sondern setzt bei der Vielfalt von sich als religiös verstehenden Lebensvollzügen an. Diese, so Schellenberg, sind zunächst in der Regel auf eine wie auch immer geartete „transzendente Realität“ ausgerichtet.[20] Was aber lässt sich unter dieser genauer verstehen? Setzt eine Qualifikation der Art von Transzendenz nicht sogleich eine kulturell bedingte Interpretationsleistung voraus?

Schellenberg schlägt dagegen, seinen ultimistischen Ansatz entfaltend, vor, Transzendenz in einer dreifachen Weise – als „*triple transcendence*“ – zu verstehen: (1) metaphysisch, (2) axiologisch und (3) soteriologisch.[21]

Unter metaphysischer Transzendenz („*metaphysical transcendence*“) versteht Schellenberg nicht nur jene Phänomene, die über unsere alltägliche Lebenswelt *rein faktisch* hinausreichen, da diese sich – beispielsweise durch zukünftige wissenschaftliche Entdeckungen o. Ä. – prinzipiell in eine rein säkulare Perspektive integrieren lassen könnten.[22] Vielmehr sei von metaphysischer Transzendenz dann die Rede, wenn etwas „von jedem weltlichen Faktum verschieden ist und in gewisser Weise ein fundamentaleres Faktum der Realität darstellt als jedes weltliche Faktum“.[23]

Der Aspekt axiologischer Transzendenz („*axiological transcendence*“) betont das „inhärent werthafte“ Moment, das hinsichtlich von „Pracht“ und „Vortrefflichkeit“ alle weltliche Realität übertreffe.[24]

Mit dem soteriologischen Aspekt der Transzendenz („*soteriological transcendence*“) hebt Schellenberg schließlich das religiöse Bezugsverhältnis hervor: „die richtige Beziehungsweise [zum Transzendenten] ermögliche größeres Wohlbefinden, Erfüllung, Ganzheit und derartiges für die Geschöpfe als auf der rein weltlichen Ebene erreichbar sei.“[25]

Schellenberg ist sich bewusst, dass die so aufgefasste „dreifache Transzendenz“ keinesfalls das religiöse Selbstverständnis der Religionen zu erschöpfen vermag.

---

20 Vgl. Schellenberg 2016: 166.

21 Schellenberg 2016: 167.

22 Schellenberg 2016: 166.

23 Schellenberg 2016: 167: „To say that something is *metaphysically transcendent* is to say that its existence is a fact distinct from any mundane fact and in some way a more fundamental fact about reality than any mundane fact (more fundamental in a broadly causal and explanatorily relevant sense).“

24 Ebd.: „To say that something is *axiologically transcendent* is to say that its inherent value – its splendor, its excellence – exceeds that of anything found in mundane reality alone.“

25 Ebd.: „And to say that something is *soteriological/transcendent* is to say that being rightly related to it will make for more well-being, fulfillment, wholeness, and the like for creatures than can be attained at the mundane level alone (this leaves open the possibility that spiritual well-being might in some way be attainable *through* mundane things).“

Es handelt sich gewissermaßen um den Versuch, bei dem *kleinsten gemeinsamen Nenner* anzusetzen, von dem aus die vielen sehr unterschiedlichen religiösen Traditionen ihre jeweiligen Details ergänzen können. Er wirft jedoch sogleich ein, dass dieser kleinste gemeinsame Nenner für manche bzw. sogar die meisten religiösen Selbstverständnisse nicht hinreichend sein mag. Der Grad an „Stärke" („strength"), mit dem sie „Göttlichkeit" begreifen, kann dadurch möglicherweise nicht zureichend erfasst sein. Denn „ein starker Begriff des Göttlichen" („a strong concept of the Divine") zeichne sich nicht allein durch den Transzendenzbezug aus. Er erweise sich vielmehr erst durch seine Letzt- oder Endgültigkeit – in der dreifachen Weise, sodass von „dreifacher Transzendenz" zu „dreifacher Ultimativität" („*triple ultimacy*") fortzuschreiten sei, was den eigentlichen Inhalt der ultimistischen Konzeption bilde.[26] Zudem fügt Schellenberg an, dass womöglich der *Kern des Gottesbegriffes* an einem solchen „starken Begriff des Göttlichen", mithin an der „dreifachen Ultimativität" hänge, weil „geringere Realitäten, obgleich in dreifacher Weise transzendent, nicht die Bezeichnung [Gott] verdienen."[27]

Was aber bedeutet nun wiederum die „dreifache Ultimativität"? Wer dem bisherigen Gedankengang folgte, ahnt es schon und kann sich eines gewissen Redundanzgefühles nicht erwehren, wenn Schellenberg die Ultimativität analog zur Transzendenz dreifach im Sinne einer (1) metaphysischen, (2) axiologischen und (3) soteriologischen Ultimativität vorstellt.[28]

Metaphysische Ultimativität („*metaphysical ultimacy*") meint nicht nur etwas, das von weltlichen Fakten, sie übertreffend, verschieden ist, sondern etwas, das auf letzt- oder endgültige Weise, d. h. ultimativ, den „fundamentalsten Fakt über die Natur der Dinge" darstellt und „zu dem alle anderen Fakten über die Wirklichkeit in einer Beziehung stehen müssen, wenn sie korrekt und umfassend sein sollen".[29]

Entsprechend beschreibt axiologische Ultimativität („*axiological ultimacy*") nicht nur eine jegliche weltlichen Fakten übersteigende Werthaftigkeit, sondern „eine inhärente Werthaftigkeit, welche die größtmögliche [bzw. vollkom-

---

[26] Vgl. ebd.: „A strong concept of the Divine says or implies that the Divine is not just transcendent; it is ultimate, and ultimate in all three of the ways we have distinguished: metaphysically, axiologically, and soteriologically. A strong concept, in other words, takes us from triple transcendence to triple ultimacy, in effect endorsing the content of ultimism."

[27] Schellenberg 2016: 168: „Perhaps lesser realities, even if triply transcendent, would not be seen as deserving the label [God]."

[28] Vgl. Schellenberg 2016: 169.

[29] Schellenberg 2016: 168: „Something is metaphysically ultimate in the sense embraced by ultimism just in case its existence is the ultimate or most fundamental fact about the nature of things, in relation to which any other fact about what things exist and how they exist would have to be understood in a correct and comprehensive account of things."

menste] Realität" zum Ausdruck bringt, wobei Schellenberg explizit auf Anselms „id quo maius cogitari nequit" verweist.[30]

Schließlich bezeichne soteriologische Ultimativität („*soteriological ultimacy*") *nicht nur eine* Beziehungsweise, die *ein größeres* Gut erreichen ließe, als es im rein welthaften Rahmen möglich wäre, sondern jene Beziehung, die „das allergrößte" („the very greatest") oder „tiefste" („the deepest"), nämlich „das letzte bzw. ultimative Gut erreichen lässt".[31]

Religiosität zeichnet sich für Schellenberg also nicht nur durch den Transzendenzbezug aus, sei er auch dreifach. Dieser wäre im engen Sinne nur etwas, das die welthafte Wirklichkeit – in den angeführten drei Dimensionen – *übertreffen* würde. Es wäre nur *ein Mehr* oder *Größer*, das jedoch offenließe, ob dieses spezifische Mehr oder Größer selbst noch einmal überboten werden könnte. Ein solches *komparatives Verständnis* genügt in der Tat nicht. Was Schellenberg intendiert, um Religiosität zu bestimmen, ließe sich im Deutschen als *letzte Unbedingtheit* bezeichnen. Etwas weiter Steigerungsfähiges entspräche nach wie vor der Struktur des Endlichen und Bedingten. Nur für etwas wahrhaft Letzt- bzw. Endgültiges resp. Ultimatives kann ein unbedingter, nicht weiter begründungsbedürftiger oder von anderen Dingen abhängender ontologischer Status beansprucht werden. Der philosophisch-theologische Gedankengang muss nach Schellenberg darüber hinaus die bloß metaphysische Ebene von ontologischer Letztheit um den axiologischen Aspekt erweitern, damit ein „nicht-religiöses Verständnis zurückgelassen" werden könne.[32] Der Begriff der Unbedingtheit bietet sich in der übersetzenden Darstellung Schellenbergs genau deswegen an, weil er diese *Doppelstruktur metaphysischer und axiologischer Letztgültigkeit bzw. Ultimativität* impliziert. Das letztlich Unbedingte erfordert nämlich seinem Begriffe nach nicht nur eine Freiheit von weiteren Bedingungen oder Abhängigkeiten, wodurch es metaphysisches Prinzip ist, sondern impliziert zudem unbedingte Geltung, d. h. Anerkennung: Es trägt Anspruchscharakter und verbindet sich somit mit der *axiologischen – und im Weiteren auch alethologischen wie teleologischen und somit auch lebenspraktisch-existenziellen oder soteriologischen – Ultimativität.*[33]

„Religiosität" lässt sich schlussendlich im Sinne des Ultimismus Schellenbergs interpretieren als *aktiver Bezug auf letzte Unbedingtheit* – welche mittels dreifacher Ultimativität beschrieben werden kann.

---

30 Schellenberg 2016: 169: „Something is axiologically ultimate just in case it is ultimate in inherent value – the greatest possibl reality." Die vorausgehenden zwei Sätze lauten ebd.: „Here the famous Anselmian idea [...] might profitably be contemplated: the idea of something-than-which-a-greater cannot-be-thought. This is axiological ultimacy, as I have built it into ultimism."

31 Schellenberg 2016: 170: „[...] a reality is soteriologically ultimate just in case in relation to it an ultimate good can be attained."

32 Ebd.: „Notice, also, that by moving on from metaphysical to axiological ultimacy in the construction of ultimism, we move past anything that might *nonreligiously* be endorsed."

33 Vgl. dazu etwa Schmidt 2003: 130–132.

2.2 *Die temporalistische Intention des Ansatzes: Wie „Deep Time" Rechnung tragen?*

Schellenbergs Ultimismus beschränkt sich allerdings nicht auf die begriffliche Entfaltung des ultimativen Charakters der Religiosität. Das Ziel seines Ansatzes ist es, eine grundlegende Arbeitshypothese bzw. Hintergrundannahme („framework") für weiteres Forschen auf dem Gebiete der Religionsphilosophie, Religionswissenschaft etc. zu entwickeln. Hierfür betont er die Bedeutung der *Zeitlichkeit*, die bei epistemologischen Erörterungen konzeptioneller Grundlagen leicht außer Acht gelassen wird. Wissenschaftliche Entdeckungen ereignen sich nicht im abstrakten Raum eines wie auch immer verstandenen reinen Denkens. Es sind raumzeitlich lokalisierbare Individuen, die Forschungsprozesse unternehmen, welche durch die jeweiligen konkreten Bedingungen (bio-psychosozialer wie kulturell-historischer Art) mitbedingt werden. Ein solches „temporalistisches" Verständnis wissenschaftlicher Entwicklungen und Entdeckungen macht einen der originellsten Punkte im Denken Schellenbergs aus. Er schärft das Bewusstsein dafür, dass jede Reflexion – auch die denkende Forschung über metaphysische und religiöse Sachverhalte – der Zeitlichkeit Rechnung zu tragen habe. Was bedeutet das genau?

Schellenberg spricht von „tiefer Zeitlichkeit" („*Deep Time*") und meint damit, dass wir als Forscher einen bestimmten Zeitpunkt einnehmen, dem „tiefe Vergangenheit" („deep past") und „tiefe Zukunft" („deep future") vorausliegen.[34] „Unser *Platz* in der Zeit" ist nicht nur durch die vergleichsweise geringe Lebenszeit eines Forschers, sondern durch die vergleichsweise kurze Existenzdauer der Menschheit (knappe 50.000 Jahre) samt ihrer kulturellen Entwicklung überhaupt gekennzeichnet. Was nach unserem derzeitigen Jetzt-und-Hier folgen wird, können wir in seiner Weite nicht ermessen. So ist es etwa nicht auszuschließen, dass neue Einsichten durch neue Entdeckungen generiert werden könnten, die bisherige Erkenntnisse grundlegend revidierungsbedürftig erscheinen lassen. Dabei muss man nicht einmal so weit gehen, die Unendlichkeit des Universums und mögliche außerirdische Lebensformen mit einzubeziehen (wenngleich dieser Gedanke durchaus publikumswirksam ist).

Auf das vorliegende Thema gewendet schreibt Schellenberg, dass „die alternativen Konstrukte einer transzendenten göttlichen Realität, wie sie bislang eruiert wurden, nur den bloßen Anfang der religiösen Untersuchung markieren könnten", weshalb „Demut" im Angesicht des „sehr frühen Entwicklungsstadiums der Intelligenz des *Homo sapiens*" durchaus angebracht sei, wolle man sich der Herausforderung eines „größeren wissenschaftlichen Bildes" stellen. Einer derart demütigen Haltung kommt der Ultimismus dadurch entgegen, dass er offen für Ergänzungen verschiedenster auch noch so

---

[34] Vgl. wie auch zum Folgenden Schellenberg 2016: 171.

„unvorhersehbarer Details" sein soll.[35] Auf der Suche nach „temporaler Stabilität" („temporal stability") ist die Frage zu stellen, was etwas „Letztgültiges" bzw. „Ultimatives auch in der weit entfernten Zukunft" sein könnte. Der einzige Weg ist nach Schellenberg, sich die nötige *Offenheit im Prozess der Forschungsentwicklung* zu bewahren, indem man *möglichst allgemein* ansetzt: „go general".[36] Das heißt für ihn konkret: „Unsere Idee von Gott muss eine *Rahmen*idee sein, deren weitere Füllungen wir erst noch erforschen müssen".[37]

2.3 Was kann der Ultimismus leisten?

Mit Schellenbergs Plädoyer für einen möglichst weiten Forschungsansatz, der als Arbeitshypothese einen möglichst offenen Religionsbegriff zugrunde legt, stellen sich sogleich die Anschlussfragen, welche konkreten Vorteile sich ergeben und wohin sie führen können. Bereits Rudolf Otto hatte mit seiner Rede vom „Heiligen" bzw. „Numinosen" einen *kleinsten gemeinsamen Nenner* der verschiedenen Religionen vorgestellt und den Charakter religiöser Erfahrung unter dem Kennzeichen des „Mysterium tremendum et fascinans" zu beschreiben versucht.[38] Dieser Versuch steht Schellenbergs Ansatz keineswegs entgegen. Was Schellenberg in seiner ultimistischen Konzeption hinzufügt, ist eine sorgsame philosophische Analyse des *dreifachen Letztbezuges* sowie der *wissenschaftstheoretischen wie forschungspragmatischen Bedeutung* eines solchen Ansatzes.

Schlussendlich kann man sagen, dass der Ultimismus, wie er von Schellenberg vorgestellt wird, einen *sparsam-minimalen Ausgangspunkt für die Diskussion religiöser Diversität* bietet. Aufgefasst als „ein Weg, die letztgültige Proposition zu entwickeln", d. h. „einen angemessenen Framework für religiöse Untersuchungen bis weit in die Zukunft" zu erarbeiten, der jene „Realität beschreibt, die am

---

35 Schellenberg 2016: 172: „[T]he alternative construals of a transcendent Divine reality we've dug up so far might mark only a bare beginning of religious investigation. Seeing how very early a stage of intelligent development *Homo sapiens* is in, absorbing that bigger scientific picture properly, a bit of humility should arise, leading us to admit that there may be many ways of adding detail to ultimism that we haven't even conceived, perhaps including ones we are presently quite unable to conceive."

36 Vgl. ebd.

37 Schellenberg 2016: 172: „Our idea of God needs to be a *framework* idea, whose extant fillings we must indeed continue to explore [...]."

38 Vgl. Otto [4]2014. Auf die Schwierigkeit, das Phänomen „Religion" in seiner Diversität auf einen kleinsten gemeinsamen Nenner zu bringen, weist etwa Stolz [3]2001: 13 wie folgt hin: „Spricht man von ‚der Religion', so muß den verschiedenen Religionen etwas gemeinsam sein. Geht es also einfach darum, den kleinsten gemeinsamen Nenner der verschiedenen Religionen zu finden? Leistet eine solche Bestimmung einen Beitrag zum Verständnis der Einzelreligion, oder verfälscht sie dieses gerade? Mahnungen in dieser Hinsicht sind durchaus ernst zu nehmen".

ehesten wert ist, ‚Gott' genannt zu werden",[39] startet der Ultimismus vom Boden einer *religiösen Skepsis*.[40]

Dabei vermeidet Schellenberg jene eingangs skizzierte problematische Tendenz zum Relativismus dadurch, dass er zwar durchaus die Relativität menschlicher Begriffskonstruktionen zugesteht – ja, sie in Anbetracht der temporalistischen Überlegungen sogar noch verschärft –, dennoch aber *nicht* die Hick zugeschriebene Ausfahrt in den *apophatischen Trugschluss* nimmt. Stattdessen konzentriert Schellenberg sich darauf, was in der religiösen Erfahrung die Attraktivität der Apophatik überhaupt erst begründet. Er benennt den Grund mit der Erfahrung der „Größe" jener letzten Wirklichkeit, vor der alle Begriffe der endlichen Wirklichkeit zu versagen scheinen. Diese Größe – mag sie auch niemals restlos oder nachweisbar adäquat eindeutig beschrieben werden können – wurde schon in der Tradition negativer Theologie des Dionysius Ps.-Areopagita immer wieder als „Überfülle" festgehalten. Die Abweisung jeder positiven Bestimmung führt also auch hier nicht in ein stummes wie leeres Nichts, sondern beabsichtigt, der alles übertreffenden Größe Rechnung zu tragen.[41] Der *positive Gehalt* von letzter bzw. ultimativer Größe – ganz im Sinne eines anselmischen „id quo maius cogitari nequit" – bereitet einen verbindlichen, wenngleich in seiner Allgemeinheit begrifflich weiten Boden. Ist dieser Boden aber ein Grund, von dem sich trittfest weitergehen lässt?

Schellenberg betont, dass „weitere Ausarbeitungen" nicht nur möglich seien, sondern sich keine konkrete Religion auf den bloßen Kern des Ultimismus beschränken lasse (wenngleich jede Religion, die als solche ernst zu nehmen sein wolle, die Kernthese des Ultimismus enthalten müsse).[42] Die entscheidende Frage ist, wie man von diesem Punkt aus konzeptionell fortfahren kann, ohne bezüglich der religiösen Diversität entweder erneut in einen Relativismus oder zumindest in einen *inklusivistischen Superiorismus* zu geraten (nach dem es doch nur eine einzige verbindliche Höchstform konkreter Religiosität geben könne, gegenüber der alle anderen Religionen an irgendeiner Stelle zurückbleiben – sei dies auch der formal gehaltene *Standpunkt des religiösen Pluralismus* selbst, demgegenüber sich der Wahrheitsanspruch aller anderen Religionen relativistisch unterzuordnen habe). Anders formuliert: Wäre die ultimative Größe der Unbedingtheit in dreifacher Hinsicht alles, was verbindlich von einem skeptischen Ausgangspunkt gesagt werden könnte, wäre es womöglich zu wenig, um die Probleme religiöser Diversität fruchtbar zu bearbeiten.

---

39 Schellenberg 2016: 166; siehe auch oben.

40 Vgl. etwa Schellenberg 2018 sowie Schellenberg 2012 sowie den gesamten Tagungsband, der sich dieser Thematik widmet.

41 Vgl. Ruh 1987: 37 bringt Dionysius etwa wie folgt zu Wort: „Das göttliche Dunkel (*θείος γνόφος*) ist das unerreichbare Licht (*απρόσιτον φως*), in dem nach der Schrift Gott wohnt (1 Tim. 6,16), unsichtbar wegen seiner unermeßlichen Helle, *unzugänglich wegen der Überfülle (ύπερβολή) des aus ihm strahlenden überwesentlichen Lichtes*" [*Hervorhebung von mir, DS*]. Siehe zur die Überfülle herausstellenden Intention negativer Theologie auch Stammer 2016: 82.

42 Vgl. Schellenberg 2016: 171.

3. Weiterführende Wege?

Bei aller Pluralität und Diversität dennoch nach *allgemeinverbindlichen* Grundlagen zu suchen, auf deren Boden *universal gültige Forschung* nicht nur trotz, sondern gerade um der Vielfalt willen, gelingen kann, ist jene Intention Schellenbergs, die eine Weiterführung verdient. Wie kann eine solche aber in Schellenbergs Sinne konkret aussehen? Ich möchte einen Vorschlag machen, der den Boden des Ultimismus weiter ausweiten und erhärten helfen könnte. Es handelt sich nicht um eine neue Erfindung, sondern um die Anbindung an die in der kontinentalen Philosophie bis zum Beginn des 21. Jahrhunderts intensiv geführte *Letztbegründungsdebatte*. Bereits die Stichworte des „Ultimismus", der „ultimativen Proposition" etc., in gewissem Sinne auch die Übersetzung als Letzt- oder Endgültigkeit und ferner Unbedingtheit insinuieren, dass sie sich ohne Weiteres an jenen Diskurs anschließen lassen könnten.

3.1 Transzendentalpragmatik

Ausgehend von der Frage nach einer *letzten Vernünftigkeit der Wirklichkeit* und der Reichweite unseres Erkenntnisvermögens in Bezug auf diese, erscheint der transzendentalpragmatische Ansatz, wie ihn u. a. K.-O. Apel, V. Hösle, W. Kuhlmann und B. Weissmahr im deutschen Sprachraum auf jeweils eigene Weise geprägt haben,[43] durchaus vielversprechend. Der Ansatz kombiniert die *transzendentale Fragerichtung* idealistischer Couleur *nach den Bedingungen der Möglichkeit* mit der *sprachphilosophischen Theorie performativer Sprechakte*. Während Apel und Kuhlmann diskurstheoretisch ansetzen und vor allem Letzterer sich gegen bestimmte metaphysische Deutungen verwahrt,[44] ist die *erkenntnismetaphysische* Stoßrichtung bei Hösle und Weissmahr das spezifische Kennzeichen der Methodik. Darauf ist im nächsten Abschnitt ausführlicher zurückzukommen. Zunächst soll der Grundgedanke der transzendentalpragmatischen Methode unabhängig von seiner weiteren metaphysischen Anwendungsperspektive vorgestellt werden.

---

43 Vgl. etwa den Sammelband: Forum für Philosophie Bad Homburg 1987 sowie darin enthalten besonders: Apel 1987 und Hösle 1987. Siehe zudem Kuhlmann 2009 wie auch Weissmahr 2006: insbesondere 45–56 für eine Übersicht und Einordnung der Vertreter einer philosophischen Letztbegründung zu Beginn des 21. Jahrhunderts. Komprimiert auf die Kernthematik transzendentalpragmatischer Argumentation aus erkenntnismetaphysischer Perspektive empfiehlt sich auch Weissmahr 1989.

44 Kuhlmann 2009: 105 äußert vor allem gegenüber dem Ansatz von Hösle Ungemach, die transzendentalpragmatische Argumentation zu voreilig als Begründung eines Objektiven Idealismus zu behaupten, wenngleich Kuhlmann selbst durchaus „ontologische Relevanz" damit verbunden sieht, welche jedoch seines Erachtens nur zu einem „sinnkritischen Realismus" führt.

Im Zentrum der transzendentalpragmatischen *Methodologie* steht das *transzendentalpragmatische* (oder auch *Retorsion* genannte) *Argument* bzw. der *Aufweis von performativen Widersprüchen.* Die sprachphilosophische Basis dafür liefert die *Sprechaktheorie* von J. L. Austins.[45] Mit ihr lässt sich zeigen, dass Aussagen oder Behauptungen nicht nur über eine *propositionale Ebene* des logischen Inhaltes verfügen, sondern jeder Behauptung notwendig zugleich eine *performative Ebene* des Behauptungs*vollzuges* und im Weiteren damit die Möglichkeit zu Sprach*handlungen* (bspw. eines Taufaktes, Eheversprechens etc.) zugrunde liegt. Das hat philosophisch vor allem Konsequenzen für unser Verständnis des Zusammenhangs von Denken und Sein.

Vor allem (aber nicht nur) kantianisch ausgerichtete Philosophen (besonders im Kontext des sogenannten ontologischen Argumentes für das Sein Gottes) monieren, dass ein Übergang von der Ebene des Denkens auf die Ebene des Seins prinzipiell verwehrt sei, weil die Frage nach dem, „was wirklich ist", primär eines Erfahrungszuganges bedürfe. Wir könnten uns zwar alles Mögliche als „seiend" *denken*, ohne dass es jedoch dadurch mehr oder weniger *real* würde.[46] Moderne, insbesondere der analytischen Methodologie verschriebene Ansätze sehen darin das kleinere Problem. Von dem *metaphysisch realistischen Anspruch*, zu erkennen, „was wirklich ist", hat man sich hier insofern gelöst, als dass man sich in Anlehnung an das naturwissenschaftliche Selbstverständnis eher einem *kohärenztheoretischen* methodologischen A priori verpflichtet weiß, auszuloten, was widerspruchsfrei kohärent denkbar ist. Das Ergebnis sind verschiedene Denk*modelle*, welche bleibend unter *hypothetischem Vorbehalt* stehen. Am ehesten lässt sich ein solcher Ansatz pragmatisch mit einer *induktiven* Metaphysik weiterführen, die zum Abgleich der Gedankenmodelle mit der Wirklichkeit auf die *Bewährung an Erfahrung* zurückgreift.[47]

Aus transzendentalphilosophischer Perspektive stellen sich diesbezüglich ernstzunehmende Anschlussfragen: Wie kann die kohärenztheoretische Methode selbst gerechtfertigt werden? Was für ein Erfahrungsbegriff liegt dabei zugrunde? Wie lassen sich die möglicherweise kohärent erscheinenden Denkmodelle überhaupt als Annäherungen an die Wirklichkeit begründet rechtfertigen? Schließlich haben wir, frei mit Kant gesprochen, „außer unserer Erkenntnis doch nichts, womit wir unsere Erkenntnis vergleichen könnten".[48]

Der Ansatz der Transzendentalpragmatik greift diese Problematik auf und fragt danach, was *die universalen Bedingungen der Möglichkeit jeder theoretischen*

---

45 Vgl. Austin 1972.

46 Vgl. dazu das berühmte Taler-Argument aus Kant ^{3}1990: B 627.

47 Etwa im Stile des „flight of an aeroplane" bei Whitehead 1978: 5; deutsch Whitehead ^{2}1984: 34: „Die wahre Forschungsmethode gleicht einer Flugbahn. Sie hebt ab von der Grundlage einzelner Beobachtungen, schwebt durch die dünne Luft phantasievoller Verallgemeinerung und versenkt sich dann wieder in neue Beobachtungen, die durch rationale Interpretation geschärft sind."

48 Kant ^{3}1990: A 104.

Behauptung sind. Mag der Inhalt einer Behauptung nämlich seinem logisch analysierbaren propositionalen Gehalt nach durchaus fragwürdig sein und bleiben, so ist uns dieser doch niemals allein gegeben. Die leitende Einsicht des transzendentalpragmatischen Ansatzes ist es, dass *kein propositionaler Gehalt jemals unabhängig von einem realen Vollzug gegeben* ist. Stets wird der Gehalt *real gedacht*, im *Behauptungsvollzug* sprachlich geäußert oder als solcher rezipierend *wahrgenommen* (gelesen, gehört o. ä.).

In der Reflexion auf konkrete Behauptungen propositionaler Gehalte lassen sich demgemäß *zwei Ebenen* unterscheiden:[49]

1. Die propositionale Ebene des Gehaltes (i. e. ein sprachlich geäußerter oder im Denken begrifflich reflektierter bestimmter Inhalt).
2. Die performative Ebene des Vollzuges (i. e. der reale Akt der Behauptung oder des Denkens).

Diese Unterscheidung wird anschließend nutzbar gemacht, indem die Beziehung zwischen den beiden Ebenen (1) und (2) kritisch hervorgehoben wird. Bei Béla Weissmahr klingt das wie folgt:

> Durch jedes ernstgemeinte Behaupten wird uns mittels der sprachlichen Setzung, aber ohne es propositional ausgedrückt zu haben, notwendig kundgetan, daß im Falle des konkreten Sprechaktes alle Bedingungen verwirklicht sind, ohne die das Setzen der Behauptung als Behauptung nicht möglich wäre.[50]

Das bedeutet, im Blick auf Behauptungen ganz gleich welchen propositionalen Gehaltes ist es zwar durchaus immer auch sinnvoll möglich (und nicht selten geboten), die logische Analyse auf der propositionalen Ebene anzustrengen; der *ontologische Primat* liegt jedoch auf der *Vollzugsebene.* Am leichtesten (mithin in der einschlägigen Literatur auch am häufigsten) wird dies mit der Behauptung „Es gibt keine Wahrheit!" illustriert.[51] Der propositionale Gehalt der Ebene (1) enthält keinen logischen Widerspruch. Allerdings widersprechen sich die Ebenen (1) und (2); denn *im Vollzug der Behauptung*, damit sie als solche überhaupt ernst genommen werden kann, ist ein *Wahrheitsanspruch performativ mitgeäußert.* Dieser Wahrheitsanspruch ist *unhintergehbar.* Selbst der Lügner macht von ihm Gebrauch; er behauptet schließlich etwas als wahr, was nicht der Wirklichkeit entspricht. Wollte man den Wahrheitsanspruch hintergehen, genügte weiterhin nicht, einfach zu ergänzen „was ich behaupte, ist gar nicht wahr". Dies würde abermals einen Wahrheitsanspruch kundtun (nämlich, dass die Behauptung nicht wahr sei). Es führte allerdings lediglich dazu, dass man den Behauptenden nicht mehr ernst nehmen könnte. Eine solche Aussage („Es gibt keine Wahrheit! Und diese Behauptung ist nicht wahr!") führte bestenfalls in die Untiefen des Lügner-Paradoxes, die sich allesamt an der *negativen Selbstbezüglichkeit*

---

[49] Vgl. zum Folgenden Schmidt 2003: 101f. in Bezug auf Weissmahr 1989 sowie Hösle 1997: 152–181 [dort zitiert nach der ersten Auflage von 1994].

[50] Weissmahr 1989: 69.

[51] Vgl. aufschlussreich diesbezüglich Hösle ^{3}1997: 159–168, besonders 163f.

aufhängen.[52] Viele Witze und kommunikationstheoretische wie -psychologische Beispiele profitieren von dieser Problematik.[53] Zu behaupten, dass es keine Wahrheit gebe, hat in der Tat denselben transzendentalpragmatischen Status, als würde man durch eine Türe von Drinnen einem an dieser von außen Anklopfenden zurufen: „Es ist niemand hier drinnen!" Oder als würde jemand seinem Gegenüber ins Gesicht sagen, dass es ihm sehr leid täte, jedoch sei er selbst leider nicht in der Lage auch nur ein einziges Wort mit ihm zu reden (obzwar er gerade aktiv durch sein Reden widerlegt ist).

Der Aufweis der Widersprüchlichkeit zwischen propositionaler und performativer Ebene der Behauptung setzt bei dem *getätigten Vollzug* einer Behauptung an. Dieser ist eine *reale Tatsache*, die ihre *Bedingungen der Möglichkeit* hat. Wird im Vollzug der Behauptung auf der propositionalen Ebene jedoch *eine dieser notwendigen Bedingungen explizit geleugnet*, so erweist sich *der propositionale Gehalt* als *sicher falsch*. Mag die propositionale Ebene auch noch so kohärent und widerspruchsfrei anmuten, so steht und fällt alles doch damit, ob die *Geltungsbedingungen* des Behaupteten erfüllt sind. So kann die Behauptung „Es gibt keine Wahrheit!" schlechthin nicht als wahr gelten, weil die notwendige Bedingung dafür, dass zumindest einige Behauptungen (wie die getätigte) wahr sein können, durch die Behauptung untergraben wird. *Die notwendigen Bedingungen bzw. die Bedingungen der Möglichkeit einer realisierten Behauptung müssen zugestanden sein, damit etwas als Behauptung ernstgenommen werden bzw. gelten kann.* Das gilt nicht nur für alltagspraktische Äußerungen, sondern universal für jede diskursive wie theoretische Aussage schlechthin. Dieser Umstand beschränkt sich außerdem nicht nur auf Behauptungen mit positivem Aussagegehalt, sondern betrifft schon unser Zweifeln. Auch Zweifel sind performative Denkakte, die sprachlich performativ geäußert werden. Und auch für Zweifel gilt die augustinische Einsicht,[54] welche Wolfgang Kuhlmann wie folgt in Worte fasst:

> Das, was vom Zweifelnden als wahr unterstellt werden muss, damit er überhaupt sinnvoll zweifeln kann, das kann nicht selbst sinnvoll bezweifelt werden, weil dann der Zweifel sich selbst zerstören und insofern kraftlos machen würde. Das ist die Idee der *Unhintergehbarkeit*: Man kann nicht zweifelnd hinter die Voraussetzungen sinnvollen Zweifelns zurückgehen, weil man sie dann mitnehmen, und d. h. bestätigen müsste.[55]

Möchte man die Methodik der Transzendentalpragmatik verallgemeinern, kann man sagen, dass der *intensionale Gehalt einer Äußerung* auf *transzendentale Weise an der Wirklichkeit selbst gemessen* wird, welche *indirekt in den Bedingungen der Möglichkeit des Vollzuges der Äußerung in Erscheinung tritt*. Auf der Indirektheit der

---

52 Vgl. Weissmahr 2015. Vgl. dazu auch Schmidt 2012: 85f.

53 Vgl. etwa Watzlawick 1988.

54 Augustinus, *De civitate Dei*, XI, cap. 26 (PL 41, 340), greift mit seinem „Si enim fallor, sum!" dem als Cogito-Einsicht bekannt gewordenen „Ego sum, ego existo!" von Descartes vor, womit beide als Vorläufer der Transzendentalpragmatik gelten können.

55 Kuhlmann 2009: 34.

performativ nur implizit bzw. unthematisch mitgeteilten Bedingungen der Möglichkeit beruht allerdings eines der viel diskutierten Probleme.[56] So gesteht auch Wolfgang Kuhlmann zu:

> Das Aufdecken bloß implizit gegebener Voraussetzungen – die spezifische Leistung rekonstruktiver, der Hermeneutik nahe stehender Disziplinen – gilt als notorisch sehr riskante Leistung, woraus ein Standardargument gegen Unhintergehbarkeitsnachweise resultiert.[57]

Kuhlmann setzt sich an angegebenem Orte ausführlich mit diesem Problem auseinander. Er zeigt, dass es den Kern der Transzendentalpragmatik nicht außer Kraft setzen kann, lediglich zu „gehöriger mäeutischer Geschicklichkeit" nötige.[58] Unumwunden bleibt die Lage: Ergibt sich ein *transzendentaler bzw. performativer Widerspruch* in der *Selbstanwendung (Retorsion)*, ist das ein sicheres Zeichen für die Falschheit der betreffenden Aussage. Jedoch sind voreilige Schlüsse hier wie überall zu vermeiden. Oft gebrauchen wir Menschen – auch als versierte Wissenschaftler – die Sprache nicht mit der nötigen Sorgfalt (ob das überhaupt jemals gelingt, steht auf einem anderen Blatt). Jemandem einen performativen Widerspruch nachzuweisen, sollte deshalb nur den *ersten Schritt einer Nachfrage* darstellen, welche die Möglichkeit zu einer Präzisierung der intendierten Äußerung lässt. So könnte beispielsweise der Wahrheitsleugner auf den Hinweis selbstreferentieller Inkonsistenz in der Antwort seine Aussage derart einschränken: „Nunja, ich meinte eigentlich nur, dass sich Behauptungen *oft* als unzureichend herausstellen und dass gerade diejenigen, die dogmatisch vertreten werden, *meistens* die nötigen Begründungen aussparen." Eine solche Einschränkung entgeht dem transzendentalen Problem der Selbstanwendung, erhebt allerdings auch sehr viel weniger gewichtige metaphysische Ansprüche.

Damit ist der wichtigste Punkt im Rahmen dieses Beitrages angesprochen: Welche Bedeutung hat die Transzendentalpragmatik für die Metaphysik, und ferner: welche religionsphilosophische Bedeutung lässt sich damit insbesondere für die Fragestellung nach der religiösen Vielfalt verbinden?

---

56 Die ausufernde Diskussion über die Vorurteile gegenüber der Transzendentalpragmatik, dass es sich beispielsweise nur um einen „Taschenspielertrick" etc. handele, kann an dieser Stelle nicht behandelt werden. Dafür verweise ich auf Kuhlmann 2009: 9ff., der sich ausführlich mit den Einwänden gegen die Letztbegründungsdebatte auseinandersetzt und die Frage danach, ob „reflexive Argumente nur unfaire Tricks" seien diskutiert (Ebd.: 135ff.). Auch Weissmahr 2006: 81–83, setzt sich mit dieser Problematik ausführlich auseinander. Weissmahr selbst plädiert ebd.: 76 bzgl. der Problematik hermeneutisch reflexiv-explikativer Herausarbeitungen des „performativ Mitgeteilten" allem Anschein nach dafür, dass das „nichtpropositional Mitgeteilte als solches" nur analog im Sinne eines prinzipiell „Überbegrifflichen" verstehbar sei. Das führt uns jedoch in sehr viel weiterreichende Probleme; siehe dazu Weissmahr 1991: 91–94, sowie Stammer 2019.

57 Kuhlmann 2009: 145.

58 Kuhlmann 2009: 146.

3.2 Die metaphysische Bedeutung des Transzendentalpragmatismus

Wie bereits erwähnt betrifft der transzendentalpragmatische Ansatz das für die Philosophie (insbesondere in erkenntnismetaphysischer Hinsicht) zentrale *Problem des Verhältnisses zwischen Denken und Sein* bzw. die für unser Erkennen *fundamentale Wahrheitsfähigkeit.* Die Reichweite unserer Erkenntnis mag hinsichtlich bestimmter Fragestellungen durch unsere konkret-faktische (bio-psycho-soziale, historisch-kulturelle) wie kontingente *conditio humana* eingeschränkt sein. Entsprechend wird es uns wohl niemals gelingen empirisch festzustellen, ob die Zahl der Sterne im Universum zu einem beliebigen Zeitpunkt gerade oder ungerade ist, obwohl wir intuitiv einem Alltagsrealismus folgend stark annehmen, dass es entweder das eine oder das andere, *tertium non datur*, sein müsse. Auch werden wir in Anbetracht unserer Lage „zwischen den Unendlichkeiten" von Raum und Zeit, die Schellenberg mit Pascals Selbstempfindung als „denkendes Schilfrohr" teilt, noch so manche Revision von als sicher angenommenen Theorien erfahren. Die Transzendentalpragmatik setzt an diesem Punkt an, um vermeintlich relativistische, subjektivistische und generell skeptizistische Konsequenzen ihrer Haltlosigkeit zu überführen. Nur weil wir hinsichtlich bestimmter empirischer Fragestellungen auf empirische Probleme stoßen, lässt sich daraus noch keine grundsätzliche metaphysische Inkompetenz unserer Erkenntnis ableiten. Auch gegen reduktionistische Engführungen – insbesondere psychologistische oder biologistische – kann die transzendentalpragmatische Methode in Anschlag gebracht werden. Entsprechend argumentiert etwa Harald Schöndorf gegen den Impetus der evolutionären Erkenntnistheorie, unsere Erkenntnis könne nicht auf überlebensdienliche Angepasstheit beschränkt und damit seiner prinzipiellen Wahrheitsfähigkeit oder den für unsere Behauptungen notwendigen Geltungsbedingungen enthoben sein.[59] Es ist dabei wichtig zu sehen, dass Schöndorf nicht die evolutionäre Beschreibbarkeit der Entwicklung unseres Erkenntnisapparates leugnet oder die Evolutionstheorie in irgendeiner Weise generell bestreitet. Lediglich gegen die erkenntnistheoretische Engführung als metaphysische Sinndeutung, dass die evolutionäre Erkenntnistheorie „noch fundamentaler ansetze als jede philosophische Erkenntnistheorie", weil sie „in einem früheren evolutionären Stadium" beginne, setzt sich Schöndorf zur Wehr.[60]

Das ist für unsere Thematik in Bezug auf Schellenbergs temporalistisches Verständnis insofern relevant, als der zeitliche Rückschritt in der evolutionären Entwicklung und der damit verbundene Rekurs auf die *Genese* unseres menschlichen Erkenntnisapparates prinzipiell keinerlei Änderungen an den

59 Vgl. Schöndorf 2014: 33–59.

60 Schöndorf 2014: 34.

notwendigen *Geltungsbedingungen* mit sich führen kann. Mehr noch: Die Geltungsbedingungen sind auch für die evolutionäre Erkenntnistheorie mit dem Hinweis anzufragen, dass sie selbst implizit einen Anspruch auf wahre Erkenntnis erheben muss, um erstgenommen werden zu können. Die *notwendige Unterscheidung zwischen Genese und Geltung* betrifft temporalistisch betrachtet erst einmal nur die Entwicklungsbedingungen in der Vergangenheit. Man wird sagen müssen: Die *Geltungsbedingungen wahrer Aussagen standen metaphysisch schon fest*, bevor der menschliche Organismus einen entsprechenden Erkenntnisapparat unter irdischen Bedingungen ausgebildet hatte. Hinsichtlich zukünftiger Ereignisse könnte man revolutionäre Entwicklungen im Bereich der Linguistik und Logik antizipieren; dennoch beträfen auch diese lediglich die Äußerungsgestalt und Detailgenauigkeit der jeweiligen Artikulation, nicht aber die Geltungsbedingungen selbst. Erkenntnismetaphysisch gewendet bedeutet das: *Was jetzt und hier wahr ist und gilt, wird immer wahr und in Geltung gewesen sein.* Zwar ändern sich in Bezug auf die jeweiligen Aussagen möglicherweise die konkreten Details von Perspektiven und Kontexten, so dass Ergänzungen und Revisionen einzelner insbesondere durch empirische Kontexte bedingter Aussagen nötig werden können. Aber die grundsätzlichen Geltungsbedingungen wahrer Aussagen überhaupt werden durch den Temporalismus nicht tangiert.[61]

Damit ist natürlich keineswegs behauptet, dass a) schon restlos alles gesagt und b) das Gesagte nicht in seiner begrifflich explizierten Gestalt fortlaufender Korrektur bedürftig sein kann. Gesetzt, man affirmiert die *Überzeitlichkeit der transzendentalpragmatisch zu eruierenden Geltungsbedingungen*, lässt sich dann mit der transzendentalpragmatischen Methode über die *korrektive Funktion* gegenüber metaphysischen Fehldeutungen naturwissenschaftlicher Forschungsergebnisse hinaus auch ein positiver metaphysischer Gewinn erzeugen?[62]
Geht man über einen bloß diskurstheoretischen Ansatz hinaus, ist die ontologische Relevanz der Transzendentalpragmatik metaphysisch weiter auszulegen. Vittorio Hösle behauptet entsprechend: „Aus der reflexiven Letztbegründung folgt erstaunlich viel; jedenfalls ist mit ihr nicht allzuviel kompatibel."[63] Er verweist konkret auf Konsequenzen für den Naturbegriff wie

---

61 Weissmahr 2006: 77 bezeichnet die durch den „indirekten Beweis" aufgewiesenen Geltungsbedingungen als „‚leugnungsresistente' Sätze" und meint, dass sie „gegen jede *mögliche* (also auch gegen jede zukünftige) Infragestellung ihrer Geltung immun" seien.

62 Kuhlmann 2009: 9 bestimmt etwa „das Selbstverständnis der Transzendentalpragmatik" hinsichtlich ihrer Intention durch „die Möglichkeit, philosophische Erkenntnis- oder Sinnkritik sinnvoll zu betreiben, die Möglichkeit, die Diskursethik ohne naturalistischen Fehlschluss zu begründen" sowie „eine ernstzunehmende Chance, bestimmte zentrale – und von vielen als ewig und immerwährend angesehene Probleme (z. B. das Problem der Moralbegründung) erstmalig definitiv zu lösen [...]." Für die religionsphilosophische Perspektive auf religiöse Diversität lässt sich davon einiges durchaus ebenfalls gebrauchen. Dennoch suche ich in diesem Aufsatz mehr noch explizit nach einem *gemeinsamen Boden* für die inter-religiöse Begegnung im Horizont des Schellenbergschen „Ultimismus" mitsamt seiner temporalistischen Selbstverortung in „Deep Time".

63 Hösle 1997: 272.

das Leib-Seele-Problem und moniert, dass man philosophischen Mut haben sollte, trotz des Risikos von Fehlern die Anwendungsmöglichkeiten auszuloten.[64] Die folgenden fünf Thesen möchte ich in diesem Sinne als transzendentalpragmatischen Vorschlag in religionsphilosophischer Perspektive verstanden wissen:

1. Es existiert nicht Nichts, sondern irgendeine (philosophisch und empirisch) genauer zu bestimmende Art von „Sein" oder „Wirklichkeit".
2. Jedes existierende Wesen ist Teil dieses einen *gemeinsamen Seins* und nimmt eine individuelle Perspektive auf es ein.
3. Weil wir im realen Selbstvollzug an ihm teilhaben, ist das Sein unserer Erkenntnis zumindest prinzipiell zugänglich (obzwar nicht unbedingt erschöpfend, in exakter Präzision oder frei von Irrtumsanfälligkeiten oder interkommunikativen Missverständnissen).
4. Religiöse Fragen sind als Fragen nach der letzten Wirklichkeit (oder dem „Ultimativen") Letztbegründungsfragen in Bezug auf das allen gemeinsame Sein und unsere Rolle in/zu ihm.
5. Notwendige Geltungsbedingungen von Aussagen sind Kriterien auch für religiöse Aussagen.

Punkt 1 sollte unkontrovers sein. Er setzt lediglich voraus, dass es überhaupt etwas gibt (sei es auch nur kontingenter Weise), was allein mit dem Vorliegen des Beitrages und dem Rezeptionsvollzug von Irgendjemandem hinreichend begründet ist. Natürlich handelt es sich dabei um die Abweisung eines „metaphysischen Nichts" und nicht eines Quantenvakuums oder dergleichen, welches im strengen Sinne schon „etwas" wäre. Rein begrifflich ist ein solches metaphysisches Nichts unmöglich, wenn nicht gar die Unmöglichkeit selbst. (Damit ist in gewisser Hinsicht ein Aspekt des ontologischen Argumentes berührt.[65])

Punkt 2 betont die *letzte und damit alles verbindende Einheit* des Seins. Mögen konkrete Disparitäten in Raum und Zeit, der Geschichte und Kultur auch quantitativ unermesslich ausgeprägt sein, gibt es dennoch *weder völlig isolierte Seiende noch vollkommene Trennungen.* Alles, was ist, ist Teil des einen gemeinsamen Seins. Dieser Punkt stößt bisweilen jenen auf, welche die Vielfalt individueller Lebensvollzüge und Perspektiven in ihrer unvertretbaren Einmaligkeit und Besonderheit hervorheben wollen. Eigentlich besteht diesbezüglich aber gar kein Widerspruch. Im Gegenteil: Wir können Vielheit als solche nur als Viel-Einheit denken. Die vielen Einzelnen bestimmen sich in ihrer Einzelheit gerade durch ihren Unterschied von Anderem. Dieser Unterschied ist ein Beziehungsverhältnis auf dem Hintergrund der übergeordneten Seins-Einheit. Es wäre schlechthin unmöglich irgendeine Form von komplett vollständiger Verschiedenheit begrifflich zu behaupten; denn man hätte sie

64 Vgl. Hösle 1997: 271f.
65 Siehe dazu vor allem Schmidt 2003: 132–145.

dabei doch schon im Bewusstsein wie auch sprachlich vereint, was dem Anspruch nach aber unmöglich wäre. Die Vielfalt der Perspektiven, Wahrnehmungen und Verständnisweisen ist vielmehr gerade eine solche, weil sie sich aus unvertretbar einmaligen Standpunkten *im einen Sein* heraus *auf dieses eine gemeinsame Sein* beziehen. Wer das leugnete, müsste behaupten, dass es radikale Trennungen gäbe, die schlechthin nichts miteinander zu tun hätten, was sich nicht denken lässt, ohne sich selbst performativ zu widerlegen. Egal welcher Disput geführt wird, egal welche These kontrovers diskutiert wird, egal welche fremde Kultur uns begegnet, wir müssen dabei voraussetzen, dass wir alle Teilperspektiven einer einzigen Wirklichkeit einnehmen, sonst wäre echte Begegnung genauso wenig möglich wie verständnisvolle Kommunikation.

Punkt 3 behauptet nicht, dass die volle Quantität des Erkennbaren irgendjemandem zu irgendeiner Zeit zugänglich sei (bzgl. des Gottesstandpunktes wäre ein längerer Gedankengang mitsamt Begriffsklärungen nötig). Die *unhintergehbare Vollzugsgewissheit des eigenen Seins* kann jedoch epistemologisch als archimedischer Punkt angeführt werden. Wir wissen darum, was Wahrheit im Sinne der Korrespondenztheorie – also einer strikten *adaequatio intellectus et rei* – ist, weil wir *im Vollzug des Denkens* uns als *real* erkennen. Damit ist *in unserem Denken* jener Punkt gegeben, der nötig ist, um kritisch nach Einzelwahrheiten im erkennenden Umgang mit der Wirklichkeit zu fragen – auch wenn das uns nicht erspart, im Verlauf der jeweiligen Erkenntnisprozesse zu suchen und zu irren. Weil es aber *eine gemeinsame Wirklichkeit* ist und wir deren *Partizipationsformen* sind, besteht zumindest prinzipiell Hoffnung auf Rahmen von Verständigung für kommunikative Begegnungen.

Punkt 4 ist nun schon gewagter. Sind wirklich alle religiösen Fragen im Kontext der Letztbegründung zu sehen? Gibt es nicht auch religiöse Themen, die so speziell sind – z. B. Kulte und Riten betreffend –, dass sie nur sehr entfernt auf den letzten Grund des Seins bezogen werden können? Das mag zutreffen; aber dann genügt es trotzdem für die These. Auch eine noch so entfernte Beziehung ist und bleibt eine Beziehung. Fraglich wäre vielmehr, ob es überhaupt Bereiche der Wirklichkeit geben kann, die aus dieser Perspektive nicht mehr (zumindest im weiteren Sinne) Teil der religiösen Fraglichkeit sind. Wäre die Uneinschränkbarkeit der religiösen Frage jedoch der Fall, stellte nicht genau das eine weitere Bestätigung dar? Die Frage nach der letzten Wirklichkeit, die Grund allen Seins – unseres gemeinsamen wie meines eigenen Seins – ist, und die Frage nach meiner Beziehung zu dieser Wirklichkeit *durchdringt alle* (insbesondere die existenziellen) Dimensionen der *Wirklichkeit*. Genau *deshalb* kann sie als *religiös* qualifiziert werden. Sie bindet mich in jeder Dimension meines Lebens zurück an den letzten Grund allen Seins. Sie kann in Anlehnung an Schellenberg somit als *ultimative Frage* charakterisiert werden.[66]

---

[66] Die Problematik, dass man so quasi „anonyme Religiosität" bei jedem sich vollziehenden Menschen (ferner vielleicht sogar jedem Seienden überhaupt) unterstellt, wäre eigens zu

Punkt 5 schließlich betrifft die Anwendung der Transzendentalpragmatik auf den interreligiösen Dialog – und das Schellenberg zum Trotze auch über alle möglichen temporalen Entwicklungen hinweg. Ganz gleich wer mit wem wann und wo sich kommunikativ über die Unterschiede und Gemeinsamkeiten religiöser Verständnisse und Lebensformen austauschen mag, seine Behauptungen dürfen nicht im Widerspruch zu den Geltungsbedingungen der Behauptungen stehen. Sie sollen somit als – durchaus noch weite, aber dennoch keineswegs konsequenzlose – *Kriterien der Vernünftigkeit religiöser Aussagen* angesetzt werden können. Was das bedeuten könnte und wo dabei Grenzen anzunehmen sind, sei im nächsten Abschnitt lediglich angedeutet.

3.3 Multi-Perspektivismus ohne relativistisches Verhängnis?

Erinnern wir uns an die Ausgangslage des *Apophatischen Trugschlusses* bei John Hick: Ist Theologie nach allem bisher Angeführten wirklich nur als menschengemachte Fiktion zu verstehen? Inwiefern kann Schellenbergs Ultimismus kombiniert mit dem Ansatz der Transzendentalpragmatik einen bedeutenden Unterschied setzen?

Die leitende Hoffnung ist, dass es bei aller Multi-Perspektivität religiöser Perspektiven doch eine *erkenntnismetaphysische Basis der religiösen Rede* geben kann. Mit den transzendentalpragmatischen Argumentationsfiguren lässt sich wohl begründet (wenn auch niemals zwingend[67]) dafür votieren, dass es *eine gemeinsame Realität* gibt, deren Teil wir alle sind. Wir alle leben in ihr und beziehen uns auf sie. Unser aktives Bezugsverhältnis auf die eine gemeinsame Realität eröffnet erst den lebenspraktischen Kontext von Handlungen und ihren Interpretationen, Diskursen sowie auf Universalität ausgreifende Theorie-

---

klären. Die meisten wehren sich berechtigterweise vor institutionellen Vereinnahmungen. Ein Religionsverständnis, das direkt auf bestimmte vorgefertigte Bekenntnisse oder Bekenntnisgemeinschaften abstellt, kann hier nicht gemeint sein. Es geht vielmehr um eine metaphysische Grundausrichtung auf Sinn, die noch keine expliziten Zugehörigkeiten oder Artikulationsweisen einschließt, außer, dass sie unter einem im weitesten Sinne zu fassenden „unbedingten Anspruch" steht: Was ist, soll sein! Ja, es soll gut sein. Was das heißen kann und wie es mit den bisweilen nicht unbedingt als gut empfundenen konkreten Lebensumständen zu verbinden ist, wäre dann die ganz individuelle spirituelle Aufgabe menschlichen Lebens. Damit greifen wir auch schon auf den nächsten Punkt über.

67 Obzwar die transzendentalpragmatische Demonstration performativer Widersprüche in der Bestreitung der Geltungsbedingungen hohe Verbindlichkeit beansprucht, insofern sie die fundamentalen Bedingungen der Möglichkeit des Diskurses offenlegt, bleiben es *lediglich argumentative Begründungs-/Verantwortungsversuche*. Andererseits wird man darauf hindrängen müssen, dass es *zwingende Beweise schlechthin nicht gibt*. Mag etwas auch noch so plausibel erscheinen oder aus akzeptierten Axiomen folgen, ist dennoch niemand zur Anerkennung genötigt. Selbst direkt widersprüchliche Aussagen als solche zu erweisen, erspart nicht die Anerkennungsbereitschaft der anderen Person. Geistige Einsicht ist mit anderen Worten immer auf ein freies Anerkennungsverhältnis der gemeinsam Forschenden angewiesen.

bildungen. Sie alle sind *reale Vollzüge* aus verschiedenen Perspektiven, die notwendig *durch die eine Realität zu individuellen Einzelseienden geeint* sind, egal wie disparat sie *in der Realität* und *zueinander* auch erscheinen mögen. Ferner gibt es *wahrheitsfähige Behauptungen*, die wir *in realen Behauptungsakten* vollziehen. Die notwendigen Bedingungen dieser Behauptungsakte müssen verwirklicht sein, damit die Behauptungen als solche gelten können.

Kombiniert man die transzendentalpragmatischen Einsichten zudem mit der *Phänomenologie religiöser Erfahrungen letzter bzw. ultimativer Größe*, erscheinen die – wenn auch in ihren Äußerungsgestalten vielfältig divergierenden – religiösen Aussagen doch in mehreren gemeinsamen Aspekten verbunden: Sie beziehen sich auf die letzte Wirklichkeit, die unserem gemeinsamen Sein notwendig als Bedingung der Möglichkeit zugrunde liegt. Die *letzte Einheit der Realität* ist in dem transzendentalen Wirklichkeitsverhältnis verbürgt, da ohne diese Einheit kein wie auch immer geartetes Bezugsverhältnis (weder Diskussion noch Zweifel und Widerspruch) *wirklich sein* könnte. Nur in der Einheit der Wirklichkeit kann Wirkliches aufeinander bezogen sein.[68] Auch wahrheitsfähige Erkenntnis gehört in diesem Sinne zur Wirklichkeit. Die *ultimative Einheit* ist dergestalt zugleich als *letzter Geltungsgrund* wahrer religiöser Aussagen zu verstehen (ganz gleich, ob oder wann jemand diese Aussagen trifft).

In der Konsequenz bedeutet das, dass religiöse Aussagen nur als *prinzipiell wahrheitsfähige Aussagen* ernst zu nehmen sind. D. h. nicht, dass bereits irgendjemand im Besitz einiger wahrer religiöser Aussagen sein muss, aber doch zumindest, dass mit religiösen Aussagen stets ein Wahrheits*anspruch* erhoben wird (sei es auch implizit und unbewusst). Nur so sind sie verstehendem Nachvollzug, d. i. denkender Reflexion zugänglich, woraus sich die Möglichkeit einer *Theologie im weiten Sinne* ergibt.

Dass wir uns selbst als Einheitsperspektive in verschiedentlich geeinten Wirklichkeitsräumen erfahren und *Wirklichkeit als solche* nur im Rahmen einer *letztlich unbedingten Einheit* verstehen können, lässt uns an die Tradition des Verständnisses von Platon bis Schleiermacher anknüpfen: Phänomenologisch erfahren wir uns als *Teilhaber/-nehmer der einen Wirklichkeit* und zugleich in *radikaler Abhängigkeit vom letzten Grund dieser Wirklichkeit*. Das „Gefühl der

---

[68] Eine mögliche Gleichsetzung der letzten Wirklichkeit mit dem gemeinsamen Sein wäre unter dem Schlagwort des Pantheismus an anderer Stelle zu diskutieren; diese Diskussion tut der letzten Einheit unabhängig von ihrem Ausgang jedoch keinen Abbruch. Genauso sind polytheistische Einwände anzufragen, ob es nicht im Bezugsverhältnis der vielen Gottheiten und ihrer Genealogie einen übergeordneten Einheitsrahmen geben muss, der sie als solche verbindend (auch) in ihrem (Abstammungs-)Verhältnis konstituiert. Möglicherweise wird das Konzept der „Gottheit" dadurch in seiner Polyvalenz entdeckt und durch ein anderes ersetzt. Hier wären etwa im Stile Schellenbergs „starke" und „schwache" Konzepte des Göttlichen zu unterscheiden. Sind letztere im Spiel, liegt die Rückfrage auf einen übergeordneten Letztgrund zumindest nahe, auch wenn dieser vielleicht prima facie nicht direkt personal etc. aufgefasst wird.

schlechthinnigen Abhängigkeit“[69] gibt als *unmittelbares* (bzw. nur durch die eigene geschichtlich-konkrete, partizipative Gestalt vermittelte) *Kontingenzbewusstsein* den *unhintergehbar real erfahrenen Anlass zum transzendentalen Überstieg auf die ultimative Wirklichkeit* vor. In der Kontingenz liegt die *vielgestaltige Einmaligkeit der Ausgriffe auf das Unbedingte* beschlossen, die in ihrer ontologischen Abhängigkeit vom unbedingten Grund der gemeinsamen Wirklichkeit her die unerschöpfliche Einzigkeit des Einen selbst transzendental spiegelt.

Für den Forschungsrahmen interreligiösen Diskurses wie auch bekenntnisunabhängiger[70] philosophischer Theologie bedeutet das, dass ein *transzendentaler Ultimismus* geeignet erscheinen kann, die *Diskursbedingungen des interreligiösen Dialoges als gemeinsame Basis* zu thematisieren. Diese Basis ist in ihrer Allgemeinheit hinreichend vage, um konkrete Verständnisweisen in ihrer *Diversität* zu erhalten, *ohne* aber *in einen grundsätzlichen Relativismus abzugleiten.* Die gemeinsame Realität des Diskurses in der einen Wirklichkeit ist die alle Differenzen übersteigende und als solche unhintergehbare Voraussetzung.

Die Vagheit der allgemeinen Basis ist allerdings zugleich das Problem und die Grenze dieses Ansatzes. Greift man aus europäischer Philosophietradition heraus etwa auf die Lehre von den Transzendentalien zurück und betont *unum, verum, bonum, ens, pulchrum* etc. als jene Geltungsbedingungen, kann dies für andere Kulturen als vorschneller kulturimperialistischer Übergriff erscheinen. Was die transzendentale Einheit des *unum* etwa bedeutet, insbesondere im Angesicht polytheistischer Realitätsverständnisse bedarf einer sorgsamen Vermittlung, die auch „Offenheit“ für etwaiges Unverständnis verlangt.[71] Der transzendentale Ultimismus ist in diesem Sinne *Gesprächsgrundlage eines darauf aufsetzenden, noch zu führenden Diskurses*, keinesfalls ein hinreichender Abschluss. Dass der gemeinsame Diskurs mit dem Thema letztbezüglicher religiöser Verständigung Voraussetzungen hat, die von beiden Seiten anzuerkennen sind, damit der Diskurs überhaupt gelingen kann, ist der erste Schritt. Alles weitere ergibt sich im Verlauf der Zeit, mithin im Sinne einer „Deep Time“.

---

69 Vgl. dazu etwa Großhans 2004.

70 Freilich ist philosophisches Fragen immer auch kultur-historisch situiert, findet unter gesellschaftlichen Bedingungen statt und enthält Elemente der jeweils eigenen religiösen Prägung. Die Methode einer bekenntnisunabhängigen philosophischen Theologie, wie sie sich etwa bei Schellenberg in seiner *religiösen Skepsis* wiederfindet, problematisiert jedoch diesen Standpunkt und bemüht sich jede Annahme der radikalen Fraglichkeit eines *philosophischen Begründungsanspruches* auszuliefern.

71 Wie eine solche „Haltung der Offenheit“ zu bewerkstelligen ist, beschreibt Kutschera 2012: 52–55 in herausragender Weise. Sie scheint mir Ziel und Grund einer wahrhaft philosophischen Grundhaltung zu sein, von der aus Dialog in respektvollem Umgang miteinander transversal gelingen kann.

Literatur

Anselm von Canterbury: *Proslogion.* Stuttgart: Reclam, 2005.

Apel, Karl-Otto: Fallibilismus, Konsenstheorie der Wahrheit und Letztbegründung, in: Forum für Philosophie Bad Homburg (Hg.): *Philosophie und Begründung.* Frankfurt a.M.: Suhrkamp, 1987, 116–211.

Augustinus: *De civitate Dei. Vom Gottesstaat.* München: dtv, 2007.

Austin, John L.: *Zur Theorie der Sprechakte.* Stuttgart: Reclam, 1972.

Bernhardt, Reinhold: Pluralistische Theologie der Religionen, in: Schreiner, Peter/Sieg, Ursula (Hgg.): *Handbuch Interreligiöses Lernen.* Gütersloh: Gütersloher Verlags-Haus, 2005, 168–178.

Forum für Philosophie Bad Homburg (Hg.): *Philosophie und Begründung.* Frankfurt a.M.: Suhrkamp, 1987.

Gäb, Sebastian: Die Möglichkeit apophatischer Theologie, in: Sans, Georg / Hutter, Axel (Hgg.): *Zeit - Sprache - Gott.* Stuttgart: Kohlhammer, 2019, 253–268.

Großhans, Hans-Peter: Selbsterkenntnis als Gotteserkenntnis? Zum Verhältnis von schlechthinnigem Abhängigkeitsgefühl und schlechthinniger Ursächlichkeit bei Friedrich Schleiermacher, in: Dalferth, Ingolf U. u. a. (Hgg.): *Denkwürdiges Geheimnis. Beiträge zur Gotteslehre.* Tübingen: Mohr Siebeck, 2004, 127–144.

Halbmayr, Alois / Hoff, Gregor Maria (Hgg.): *Negative Theologie heute? Zum aktuellen Stellenwert einer umstrittenen Tradition.* Freiburg i.Brsg.: Herder Verlag, 2008.

Heil, Joachim: Was ist „Religion"? Eine Einführung in unser wissenschaftliches Reden über Religion, in: *Internationale Zeitschrift für Philosophie und Psychosomatik* 1 (2010), 1–29. Online: http://www.izpp.de/fileadmin/user_upload/Ausgabe-1-2010/02_1-2010_TS_Heil.pdf (Stand: 24.10.2019).

Hick, John: *A Christian Theology of Religions: The Rainbow of Faiths.* Louisville, KY: Westminster John Knox Press, 1995.

Hick, John: *An Interpretation of Religion: Human Responses to the Transcendent.* London: Macmillan Press 1989.

Hock, Klaus: *Einführung in die Religionswissenschaft.* Darmstadt: WBG, [3]2008.

Hösle, Vittorio: Begründungsfragen des objektiven Idealismus, in: Forum für Philosophie Bad Homburg (Hg.): *Philosophie und Begründung.* Frankfurt a.M.: Suhrkamp, 1987, 212–267.

Hösle, Vittorio: *Die Krise der Gegenwart und die Verantwortung der Philosophie. Transzendentalpragmatik, Letztbegründung, Ethik.* München: C.H.Beck, [3]1997.

Johnson, Keith E.: *John Hick's Pluralistic Hypothesis and the Problem of Conflicting Truth-Claims.* 1997, online: http://www.leaderu.com/theology/hick.html (Stand: 13.08.2019).

Kant, Immanuel: *Kritik der reinen Vernunft.* Hamburg: Meiner, [3]1990.

Kuhlmann, Wolfgang: *Unhintergehbarkeit. Studien zur Transzendentalpragmatik.* Würzburg: Königshausen u. Neumann, 2009.

Kutschera, Franz von: *Ungegenständliches Erkennen.* Paderborn: mentis, 2012.

Morris, Thomas V.: Perfect Being Theology, in: *Noûs* 21 (1987) 1, 19–30.

Otto, Rudolf: *Das Heilige. Über das Irrationale in der Idee des Göttlichen und sein Verhältnis zum Rationalen.* München: C.H. Beck, [4]2014.

Ruh, Kurt: *Die mystische Gotteslehre des Dionysius Areopagita.* München: Verlag der Bayerischen Akademie der Wissenschaften, 1987.

Schellenberg, John L.: *Prolegomena to a philosophy of religion.* Ithaca: Cornell University Press, 2005.

Schellenberg, John L.: God for All Time. From Theism to Ultimism, in: Buckareff, Andrei/Nagasawa, Yujin (Hgg.): *Alternative Concepts of God.* Oxford: Oxford University Press, 2016, 164–177.

Schellenberg, John L.: Religious Skepticism, in: Machuca, Diego / Reed, Baron (Hgg.): *Skepticism: From Antiquity to the Present.* London u. a.: Bloomsbury Academic, 2018, 727–738. Online: http://www.jlschellenberg.com/uploads/8/5/6/1/8561683/religious_skepticism.pdf (Stand: 16.09.2019).

Schellenberg, John L.: Skepticism as the beginning of religion, in: Dalferth, Ingolf U. / Rogers, Michael Ch. (Hgg.): *Skeptical Faith. Claremont Studies in Philosophy of Religion, Conference 2010*. Tübingen: Mohr Siebeck, 2012, 7–36.

Schmidt, Josef: *Philosophische Theologie*. Stuttgart: Kohlhammer, 2003.

Schmidt, Josef: Selbsttranszendenz aus Gnade – ein philosophischer Begriff, in: Schöndorf, Harald (Hg.): *Die Wirklichkeit erkennen. Grundlinien im Denken Béla Weissmahrs*. Stuttgart: Kohlhammer, 2012, 83–96.

Schöndorf, Harald: *Erkenntnistheorie*. Stuttgart: Kohlhammer, 2014.

Stammer, Dennis: *Im Erleben Gott begegnen. Zur philosophischen Theologie Simon L. Franks*. Freiburg/München: Verlag Karl Alber, 2016.

Stammer, Dennis: Zum Problem der Analogie im Kontext philosophischer Theologie der Gegenwart, in: Lehner, Ulrich L./Tacelli, Ronald K. (Hgg.): *Wort und Wahrheit. Fragen der Erkenntnistheorie*. Stuttgart: Kohlhammer, 2019, 97–110.

Stolz, Fritz: *Grundzüge der Religionswissenschaft*. Göttingen: Vandenhoeck & Ruprecht, [3]2001.

Watzlawick, Paul: *Anleitung zum Unglücklichsein*. München: Piper, 1988.

Weissmahr, Béla: Die Unleugbarkeit der Selbstbezüglichkeit und die Grenzen des kausalen Denkens, in: Ders.: *Letztbegründung. Metaphysische Schriften aus dem Nachlass*. Stuttgart: Kohlhammer, 2015, 230–237.

Weissmahr, Béla: *Die Wirklichkeit des Geistes. Eine philosophische Hinführung*. Stuttgart: Kohlhammer 2006.

Weissmahr, Béla: Ein Vorschlag zur Theorie der retorsiven oder transzendentalen Argumentation, in: Muck, Otto (Hg.): *Sinngestalten. Metaphysik in der Vielfalt menschlichen Fragens*. Innsbruck: Tyrolia, 1989, 66–77.

Weissmahr, Béla: *Ontologie*. Stuttgart: Kohlhammer, 1991.

Whitehead, Alfred N.: *Process and Reality. An Essay in Cosmology*. New York/London: Free Press, 1978.

Whitehead, Alfred N.: *Prozess und Realität, Entwurf einer Kosmologie*. Frankfurt a.M.: Suhrkamp, [2]1984.

Winkler, Ulrich: Perry Schmidt-Leukels christliche pluralistische Religionstheologie, in: *Salzburger Theologische Zeitschrift* 10 (2006), 290–318.

Religiöse Vielfalt im Pluriversum.
Eine pragmatistische Perspektive

Ana Honnacker

1. *Welcome to the pluriverse*: Das Wirklichkeitsverständnis des humanistischen Pragmatismus

Der amerikanische Psychologe und Philosoph William James kann als einer der Denker des Pluralismus gelten. Er ist zudem die Gründungsfigur des amerikanischen Pragmatismus, die sich wohl am eingehendsten mit Religion auseinandergesetzt und um ihren Ort in der Moderne gerungen hat. In seinem rasch zum religionsphilosophischen Klassiker avancierten *The Varieties of Religious Experience* (1902) entwickelte James eine grundlegend pluralistische Religionstheorie: Sowohl die Vielfalt der religiösen Traditionen, die sich historisch beobachten lässt, als auch die Bandbreite an religiösen und spirituellen Erfahrungen, die sich innerhalb dieser Traditionen (oder auch nur inspiriert durch diese) finden, werden nicht nur in ihrer Genese begründet, sondern darüber hinaus für permanent und irreduzibel erklärt. Religiöser Pluralismus ist insofern aus der Perspektive eines spezifisch humanistischen Pragmatismus nicht verwunderlich und schon gar nicht problematisch, als er in einer grundsätzlich und in sich plural verfassten Wirklichkeit wurzelt und damit nur eine Erscheinungsform dieser Verfasstheit ist.

Ganz im Gegensatz zu der von James als Kontrastfolie und intellektueller Sparringspartner gewählten monistischen „Philosophie des Absoluten", wie sie sich seinerzeit etwa im durchaus hegemonialen Oxforder Neo-Hegelianismus eines Thomas Green Hill oder Francis Bradley manifestierte, wird unter diesen Vorzeichen nicht mehr versucht, Realität als etwas Einheitliches zu verstehen und auf den Begriff zu bringen. Die Idee einer einzigen, übergreifenden und alleingültigen Perspektive wird zugunsten der Vorstellung einer Welt der Fülle und Mannigfaltigkeit aufgegeben, in der Zusammenhänge und Verbindungslinien auf vielfache Weise hergestellt werden können. Diese synechistischen Kontinuitäten und Relationen sind, wie James in den 1909 unter dem Titel *A Pluralistic Universe* zusammengefassten Hibbert-Lectures ausführt, aber eben nicht von einem absoluten Standpunkt aus zu erfassen. Das pluralistische Universum lässt sich nicht in den Blick nehmen – jedenfalls nicht in *einen* Blick, der dann mit dem Anspruch der korrekten Repräsentation des Universums auftreten könnte. Eine solche Herangehensweise liefe stets auf eine Einebnung und Reduktion der Wirklichkeit hinaus: Das Pluriversum in eine „All-Form" zu zwingen, produziert zwangsläufig Auslassungen.[1] Um dem vielgestaltigen Charakter der Wirklichkeit gerecht zu werden, sind vielmehr multimodale und multiperspektivische Zugänge notwendig.

Dass keine neutrale, objektive Perspektive zur Verfügung steht, kein *„view from nowhere"*, gründet darin, dass die von James und seinem britischen Kollegen F. C. S. Schiller entworfene Variante den methodischen Imperativ des philosophischen Pragmatismus überhaupt, nämlich den elementaren Erfahrungsbezug, noch einmal radikalisiert. Erfahrung kann als Ausgangspunkt und Prüfstein aller pragmatistischen Theoriebildung gelten: Hypothesen und Konzepte werden im Lichte ihrer praktischen Auswirkungen evaluiert, mittels des Unterschiedes, den sie in der Welt machen. Die Pointe des humanistischen Pragmatismus liegt nun darin, darauf abzuheben, dass bei dieser Evaluation vom menschlichen Standpunkt nicht abzusehen ist – die Wirklichkeit wird immer *von uns* und *für uns* erschlossen. Das bedeutet, dass Realität intrinsisch durch menschliche Interessen, Bedürfnisse und Präferenzen geprägt ist. Nach der Realität „an-und-für-sich", einer „eigentlichen" Wirklichkeit zu fragen verkennt dementsprechend die Kerneinsicht dessen, was James und Schiller unter Humanismus verstehen: Wirklichkeit im Vollsinne ist immer als menschliche Wirklichkeit zu denken. Realität ist nichts, was „da draußen" einfach vorliegt und nur noch exakt beschrieben werden müsste. So etwas wie „reine Fakten" gibt es nicht: „Der Schlangenschweif des Menschlichen haftet an jedem Ding."[2] Pate für diesen Humanismus steht, auch ganz explizit, Protagoras' *homo mensura*-Prinzip.[3] Das (vermeintlich) „Gegebene" ist stets das durch die menschliche Erfahrung Gegebene, und damit je Vermitteltes.

Der pragmatistische Humanismus stellt also das Verständnis von Realität als etwas Fixem, Absolutem, und Objektivem deutlich in Frage bzw. weist diese Vorstellung sogar entschieden zurück: Die Wirklichkeit zeichnet sich durch Plastizität aus, durch Relativität und Subjekthaltigkeit. Der Faktor Mensch kann nicht außer Acht gelassen werden, er ist konstitutiv für die Hervorbringung und Ausgestaltung von Wirklichkeit. Damit sind James und Schiller sicherlich an einem der Pole des Kontinuums realistischer Positionen zu verorten, an dessen gegenüberliegendem Ende, mit Blick auf das pragmatistische Spektrum, wohl Peirce zu verorten wäre. Klarerweise, und entgegen weit verbreiteter Vorurteile gegen den philosophischen Pragmatismus im Allgemeinen und die humanistische Variante im Besonderen, treten sie für keinen reinen Konstruktivismus ein. Die Hervorhebung der kreativen, „erschaffenden" Rolle des Menschen ist

---

1 „Something always escapes. ‚Ever not quite' has to be said of the best attempts made anywhere in the universe at attaining all-inclusiveness." (James 1996: 321) Der Frage von Einheit und Vielheit widmet sich James auch ausführlich, nämlich in der vierten Vorlesung, in James 1994: 79–102.

2 James 1994: 41.

3 Vgl. beispielsweise Schiller 1939: 18–31.

keineswegs als anti-realistisches Plädoyer aufzufassen. Weder James noch Schiller leugnen die Existenz einer subjektunabhängigen Welt.[4] Jedoch verstehen sie diese als eine Art Rohmaterial, als *hyle:*[5] etwas, das vorliegt, uns entgegenkommt und mit dem wir interagieren (müssen). In diesem Prozess des Interagierens erst wird Wirklichkeit im gehaltvollen Sinn hervorgebracht, zwar nicht *ex nihilo*, nicht einmal demiurgisch, aber durchaus kreativ. James etwa vergleicht unser *„reality-making"* mit der Bildhauerei: Wir stehen einem Stoff gegenüber, den wir aktiv bearbeiten müssen, um eine Skulptur hervorzubringen – sie wird sich nicht von sich aus zeigen. Nur durch den Umgang mit dem Material, dem Austesten seiner Grenzen, der Verwendung geeigneter Werkzeuge wird das Potential des Materials verwirklicht.[6] Dem „Rohstoff Welt" nun geben wir seine spezifische Form und Ausgestaltung, indem wir Begriffe bilden, definieren, klassifizieren, systematisieren. Wir bilden ein unspezifisches *Was* in ein bestimmtes *Das* um und reichern es damit an. Dieser Prozess ist aktiv – wir „spiegeln" die Welt eben nicht nur passiv[7] – und durch menschliche Interessen und Bedürfnisse geleitet. Die Wirklichkeit ist diesem Verständnis nach etwas Plastisches und Widerständiges zugleich: Zum einen gibt es Spielräume der Gestaltung, des Herausgreifens, Zusammenfügens, zum anderen sind wir immer wieder mit Grenzen der Formbarkeit konfrontiert, etwas, das sich unserer Kontrolle und Gestaltungsmacht entzieht. Die Wirklichkeit wird eben nicht willkürlich *er*funden, sondern auch *ge*funden. Dann ist gewissermaßen der „harte Boden" der Realität erreicht, der nicht verhandelt werden kann.

An diesem Punkt nun greifen Realitäts- und Wahrheitstheorie des pragmatistischen Humanismus ineinander: „It follows that the ‚making of truth' is also in a very real sense a ‚making of reality'. In validating our claims to ‚truth', we ‚discover' realities. [...] What we judge to be ‚true', we take to be ‚real', and accept as a ‚fact'."[8] Überzeugungen über die Welt müssen sich also (an dieser) bewähren – sich eben bewahrheiten, um als Tatsache gelten zu können. Wahre Sätze erfüllen eine Leitfunktion und können daher nicht beliebig gesetzt werden, weil wir nicht über die Welt verfügen. Wenn beispielsweise eine erhöhte atmosphärische CO_2-Konzentration aufgrund des Treibhauseffekts zu

---

[4] Sowohl James als auch Schiller reagierten explizit und teils ausführlich auf den Vorwurf des Antirealismus, der gegen ihren Humanismus vorgebracht wurde: „Humanism has no quarrel with the assumptions of common-sense realism; it does not deny what is popularly described as the ‚external' world." (Schiller 1912: 13). Siehe dazu auch James 1975b: 99–116.

[5] Eine Problematisierung der Verwendung des Begriffs *„hyle"* durch Schiller findet sich bei Abel 1955: 118–119.

[6] Vgl. James 1979a: 103.

[7] „The making of truth, it is plain, is anything but a passive mirroring of ready-made fact [sic]. It is an active endeavour in which our whole nature is engaged, and in which our desires, interests, and aims take a leading part." (Schiller 1912: 425). Daran anschließend setzt sich dann Richard Rorty mit dem repräsentationalistischen Ideal in Bezug auf die Naturwissenschaften ausführlich in *Philosophy and the Mirror of Nature* (1979) auseinander.

[8] Schiller 1912: 425f.

einem Anstieg der mittleren globalen Temperatur führt, dann verhält es sich so, egal, wie sehr dies unseren Wünschen (und auch unseren existentiellen Bedürfnissen) entgegensteht:

> Alle unsere Wahrheiten sind Überzeugungen vom Vorhandensein einer ‚Wirklichkeit', und in jeder bestimmten einzelnen Überzeugung tritt diese Wirklichkeit als etwas Unabhängiges auf, als etwas, das gefunden, nicht hervorgebracht wird. [...] Wirklichkeit ist etwas, wovon unsere Wahrheiten Rechenschaft zu geben haben.[9]

„*Wishful thinking*", der gängige Vorwurf gegen die pragmatistische Vorstellung von Wahrheit, führt in die Irre und ins Desaster, eben weil falsche oder rein arbiträr zustande gekommene Überzeugungen nicht gut als Kompass in der Realität dienen.

Wahrheit kann damit ganz manifest als eine Art des Guten verstanden werden.[10] Der pragmatistische Humanismus redet also mitnichten einer Position das Wort, die jegliche Maßstäbe der Evaluation (und damit auch der Kritik und Begründungsarbeit) aufgibt. Sein Relativismus hebt auf die Kontextualität und Bezogenheit von Überzeugungen ab, die für wahr gehalten werden, sich bewähren und damit als Tatsachen gelten, und steht damit nicht etwa unter dem berüchtigten Motto „*anything goes*", sondern hat sich vielmehr „*whatever works*" auf die Fahnen geschrieben.

2. Meta-philosophische Konsequenzen: Kritik unter den Auspizien des Pluralismus

Damit ist nun eine zentrale Verschiebung des philosophischen Selbstverständnisses benannt: Herauszufinden, „was funktioniert", wird unter pragmatistischen Vorzeichen zum philosophischen Kernanliegen überhaupt. Auf den ersten Blick mag es, nicht zuletzt auch mit Blick auf das skizzierte Verständnis von Wahrheit und Wirklichkeit, so scheinen, als sei damit allenfalls noch eine „Schwundstufe" des Projekts der Wahrheitssuche möglich – oder, schlimmer noch, dieses werde mindestens unterminiert oder gar ganz preisgegeben. Und tatsächlich gerät eine bestimmte philosophische Praxis des Behauptens, Feststellens und Urteilens, die sich als Suche nach objektiven, allgemeingültigen Wahrheiten und Gewissheiten gewandet, aus pragmatistischer Perspektive in ein eher zweifelhaftes Licht, da diese *als* Praxis sichtbar gemacht und auf ihre Methode hin befragt wird. Die Berufung auf reine Vernunft (und die aus ihr abgeleiteten Überzeugungen) erscheint dann nicht mehr als Qualitätsmerkmal, sondern vielmehr als Mangel, nämlich ein Mangel an Welthaltigkeit und

---

[9] James 1994: 154.

[10] James 1994: 48.

Erfahrungssättigung. Eine Philosophie, die rein apriorisch vorgeht, mag streng logische metaphysische Systeme hervorbringen, die so formal bestechend wie bewundernswert sind – der Wahrheit bringt sie uns aber nicht, oder jedenfalls nicht so sicher, wie in Anspruch genommen wird, näher, da sie keinen Bezug zur Realität sucht, sich eben nicht in Relation setzt, sondern im Wortsinne absolut ist. Damit jedoch gerät sie selbst auf jenes Gebiet, das sie so tunlichst zu vermeiden vorgibt, nämlich jenes der Kontingenz und Willkür. Die Wahrheitspraxis der „traditionellen" Philosophie entpuppt sich im Lichte der pragmatistischen Prüfung als alles andere als neutral. So zeigt Peirce den Einfluss von Neigung und Autorität auf das, was a priori als „wahre Überzeugung" konstatiert wird,[11] und James arbeitet nicht nur die Leere der Korrespondenzformel heraus, sondern zeigt auch die Konsequenzen auf, die mit der Behauptung, im Besitz der Wahrheit zu sein, einhergehen: „Wir sind im Besitz; wir wissen; wir haben unsere Denk-Aufgabe erfüllt [...] auf diesen Höhepunkt unserer Vernunfterkenntnis kann nichts weiteres mehr folgen."[12]

Wir haben es, so der pragmatistische Verdacht, hier mindestens mit einer Blindheit gegenüber der eigenen Positionalität zu tun, die mitreflektiert werden müsste, wenn nicht gar mit einer strategischen Ruhigstellung einer ansonsten immer wieder neu einzugehenden Suchbewegung, nämlich einer auf Permanenz gestellten *inquiry*, die keine endgültigen Abschlüsse zulässt. Setzt man diesem Prozess nun mittels der Behauptung, *die* Wahrheit gefunden zu haben, einen Schlusspunkt, übergeht man zum einen den diskursiven Charakter der Wahrheitssuche, der diese durch Einsprüche und Zweifel immer wieder neu motiviert, zum anderen hebt man in diesem Zuge ihren grundsätzlichen Fallibilismus auf: Weder müssen alternative Stimmen zur Kenntnis genommen werden, noch kann zukünftig Modifikationsbedarf (etwa durch neu gewonnene Einsichten) erhoben werden. Damit wird der mit Wahrheitsansprüchen einhergehende Machtanspruch offenbar, der auf die Wahrung des Status quo zielt. In einer pluralistischen Ausgangssituation bedeutet dies stets zugleich die Ausblendung, Delegitimierung oder Negation abweichender Perspektiven – womit eine an Absolutheit und Exklusivität ausgerichtete Wahrheitspraxis auch eine moralische Pointe erhält. Sie führt eben nicht nur in eine konservativ-beharrende Haltung, die den Erkenntnisfortschritt blockiert und dementsprechend als epistemisch fragwürdig zu betrachten ist, sondern ist auch potentiell gewaltförmig. Darauf weist Schiller eindrücklich hin, der die der Endgültigkeit und Allgemeingültigkeit inhärente Intoleranz deutlich vor Augen führt. Die Wahrheit des anderen als falsch und wertlos zu verwerfen, seine Ansprüche zu leugnen, ende in

11 Peirce 2002: 76–79.

12 James 1994: 125. Ganz ähnlich Schiller: „Alteration will become impossible, the effort to improve it will be discouraged and will cease; in short, the path of progress will be blocked." (Schiller 1912: 211).

> Streit, und der Schwächere wird totgeschlagen oder kommt ins Irrenhaus. [...] Dieser unverträgliche Wahrheitsbegriff hat daher unsägliches Unheil gestiftet. [...] Was Wunder, dass die Geschichte der menschlichen Meinungen so durchsetzt ist mit vergeblichem Wortstreit, kindischer Rechthaberei und barbarischer Intoleranz? Das Wunder ist nur, daß bei einem so brutalen Wahrheitsbegriff die Gesellschaft überhaupt hat bestehen können.[13]

Dagegen setzt der pragmatistische Humanismus nun einen starken *Perspektivismus*, einen noetischen Pluralismus, der die Standortgebundenheit von Wahrheit und damit auch ihre Vielheit anerkennt. Unterfüttert wird diese Neujustierung philosophischer Wahrheitspraxis nicht nur ethisch (nämlich als Bedingung friedlichen Zusammenlebens), sie ergibt sich auch aus dem humanistischen Verständnis von Wirklichkeit und ihrer Erschließung. Die Annahme, es gebe die eine, absolute Wahrheit, die eine korrekte oder neutrale Beschreibung der Welt, „wie sie wirklich ist", wird abgelöst durch die Anerkennung einer Vielfalt an Weltzugängen und -beschreibungen, die in einen gleichsam evolutionären Wettbewerb um Angemessenheit treten. Keine Perspektive ist allumfassend, erfasst Realität in ihrer Gänze, das heißt in ihrer grundsätzlichen und womöglich nicht zu harmonisierenden Pluralität. Es erfordert daher mehr als eine Beschreibungsebene und mehr als eine Perspektive, um sich dieser pluralen Ganzheit anzunähern – dem, was man klassischerweise *die* Wahrheit, nämlich die absolute, objektive Wahrheit, nennen könnte. Gewissermaßen wird in diesem Zuge jede Perspektive als partikular markiert, aber eben nicht als „nur" partikular einer vermeintlich universalen Position gegenüber.

Um nun eben nicht in einen Relativismus der Beliebigkeit zu gleiten, der Konflikte am Ende genauso durch Macht und Gewalt entscheiden muss wie die verworfene Ausrichtung an objektiver Wahrheit, braucht es also ein Verfahren, das eine kooperative, möglichst inklusive Auseinandersetzung über Wahrheit – oder, pragmatistisch reformuliert: über das, wovon wir uns leiten lassen wollen – ermöglicht. Als ein eben solches kritisches und vermittelndes Verfahren kann die Philosophie dienen – sofern sie denn bereit ist, sich von ihrem eingeschliffenem *„vicious intellectualism"*[14] zu lösen. Von Anfang an begleitet den Pragmatismus der entsprechende Ruf nach einer (Selbst-)Erneuerung der Philosophie, insbesondere in ihrer akademischen Gestalt.

Diese habe die wirklichen Probleme der Literatur und Politik überlassen und sich durch die Befassung mit „traditionellen", das heißt rein philosophischen (und zunehmend) künstlichen Problemen, auf ein Abstellgleis manövriert.[15] Infolge ihrer Fokussierung auf abstrakte Rationalität und absolute Wahrheit kranke der Strang der Philosophie, den man mit Michael Hampe auch als den

---

13 Schiller 2002: 197f.

14 „Intellectualism in the vicious sense began when Socrates and Plato taught that what a thing really is, is told us by its *definition*. [...] It is but the old story, of a useful practice first becoming a method, then a habit, and finally a tyranny that defeats the end it was used for." (James 1996: 218f.).

15 Vgl. Dewey 2004: 145–147, 157.

„doktrinären" identifizieren kann, nicht zuletzt auch daran, geschichts- und weltvergessen zu sein, sie gewinne ihre Relevanz allein über Selbstreferenzialität.[16] Um nun einen Beitrag zur Aufklärung und Emanzipation leisten zu können, muss sich diese Art der Philosophie zunächst über sich selbst aufklären und von bestimmten Formen philosophischer Praxis emanzipieren:

> Philosophie gewinnt sich selbst wieder zurück, wenn sie nicht länger Hilfsmittel ist, um die Probleme der Philosophie zu lösen, und zu einer von Philosophen kultivierten Methode wird, um die Probleme der Menschen zu bewältigen.[17]

Für den Pragmatismus, insbesondere in seiner humanistischen Variante, gilt also: „Zu den Menschen!". Diese Forderung nach einer humanistischen Wende bezieht sich zum einen auf den Gegenstand philosophischer Reflexion: Es sind die Menschen, ihr alltägliches Leben und die Fragen und Probleme, die sich im Zuge dessen stellen.[18] Zum anderen ergibt sich die radikal empiristische methodische Maßgabe, nichts anderes als das in der menschlichen Erfahrung Gegebene zum Ausgangspunkt zu nehmen: „[T]he only things that shall be debatable among philosophers shall be things definable in terms drawn from experience."[19] Damit rückt der *common sense* die gewöhnliche Erfahrung in den Fokus.[20] An dieser muss sich jede theoretische Reflexion, jede Überzeugung messen lassen. Menschliche Erfahrung wird so zum kritischen Prüfstein und Instrument der Evaluation, zum *„pragmatist razor"*[21]. Alles, was uns als Hypothese über die Welt angeboten wird, muss sich in das Gefüge unserer aus Erfahrung gebildeten Wirklichkeit einpassen und sich so verifizieren.[22]

Philosophieren wird im Anschluss an den Pragmatismus vor allem zu einem kritischen und orientierenden Geschäft, bei dem andere, gehaltvolle Weltanschauungen und philosophische Positionen geprüft werden. Ziel ist dabei nicht die Begründung eines bestimmten materialen Standpunkts, sondern das Herausfiltern und die Evaluation jener Lehren, die überhaupt vertretbar sind. Der Pragmatismus verhält sich dabei, wie James im Anschluss an den italienischen Pragmatisten Giovanni Papini ausführt, wie ein „Korridor in einem Hotel":

> Unzählige Zimmer gehen auf diesen Korridor. In dem einen Zimmer finden Sie vielleicht einen Mann, der an einer atheistischen Schrift arbeitet, im nächsten einen andern, der auf

16 Hampe 2014: 48–51.

17 Dewey 2004: 193.

18 Vgl. Schiller 2002: 194.

19 James 1975a: 6. Für Schiller ist der Humanismus der „einfachste" philosophische Standpunkt: „[I]t is merely the perception that the philosophic problem concerns human beings striving to comprehend a world of human experience by the resources of human minds." (Schiller 1912: 65).

20 Zur Bedeutung dieser pragmatistischen Fokussierung insbesondere im Verhältnis zu wissenschaftlicher Erkenntnis und mit Blick auf demokratische Aushandlungsprozesse siehe Jung 2014. Zur „Philosophie des Gewöhnlichen" siehe auch Hampe 2014: 201–205.

21 Menand 2002: 356.

22 Ausführlicher zum Prozess der Verifikation siehe Honnacker 2015: 215–222.

> seinen Knien um Glauben und Kraft betet, in einem dritten einen Chemiker, der die Eigenschaften eines Körpers untersucht. In einem vierten wird ein System idealistischer Metaphysik entworfen und in einem fünften wird die Unmöglichkeit jeder Metaphysik bewiesen. Ihnen allen aber gehört der Korridor zu eigen. Alle müssen ihn passieren, wenn sie einen praktikablen Weg in ihre Zimmer oder aus denselben brauchen.[23]

Das Selbstverständnis des Pragmatismus als reine Methode der Kritik weist ihn als post- oder nicht-doktrinäre Philosophie aus, die, wie etwa auch die kritische Theorie, skeptisch-negativistisch vorgeht.[24] Gerade vor dem Hintergrund einer pluralistischen Grundsituation gewinnt die kritische und orientierende Reflexion an Bedeutung für die gemeinsame Gestaltung der immer unübersichtlicher werdenden Welt. Von welchen Paradigmen wollen wir uns leiten lassen? Wo erweisen sich kulturelle, soziale, weltanschauliche Konstellationen als problematisch, also verbesserungsbedürftig?

Um die Wende zum 20. Jahrhundert wurden die Naturwissenschaften zum dominanten Paradigma der Welterschließung. In der Folge verbreitete sich, so die Diagnose von James, auch eine „empirisch[e] Geistesrichtung", die eine rein materielle Erklärung der Welt anbietet und zu einer „Zunahme der naturalistischen und positivistischen Fühlweise"[25] führe, und damit einer Verkürzung und Reduktion der Wirklichkeit, in der der Mensch an Bedeutung verliere. Wenn James nun seinen Pragmatismus als „Mittelweg für [das] Denken"[26] einführt, so zielt diese Vermittlungsanstrengung nicht zuletzt auf die Harmonisierung von Glauben und Wissen und thematisiert damit eine Grundkondition moderner Religiosität:

> James ist der große Philosoph der Schwelle. Er sagt uns mehr als jeder andere darüber, wie es ist, wenn man an dieser ungeschützten Stelle steht und fühlt, wie einen der Wind mal hierhin, einmal dorthin zerrt. Er beschreibt einen wichtigen Ort der Moderne und artikuliert das entscheidende Drama, das sich dort abspielt.[27]

Die pragmatistische Kritik rationalistischer wie empiristischer Ansätze des Philosophierens ist also ganz grundlegend als ein Versöhnungsprojekt zu verstehen, das den Fliehkräften sich diametral gegenüberstehender Positionen einen Haltepunkt entgegensetzen möchte – wenn es auch der selbstgesetzte Haltepunkt des nach Orientierung suchenden Menschen ist, der keine über- oder außer-menschliche Garantie hat.

---

23 James 1994: 34.

24 Zu dieser nicht-doktrinären Tradition sind darüber hinaus z. B. Pyrrho, Montaigne, Schlegel und Lichtenberg, Nietzsche und Wittgenstein, Rorty und Feyerabend zu zählen. Sie „befragen die zentralen kulturellen Produkte auf ihre normativen Konsequenzen hin, decken auf, wann selbstgestellte Ansprüche in ihnen nicht erfüllt werden, wann durch diese Vorhaben Folgen eintreten, die niemand gewollt hat.", vgl. Hampe 2014: 48. Zur grundsätzlichen negativistischen Herangehensweise im Pragmatismus siehe Honnacker 2020.

25 James 1994: 8f.

26 James 1994: 25.

27 Taylor 2002: 55. Ausführlicher Seibert 2009.

3. Die Humanisierung der Religion (und der Religionsphilosophie)

Von dieser grundlegenden Neuausrichtung der Philosophie bleibt klarerweise auch das Feld der Religionsphilosophie nicht unberührt. Religionskritik und die Anerkennung von Religion, das „Recht zu glauben“,[28] sind dabei nicht voneinander getrennt zu denken. Zunächst führt das pragmatistische Vermittlungsanliegen zu einer Erweiterung des „Gebiet[s], auf dem man Gott suchen kann. Der Rationalismus klebt an der Logik und am Himmelreich. Der Empirismus klebt an den äußeren Sinnen. Der Pragmatismus ist zu allem bereit, er folgt der Logik oder den Sinnen und läßt auch die bescheidenste und persönlichste Erfahrung gelten.“[29]

Zugleich wird der Gegenstandsbereich religionsphilosophischer Reflexion auf neue Füße gestellt: In den *Varieties* bestimmt James religiöse Erfahrung als Kern der Religion,[30] wodurch diese gewissermaßen „naturalisiert“ wird und ein empirisches Fundament erhält. Durch diese spezifische Form der Naturalisierung, die im oben beschriebenen Sinne eher als Humanisierung bezeichnet werden müsste, wird religiöse Erfahrung nicht mehr ausgesondert und anderen, profanen Typen menschlicher Erfahrungen dichotomisch gegenübergestellt, sondern in ein Kontinuum mit diesen eingefügt. Das hat zur Folge, dass das, was aus ihr abgeleitet und durch sie begründet wird, genauso ernst genommen werden muss und zugleich genauso intersubjektiv verhandelbar ist. Die religiöse Erfahrung selbst, als Erlebtes, mag selbstevident erscheinen – ihre Deutung jedoch ist es nicht. Gerade in ihrer institutionellen und theoretisch reflektierten Gestalt ist Religion eben alles andere als unmittelbar, sondern vielmehr, wie James es ausdrückt, *„second-hand“*: „Übersetzungen eines Textes in eine andere Sprache vergleichbar.“[31] Somit verliert beispielsweise der Bezug auf ein Offenbarungsgeschehen seine apologetische Durchschlagskraft und seine Immunität gegen Kritik. Religiöse Erfahrung geht zwar mit einer starken Autorität für das erfahrende Subjekt einher, stellt aber keineswegs eine absolute legitimatorische Trumpfkarte dar, schon gar nicht gegenüber Dritten. Sie „muss sortiert und geprüft und genauso wie alles, was aus der äußeren Sinnenwelt kommt, in einer Art Spießrutenlauf in den Kontext der Gesamterfahrung gestellt

---

28 Der Titel von James' Essay „The Will to Believe“ (1896) führte zu vielen (bis heute anhaltenden und reproduzierten) Missverständnissen und verkürzten Lesarten. „The Right to Believe“ wäre, so war James selbst rasch klar, der bessere alternative Titel gewesen, vgl. Menand 2002: 362f.

29 James 1994: 51.

30 James nähert sich dem Phänomen dabei über seine (in seinen Augen) eindeutigste weil „extremste“ Gestalt, nämlich vor allem mystischen Erfahrungen, vgl. James 1997: 72, zur Mystik weiterhin James 1997: 383–424. Ausführlicher zur Rolle religiöser Erfahrung in James' Religionstheorie siehe auch Honnacker 2015: 234–243.

31 James 1997: 426.

werden."[32] Fundamentalistischen Begründungsversuchen wird damit ein erkenntnistheoretischer Vorbehalt entgegengestellt.[33]

Religiöse Traditionen sind Ergebnisse menschlicher Interaktionen mit der Welt, religiöse Überzeugungen können also im weitesten Sinne als Arbeits-hypothesen betrachtet werden, die sich an anderen Erfahrungen und Wissensbeständen bewähren müssen.[34] Sowohl die Theologien als auch die religiösen Praktiken, die aus religiöser Erfahrung erwachsen, können sich als nützlich oder schädlich, lebensdienlich oder lebensfeindlich, im Jargon des *„truth-talk"* gesprochen, als wahr oder falsch erweisen. Für religiöse Überzeugungen ist insbesondere das Narrativ der eigenen religiösen Gemeinschaft von Bedeutung, in die eine Überzeugung passen muss und in dessen Lichte sie evaluiert wird. Die Plausibilität einer religiösen Überzeugung kann dabei weder privat noch absolut bestimmt werden, sondern steht in Relation zum Kontext, der die intersubjektiven Bedingungen von Legitimität und Akzeptanz bestimmt. Behaupte ich, ich habe Besuch von einem Engel bekommen und von diesem eine Nachricht überbracht bekommen, so wird mir in einer niederbayrischen katholischen Gemeinde des 19. Jahrhunderts wohl Gehör geschenkt, während ich in einer liberalen protestantischen Gemeinde der amerikanischen Ostküste in den 1990ern eher Kopfschütteln ernten werde und auf einer Astronomie-Konferenz der Gegenwart als wirre Person hinausgeworfen werde.

Um als (potentiell wahre oder bedeutsame) Aussage über die Wirklichkeit ernst genommen zu werden, muss eine religiöse Erfahrung also so artikuliert werden können, dass sie anschlussfähig an die geteilten Erfahrungen anderer ist und sich hinreichend bruchlos in diesen Erfahrungsraum einfügt. Damit wird Religion als eine Weise der Weltbeschreibung und -aneignung anerkannt, die prinzipiell gleichberechtigt neben anderen Zugängen und Weisen der Orientierung (wie etwa den Wissenschaften) steht. Insofern viele religiöse Traditionen ihren Nutzen tatsächlich äußerst erfolgreich durch die Menschheitsgeschichte hin unter Beweis gestellt haben, gewissermaßen „funktionieren", haben sie sich an der Realität bewährt.[35]

Folgt man dem Verständnis des humanistischen Pragmatismus von religiösen Traditionen als sedimentierten Erfahrungen und deren intersubjektiv reflektierten Artikulationen, ergibt sich darüber hinaus ein anderes, gewissermaßen entspannteres, Verhältnis zum religiösen Pluralismus. Die Tatsache, dass es mehr als eine Religion gibt und dass die spezifischen „Hypothesen" dieser religiösen Traditionen sich nicht widerspruchsfrei zu einer Art übergreifender Gesamttheorie zusammenfügen lassen, ist schlicht dem Perspektivismus der Wirklichkeitserschließung und -gestaltung geschuldet. Das beginnt damit, dass

---

32 James 1997: 422.

33 Vgl. Jung 1999: 156–159. Zur Autorität religiöser Erfahrung bei James siehe außerdem Honnacker 2015: 260–264.

34 James 1979b: 97.

35 Vgl. James 1994: 174.

es keine „reine" religiöse Erfahrung gibt, sondern diese, wie jede andere Erfahrung auch, stets bereits vermittelt ist. Das heißt, dass sie in einem bestimmten hermeneutischen Rahmen stattfindet, der durch den historischen, kulturellen und auch individuellen Kontext bestimmt ist, in dem das erlebende Subjekt eingebettet ist. Dieser Rahmen bestimmt den Möglichkeitsraum der Interpretation, der überhaupt zur Verfügung steht. Um das zu verdeutlichen: Nur, wenn eine Person auf bestimmte religiöse Konzepte zurückgreifen kann, wird sie ihre Erfahrung entsprechend deuten. Die Gottesmutter Maria wird niemandem erscheinen, der nie zuvor Berührung mit dem Christentum hatte, und weniger wahrscheinlich jemandem, der zwar mit christlicher Tradition vertraut ist, aber frommer Hindu – eine solche Person mag dann von einer Begegnung mit Vishnu berichten. Und eine Person, die keinerlei religiöse Sozialisierung oder auch nur Affinität hat, mag ihr Erleben noch nicht einmal religiös deuten.[36]

Auf den Punkt gebracht: Es ist das erlebende Subjekt selbst, das die religiöse Erfahrung, wenn auch nicht willentlich, überhaupt zu einer religiösen Erfahrung macht. In der Konsequenz gibt es nicht die *eine* korrekte Deutung der (religiösen) Wirklichkeit, eine objektiv richtige Beschreibung (religiöser) Tatsachen. Die Vorstellung von der einen, absolut und exklusiv wahren Religion ergibt vor diesem Hintergrund schlicht keinen Sinn mehr:

> Was sind unsere ganzen Verifikationen am Ende mehr als Erfahrungen, die mit mehr oder weniger isolierten Ideengebäuden oder Begriffssystemen, die unser Geist aufgestellt hat, übereinstimmen? Aber warum im Namen des gesunden Menschenverstandes müssen wir annehmen, dass nur eines dieser Ideengebäude wahr sein kann? Das offensichtliche Ergebnis unserer gesamten Erfahrung ist, dass man verschiedene Systeme auf die Welt anwenden kann und dass verschiedene Menschen verschieden mit ihr umgehen [...].[37]

Damit ergibt sich ein religionstheoretischer Pluralismus, der quer zu klassischen exklusivistischen und inklusivistischen Ansätzen steht.[38] Ihm geht es vielmehr, und darin liegt nun die normative Einsicht, um die Anerkennung divergierender Perspektiven und die friedliche Auseinandersetzung mit ihnen, kurzgefasst: um erkenntnistheoretische Demut und daraus resultierende Toleranz. Die Pluralität der Religionen wird also als irreduzibel und permanent anerkannt, zugleich aber wird dieser Pluralismus nicht zwingend als Problem begriffen, gleichwohl das Konflikthafte nicht geleugnet wird.[39]

---

36 Womöglich erlebt diese Person auch gar nichts – man denke an Richard Dawkins' Erfahrung mit Persingers „Mystikhelm", vgl. Schnabel 2010.

37 James 1997: 150.

38 Ausführlicher dazu Honnacker 2015: 331–336.

39 Das gewaltsame Potential von Religionen schreibt James allerdings vor allem ihren institutionellen Manifestationen zu, denen es um Autorität und Macht gehe, und deren Erhalt wiederum inhärent mit einem absoluten Wahrheitsanspruch verknüpft sei, vgl. James 1997: 347–348.

4. Mehr Pluralismus wagen!

Es gilt also, die verschiedenen Weisen, sich in der Welt zu orientieren, diese zu verstehen und zu gestalten, nicht zur Konvergenz, wohl aber in ein produktives Gespräch zu bringen. Dass ein solcher Austausch möglich wird, bedarf natürlich einer bestimmten Grundhaltung der Offenheit und Lernbereitschaft, kurz: der Pluralismusfähigkeit. Das gilt nicht nur für die diversen religiösen und weltanschaulichen Perspektiven, sondern für sämtliche Zugänge zur Welt, von denen keiner allein oder auch nur vornehmlich beanspruchen kann zu beschreiben, „was der Fall ist".

Der Religionsphilosophie kommt dabei eine tragende Rolle zu. Zum einen als „kritische Religionswissenschaft", wie sie James in den *Varieties* vorschlägt,[40] und die ein reformatives Ziel hat, nämlich die Prüfung bestehender Glaubenssätze und Praktiken auf ihre Orientierungsleistung hin: Wie einleuchtend und moralisch fruchtbar sind sie? Zur „Abstimmung mit [den] jeweiligen Vorurteilen" kommt dabei ein Rationalitätsfilter – im weiten pragmatistischen Sinne – zum Einsatz, um das „Lokale und Akzidentelle [...] eliminieren" und das „Dogmatische und Kultische von seinen historischen Verkrustungen befreien"[41] zu können. Auch hier fungiert die (Religions-) Philosophie also als Korridor, durch den man hindurch muss – hat man diesen durchschritten, kann der persönliche Glaube seine vielfältigen „Blüten" treiben.[42]

Zum anderen kann eine derart transformierte Religionsphilosophie als Vermittlerin zu anderen Weltanschauungen und -zugängen fungieren, allen voran zu Alltagsbewusstsein und Wissenschaft. Damit kommen ihr, nun unter neuen, „nicht-doktrinären" Vorzeichen, die klassischen Aufgaben sowohl der Selbstaufklärung als auch der Rechtfertigung und Begründung religiösen Glaubens zu.

Der religiöse Pluralismus, wie er im humanistischen Pragmatismus vorgestellt wird, kann letztlich als paradigmatisches Modell für einen meta-philosophischen Standpunkt gelten, den es in der gegenwärtigen Situation nicht nur in Bezug auf den interreligiösen Dialog dringend braucht.[43] Mit bleibenden Differenzen friedlich koexistieren zu lernen, gehört nicht zuletzt auch zu den Grundbedingungen und damit Kernaufgaben eines demokratischen Gemeinwesens. Um in einer pluralistischen Gesellschaft gut zusammenleben zu können, braucht es eine in der Praxis anerkannte „Vielheit der Wahrheit."[44] Sich in diese Anerkennung einzuüben, ist die große – und lohnenswerte – religionsphilo-

---

[40] Vgl. James 1997: 447f.

[41] James 1997: 447.

[42] Vgl. James 1997: 484.

[43] Zu einem „pragmatistisch informierten" Humanismus als eigenständiger weltanschaulicher Position siehe Honnacker 2018: 52–57.

[44] Schiller 2002: 197.

sophische Herausforderung, der sie sich nach wie vor stellen muss: „Ich denke in der Tat, daß eine zukünftige Religionsphilosophie die pluralistische Hypothese ernsthafter in Betracht ziehen muß, als sie bisher bereit war.“[45]

Literatur

Abel, Reuben: *The Pragmatic Humanism of F.C.S. Schiller*. New York: King's Crown Press, 1955.

Dewey, John: Die Notwendigkeit einer Selbsterneuerung der Philosophie, in: Ders.: *Erfahrung, Erkenntnis und Wert*. Frankfurt a. M.: Suhrkamp, 2004, 145–195.

Hampe, Michael: *Die Lehren der Philosophie. Eine Kritik*. Berlin: Suhrkamp, 2014.

Honnacker, Ana: Unterwegs auf der *via negativa*. Pragmatismus als erfahrungsgesättigte Kontingenzbewältigung, in: Lucci, Antonio / Knobloch, Jan (Hgg.): *Gegen das Leben, gegen die Welt, gegen mich selbst. Figuren der Negativität*. Heidelberg: Winter, 2020 (im Erscheinen).

Honnacker, Ana: *Post-säkularer Liberalismus. Perspektiven auf Religion und Öffentlichkeit im Anschluss an William James*. Baden-Baden: Nomos, 2015.

Honnacker, Ana: *Pragmatic Humanism Revisited. An Essay on Making the World a Home*. Cham: Palgrave Macmillan, 2018.

James, William: Reflex Action and Theism, in: Burkhardt, Frederick (Hg.): *The Will to Believe and Other Essays in Popular Philosophy. The Works of William James. Vol. 6*. Cambridge/London: Harvard University Press, 1979a, 90–113.

James, William: The Meaning of Truth, in: Bowers, Fredson (Hg.): *The Meaning of Truth. The Works of William James. Vol. 2*. Cambridge / London: Harvard University Press, 1975a, 1–161.

James, William: The Sentiment of Rationality, in: Burkhardt, Frederick (Hg.): *The Will to Believe and Other Essays in Popular Philosophy. The Works of William James. Vol. 6*. Cambridge/London: Harvard University Press, 1979b, 57–89.

James, William: The Pragmatist Account of Truth and Its Misunderstanders, in: Bowers, Fredson (Hg.): *The Meaning of Truth. The Works of William James. Vol. 2*. Cambrigde/London, 1975b, 99–116.

James, William: *A Pluralistic Universe. Hibbert Lectures at Manchester College on the Present Situation in Philosophy*. Lincoln / London: University of Nebraska Press, 1996.

James, William: *Der Pragmatismus. Ein neuer Name für alte Denkmethoden*. Hamburg: Meiner, ^{2}1994.

James, William: *Die Vielfalt religiöser Erfahrung. Eine Studie über die menschliche Natur*. Frankfurt a. M./ Leipzig: Insel, 1997.

Jung, Matthias: *Erfahrung und Religion. Grundzüge einer hermeneutisch-pragmatischen Religionsphilosophie*. Freiburg (u. a.): Alber, 1999.

Jung, Matthias: *Gewöhnliche Erfahrung*. Tübingen: Mohr Siebeck, 2014.

Menand, Louis: *The Metaphysical Club. A Story of Ideas in America*. New York: Farrar, Straus and Giroux, 2002.

Peirce, Charles Sanders: Die Festlegung einer Überzeugung, in: Martens, Ekkehard (Hg.): *Philosophie des Pragmatismus. Ausgewählte Texte von Charles Sanders Peirce, William James, Ferdinand Canning Scott Schiller, John Dewey*. Stuttgart: Reclam, 2002, 61–98.

Rorty, Richard: *Philosophy and the Mirror of Nature*. Princeton: Princeton University Press, 1979.

Schiller, Ferdinand Canning Scott: The Humanistic View of Life, in: Ders.: *Our Human Truths*. New York: Columbia University Press, 1939, 18–31.

Schiller, Ferdinand Canning Scott: Humanismus, in: Martens, Ekkehard (Hg.), *Philosophie des Pragmatismus. Ausgewählte Texte von Charles Sanders Peirce, William James, Ferdinand Canning Scott Schiller, John Dewey*. Stuttgart: Reclam, 2002, 187–204.

Schiller, Ferdinand Canning Scott: *Studies in Humanism*. London u. a.: Macmillan and Co., ^{2}1912.

---

45 James 1997: 503.

Schnabel, Ulrich: Unterm Mystikhelm, in: DIE ZEIT Nr. 29 (15.07.2010), *https://www.zeit.de/2010/29/Gott-imHirn* (zuletzt abgerufen am 06.12.2019).

Seibert, Christoph: *Religion im Denken von William James. Eine Interpretation seiner Philosophie*. Tübingen: Mohr Siebeck, 2009.

Taylor, Charles: *Die Formen des Religiösen in der Gegenwart*. Frankfurt a. M.: Suhrkamp, 2002.

Mystik ohne Begriffe.
Nonkonzeptualität und die *common-core*-These

Sebastian Gäb

In seinen Vorlesungen über die Vielfalt religiöser Erfahrung schreibt William James:

> In mystic states we both become one with the Absolute and we become aware of our oneness. This is the everlasting and triumphant mystical tradition, hardly altered by differences of clime or creed. In Hinduism, in Neoplatonism, in Sufism, in Christian mysticism, in Whitmanism, we find the same recurring note, so that there is about mystical utterances an eternal unanimity which ought to make a critic stop and think, and which brings it about that the mystical classics have, as has been said, neither birthday nor native land.[1]

Mystik und mystische Erfahrungen sind fester Bestandteil praktisch aller Weltreligionen. Sie finden sich im Christentum und im Islam, im Buddhismus, in den Religionen der Antike und auch außerhalb etablierter Religionen. Vergleicht man nun die verschiedenen Berichte über mystische Erfahrungen aus unterschiedlichen Zeiten und Kulturen, so gewinnt man schnell den Eindruck, dass James nicht Unrecht hat. Die Worte und Bilder, in denen diese Erfahrungen beschrieben werden, mögen unterschiedlich sein, aber in den Erlebnissen finden wir, wenn wir allein ihre phänomenale Qualität betrachten, über die Zeiten und Kulturen hinweg eine bemerkenswerte Ähnlichkeit. In der philosophischen Reflexion entwickelt sich hieraus die These, dass alle Mystik in Wahrheit einen gemeinsamen, transkulturellen Kern hat, der nur in unterschiedlichen Varianten erlebt wird.

Diese sogenannte common-core-These – dass alle mystischen Erfahrungen einen gemeinsamen, invarianten Kern haben, unabhängig von kulturellen oder linguistischen Hintergründen – ist das Thema meines Aufsatzes. Ziel ist es, zunächst zu klären, warum die These überhaupt bedeutsam ist, um sie dann gegen mögliche Einwände zu verteidigen und zu zeigen, wie sie sinnvoll verstanden werden kann. Dazu werde ich in vier Schritten vorgehen: (1) Ich werde den Begriff der mystischen Erfahrung klären, (2) die Relevanz mystischer Erfahrungen und der common-core-These erläutern und dann (3) den konstruktivistischen Einwand diskutieren, nach dem keine Erfahrung ohne Begriffe möglich ist. (4) Schließlich werde ich skizzieren, welche möglichen Konsequenzen aus der Wahrheit der These folgen.

---

1 James 1997: 415.

1. Der Begriff der mystischen Erfahrung

Klären wir also zunächst einmal, was wir unter mystischer Erfahrung eigentlich verstehen sollten. Mystische Erfahrungen sind eine spezielle Form religiöser Erfahrung (aber nicht jede religiöse Erfahrung ist zugleich mystisch). Sinnvollerweise sollten wir also zunächst verstehen, was religiöse Erfahrung ist, und dann herausarbeiten, welche speziellen Merkmale sie von anderen Formen religiöser Erfahrung unterscheiden. Nur gibt es leider kaum so etwas wie ein einheitliches Konzept von religiöser Erfahrung. Es handelt sich eher um einen Oberbegriff für eine Vielzahl von mehr oder weniger eng miteinander verwandten Erfahrungen, deren einzige Gemeinsamkeit darin besteht, in irgendeiner Form religiös bedeutsam zu sein.[2] Daher möchte ich versuchen, den Begriff auf eine Bedeutung einzuschränken, die von der phänomenalen Qualität vieler religiöser Erfahrungen ausgeht. Möglicherweise zeigt diese rein phänomenologische Charakterisierung, worin der religiöse Aspekt religiöser Erfahrung bestehen könnte. Einen solchen phänomenologischen Ansatz zur Bestimmung des Wesens religiöser Erfahrung finden wir in Rudolf Ottos Buch Das Heilige. Otto identifiziert darin den Kern religiöser Erfahrung (und damit für ihn auch der Religion überhaupt) mit einem spezifischen Erlebnis oder Gefühl, das er als „Kreatur-gefühl" bezeichnet.[3] Dieses Gefühl ist für ihn eine Reaktion auf die Begegnung mit einer Realität, die als numinos oder heilig erfahren wird, es ist die Empfindung, die sich im Angesicht der Präsenz eines Anderen, „was über aller Kreatur ist",[4] einstellt. Das ‚Kreatur-gefühl' ist

> [...] selber erst subjektives Begleitmoment und Wirkung, ist gleichsam der Schatten eines anderen Gefühlsmomentes (nämlich der ‚Scheu'), welches selber zweifellos zuerst und unmittelbar auf ein Objekt außer mir geht. Das aber ist eben das numinose Objekt. Nur wo numen als praesens erlebt wird [...] oder wo ein Etwas numinosen Charakters gefühlt wird, also erst in Anwendung der Kategorie des Numinosen auf ein wirkliches oder vermeintliches Objekt kann als deren Reflex das Kreatur-gefühl im Gemüt entstehen.[5]

Otto fährt dann fort, das Heilige oder Numinose näher zu analysieren und die einzelnen Momente des Kreaturgefühls subtil phänomenologisch zu differenzieren. Das Ergebnis seiner Analyse ist die berühmt gewordene Formel vom Heiligen als dem mysterium tremendum et fascinans, dem Geheimnis, das erschaudern lässt, aber zugleich fasziniert. Mit Otto können wir also religiöse Erfahrungen verstehen als Erfahrungen, in denen die Präsenz einer als heilig empfundenen Realität erlebt wird, wobei das Heilige phänomenologisch über die Qualität des Erlebnisses bestimmt ist, d. h. es ist heilig, insofern wir es als heilig, ehrfurchtgebietend, faszinierend und geheimnisvoll empfinden (wobei

---

2 Vgl. Alston 1991: 34f. – Für einen Kategorisierungsversuch siehe Franks Davis 1989: 39ff.

3 Otto 2004: 10.

4 Ebd.

5 Otto 2004: 11.

die Beschreibung der phänomenalen Qualität nicht in jedem Detail zutreffend sein muss – entscheidend ist, dass religiöse Erfahrung durch spezifische phänomenale Qualitäten bestimmbar ist, aber nicht so sehr, durch welche). Wenn wir von Realität sprechen, so ist das nicht so zu verstehen, dass die Frage nach der Existenz oder Nicht-Existenz dieser Realität bereits entschieden ist. Gemeint ist nur, dass die Erfahrung den subjektiven Charakter der Erfahrung von etwas als real Vermeintem trägt. Auch genügt es nicht, nur zu glauben, dass das Heilige präsent ist; die Präsenz des Heiligen muss tatsächlich erfahren werden. Ein Katholik glaubt vielleicht, dass Christus in der Eucharistie präsent ist, aber das ist noch keine Erfahrung der Realität Christi im eigentlichen Sinne.

Religiöse Erfahrungen lassen sich auf verschiedenste Weise kategorisieren. Es existieren z. B. öffentliche Erfahrungen wie Wunder oder Erscheinungen; private Visionen von Göttern oder Heiligen; Erneuerungs- oder Regenerationserfahrungen; interpretative Erfahrungen, in denen das Heilige in alltäglichen Objekten erfahren wird. Für uns ist hier aber eine andere Kategorie entscheidend, nämlich die der mystischen Erfahrung. Mystische Erfahrungen unterscheiden sich deutlich von anderen Arten religiöser Erfahrungen und lassen sich grob durch vier Punkte näher charakterisieren:[6]

1. Sie sind nicht perzeptiv, d. h. keine Wahrnehmungen eines bestimmten Objekts. Selbst wenn sie Wahrnehmungen involvieren, so ist doch nicht das wahrgenommene Objekt selbst (das ganz beliebig sein kann) der Gegenstand der Erfahrung.[7]
2. Sie sind im eigentlichen Sinne gegenstandslos, d. h. sie richten sich nicht auf ein konkretes Objekt.
3. Sie sind noetisch, d. h. sie haben einen kognitiven Gehalt, in ihnen wird etwas erkannt oder eingesehen.
4. Sie sind Einheitserfahrungen. In den extrovertiven Erfahrungen ist dies eine Einheit der Realität selbst, die nicht mehr als Vielfalt einzelner Objekte erfahren wird, bei introvertiven Erfahrungen wird eine Einheit zwischen dem mystischen Subjekt und der heiligen Realität erfahren, hinter der jede andere Realität verschwindet.

Mystische Erfahrungen sollten also verstanden werden als eine bestimmte Form von Bewusstseinszustand (keine Wahrnehmung), in dem eine Einheit[8] mit einer als heilig empfundenen Realität erlebt wird. Sie sind mehr als bloß Gefühle, denn sie haben einen noetischen Gehalt, der erkannt wird, auch wenn es oft

---

[6] Vgl. die ähnlichen Charakterisierungen in Wainwright 1981: 1ff.; Stace 1961: 131f. Stace gibt eine längere Liste aber die meisten weiteren Charakteristika (z. B. Unsagbarkeit) lassen sich als Entfaltung der anderen verstehen.

[7] Ich gebrauche den Ausdruck „mystisch" also anders als z. B. Alston 1991, der Mystik explizit als quasi-perzeptiv verstehen möchte.

[8] Ich würde dazu neigen, diese Einheit eher negativ als Subjektlosigkeit zu beschreiben und damit nicht als Einheit zweier verschiedener Entitäten. Aber eine Begründung dieser These geht über den Rahmen des vorliegenden Textes hinaus.

schwerfällt, ihn in eine sprachliche Form zu bringen; meist nehmen die Mystikerinnen und Mystiker Zuflucht zu Bildern und Metaphern.

2. Epistemische Relevanz mystischer Erfahrung

Dass es mystische Erfahrungen gibt, ist eine Tatsache, an der man kaum zweifeln kann.[9] Die eigentlich philosophisch relevante Frage lautet aber: Was folgt aus dieser Tatsache? Grundsätzlich ist Erfahrung für uns eine, wenn nicht sogar die wichtigste, Quelle von Erkenntnis. Das meiste von dem, was wir über die Welt wissen, wissen wir aus Erfahrung. *Prima facie* sollte dann auch für mystische Erfahrungen gelten, dass sie epistemische Relevanz besitzen, d. h. sie könnten für die Wahrheit zumindest einiger religiöser Überzeugungen sprechen. Aber nicht jede Erfahrung ist glaubwürdig – ist es dann vernünftig, mystischen Erfahrungen zu trauen und sie (auch wenn man sie nicht selbst gemacht hat) als zuverlässige Erkenntnisquellen zu betrachten – oder handelt es sich nur um höchstens psychologisch oder literarisch interessante Illusionen?

Ein fundamentaler Einwand, der oft gegen die epistemische Bedeutung mystischer Erfahrungen erhoben wurde, lautet, dass eine Erfahrung allein zunächst gar nichts beweisen kann, solange sie nicht durch weitere Fakten gestützt wird. Antony Flew argumentiert beispielsweise, dass allein aus der subjektiven Tatsache, dass ein Erlebnis stattfindet (d. h. in Abwesenheit weiterer Belege), nicht darauf geschlossen werden kann, dass diesem Erlebnis ein realer Gegenstand entspricht, solange dessen Existenz nicht durch weitere Belege bestätigt wird.[10] Aber niemand würde eine derart radikale Position vertreten, wenn es um andere als religiöse Arten von Erfahrung geht. Wir akzeptieren Erfahrungen im Alltag und in der Wissenschaft als Wissensquelle und gehen ganz selbstverständlich davon aus, dass eigene und fremde Erfahrungen zuverlässige Methoden rationaler Begründung sind. Wenn man mich fragt, woher ich weiß, dass mein Nachbar Gitarre spielen kann, dann kann ich schlichtweg antworten, dass ich gesehen und gehört habe, wie er spielt. Es genügt, wenn ich diese Erfahrungen anführe; ich muss sie aber nicht selbst weiter rechtfertigen, indem ich z. B. sage, dass ich bestimmte Sinneseindrücke meines Gitarre spielenden Nachbarn hatte und dass die beste Erklärung für diese Sinneseindrücke die Tatsache ist, dass er tatsächlich Gitarre spielt. Die Erfahrung an sich ist schon Begründung genug. Es handelt sich hier um ein

---

9 Religionspsychologische Untersuchungen zeigen relativ konstant Zustimmungsraten von 5–10% zu Fragen nach Erlebnissen einer mystischen Einheit. Je nach Formulierung fallen diese Werte auch deutlich höher aus. Detaillierte Angaben in Marshall 2005: 35ff.

10 Flew 2005: 134.

grundlegendes Prinzip der Rationalität, das Richard Swinburne als „principle of credulity" (oder Prinzip der Verlässlichkeit, kurz: PC) bezeichnet:

> I suggest that it is a principle of rationality that (in the absence of special considerations), if it seems (epistemically) to a subject that x is present (and has some characteristic), then probably x is present (and has some characteristic); what one seems to perceive is probably so.[11]

Dieses Prinzip gilt allerdings nur *ceteris paribus*, also solange keine relevanten Gegengründe vorliegen. Solche Gründe können entweder die objektive oder die subjektive Seite der Erfahrung betreffen:

1. Was ich glaube wahrzunehmen, ist sicher oder mit hoher Wahrscheinlichkeit falsch, z. B. wenn ich glaube, Immanuel Kant in der U-Bahn gesehen zu haben.
2. Die Bedingungen meiner Wahrnehmung sind sicher oder mit hoher Wahrscheinlichkeit unzuverlässig, z. B. wenn ich glaube, einen Tiger in meinem Wohnzimmer zu sehen, aber an einer Psychose leide.

Das PC besagt nicht, dass alle Wahrnehmungen glaubwürdig sind, sondern nur, dass jede Wahrnehmung unschuldig ist bis zum Beweis des Gegenteils. Wahrnehmungen sind glaubwürdig, solange es keinen Grund gibt, an ihrer Glaubwürdigkeit zu zweifeln. Das Prinzip verteilt, wenn man so will, die Beweislast um: Nicht derjenige, der eine Erfahrung macht, muss begründen, dass sie glaubwürdig ist, sondern derjenige, der daran zweifelt, muss begründen, dass sie es nicht ist. In dieser Form ist das *principle of credulity* kein naives oder radikal empiristisches Vorurteil, sondern ein ebenso unspektakulärer wie essentieller Standard rationalen Denkens, und niemand (außer den Philosophen in ihrem Studierzimmer) käme ernsthaft auf die Idee, es grundsätzlich in Zweifel zu ziehen.

Die einzig richtige Ausgangshaltung der mystischen Erfahrung gegenüber ist also die einer skeptischen Offenheit: Wir sollten die Möglichkeit, dass sie epistemische Relevanz besitzt, nicht von vornherein ausschließen, aber zugleich bereit sein, diese Einschätzung im Lauf der weiteren Untersuchung entweder zu bestätigen oder zu revidieren, je nachdem, wie die Argumente es erfordern.

Das PC sollte also bis auf weiteres auch für mystische Erfahrungen gelten: Sie sind potentiell epistemisch relevant, sofern es keinen Grund gibt, das in Zweifel zu ziehen. Doch gerade dieser konditionale Nebensatz am Ende ist der Stolperstein: Spricht denn wirklich nichts gegen die Glaubwürdigkeit mystischer Erfahrungen? Kritiker haben unter anderem eingewandt, dass mystische Erfahrungen das Produkt pathologischer Geisteszustände sind und nicht wesentlich vom Delirium des Alkoholikers verschieden;[12] dass sie im Gegensatz zu anderen empirischen Erkenntnissen nicht intersubjektiv überprüfbar sind und es anders als in der Wissenschaft keine Standards gibt,

---

11 Swinburne 2004: 303.

12 Russell 1961: 188.

nach denen man die Güte solcher Erfahrungen objektiv bewerten könnte; oder dass keine Methoden existieren, von den Inhalten der Erfahrung auf die Inhalte der Glaubensüberzeugungen zu gelangen, die sie angeblich rechtfertigen sollen – selbst wenn jemand der Meinung ist, die Präsenz Gottes zu erfahren, welcher Aspekt seiner Wahrnehmung sollte den Schluss erlauben, er sei in der Präsenz eines allmächtigen und allwissenden Wesens?[13] Der schwerwiegendste Einwand ist jedoch der, mit dem ich mich hier befassen möchte: dass es eine Pluralität von miteinander unvereinbaren Erfahrungen gibt, die nicht alle zugleich wahr sein können.

Widersprüchliche Erfahrungen sind in der Regel ein starkes Indiz dafür, dass etwas nicht stimmt, und sprechen normalerweise klar gegen ihre Glaubwürdigkeit. Wenn drei Zeugen eines Verkehrsunfalls drei widersprüchliche Beschreibungen des Ereignisses abgeben, dann ist es vernünftig, zunächst einmal keine davon zu glauben. Übereinstimmende unabhängige Erfahrungsberichte hingegen sprechen wechselseitig für ihre eigene Glaubwürdigkeit. Betrachtet man nun aber die Diversität unterschiedlicher Erfahrungen über die verschiedenen Religionen der Welt hinweg, so ist offensichtlich, dass die Inhalte dieser Erfahrungen sehr heterogen sind und sich in vielen Fällen widersprechen. Diese nicht zu übersehende Pluralität wirft zwei Probleme auf: (1) Widersprüchlichkeit – aus rein logischen Gründen können nicht alle religiösen Erfahrungen wahr sein.[14] Wenn mehrere Erfahrungen einander widersprechen, kann maximal eine wahr sein (oder keine). Wenn Muslime die Präsenz eines einzigen, personalen Gottes erfahren und Buddhisten die nicht-personale, absolute Realität des Nirvana oder der Leere, dann muss mindestens einer von beiden sich täuschen. (2) Kontingenz – religiöse Erfahrungen zeigen immer diejenigen Formen des Heiligen, an die das Subjekt vorher bereits geglaubt hat. Christen erfahren die Präsenz von Jesus Christus, Muslime nicht; Apollon erscheint in Delphi, aber nicht in Hamburg. Angenommen, es begegnet uns eine objektive Realität in religiösen Erfahrungen – warum dann diese auffällige Übereinstimmung mit den kontingenten Randbedingungen?

Aus der epistemischen Betrachtung mystischer Erfahrungen ergeben sich damit zwei miteinander im Konflikt stehende Folgerungen: Einerseits sind mystische Erfahrungen gemäß dem PC potentiell epistemisch relevant, aber andererseits spricht die faktische Pluralität mystischer Erfahrungen gegen diese epistemische Relevanz. Damit sind wir bei unserem zentralen Problem angelangt: Gibt es einen Weg, die scheinbar widersprüchliche Pluralität mystischer Erfahrungen zu überwinden und damit ihre epistemische Bedeutung wiederherzustellen? Das wäre nur möglich, wenn sich zeigen lässt, dass diese scheinbare Widersprüchlichkeit tatsächlich aufgelöst werden kann. Zwei Fragen

---

[13] Zu diesen Standardeinwänden siehe z. B. Davies 1993: Kap. 7.

[14] Streng genommen sind es nicht die Erfahrungen selbst, die wahr oder falsch sind, sondern ihre propositionalen Gehalte oder die Propositionen, die sie implizieren.

sind also zu beantworten, um auf die beiden eben genannten Einwände zu reagieren: (1) Gibt es einen gemeinsamen Kern (so dass die Widersprüche sich auflösen)? (2) Falls ja: Woher stammt dann die Pluralität (wenn nicht aus der Kontingenz kultureller Randbedingungen)?

3. Die *common-core*-These

Die *common-core*-These ist die Antwort auf diese beiden Herausforderungen. Sie behauptet, dass mystische Erfahrungen einander nur oberflächlich widersprechen, in ihrem Kern jedoch identisch sind. Betrachten wir dazu ein Beispiel:

> In dem ewigen Gute göttlicher Natur ist wie in einem Wunderspiegel aller Kreatur Wesen eins.[15]

> Das Geschaute aber (wenn man denn das Schauende und das Geschaute zwei nennen darf und nicht vielmehr beides eins) sieht der Schauende in jenem Augenblick nicht [...], unterscheidet es nicht, stellt es nicht als zweierlei vor [...].[16]

> Buddhists' Emptiness is not on the plane of relativity. It is Absolute Emptiness transcending all forms of mutual relationship, of subject and object, birth and death, God and the world, something and nothing, yes and no, affirmation and negation. In Buddhist Emptiness there is no time, no space, no becoming, no-thing-ness.[17]

In diesen Passagen ist trotz aller Unterschiede in den gebrauchten Begriffen, in der Metaphorik und der im Hintergrund stehenden, aber dennoch erkennbaren Glaubensüberzeugungen eine gewisse Gemeinsamkeit erkennbar: In allen scheint ein Element der Unterschiedslosigkeit auf, die Erfahrung einer Einheit, d. h. die Transzendierung der Subjektivität und die Aufhebung der Grenzen des Ich. Die Mystiker erfahren sich nicht mehr als von der objektiven Welt getrenntes Individuum, sondern erleben einen Zusammenbruch der Dualität von Subjekt und Objekt (die christliche Tradition hat für dieses Erlebnis den bekannten Ausdruck der *unio mystica* geprägt). Zwar beschreibt Eckhart dies als Einheit in der Gottheit, während Plotin vom Einen spricht und Suzuki es als Leere (*shunyata*) identifiziert, doch der Eindruck bleibt, dass hinter den diversen Begriffen eine phänomenologisch vergleichbare Erfahrung liegt. Ebenso spürt man, dass die Einheitserfahrung einen paradoxen, sprachlich schwer fassbaren Charakter hat, aber dennoch als real, objektiv und bedeutsam aufgefasst wird.

Wie lässt sich angesichts der offensichtlichen Vielfalt der gebrauchten Begriffe die mehr erahnte als erkannte Gemeinsamkeit mystischer Erfahrungen

---

15 Meister Eckhart, zit. nach Otto 1926: 59.
16 Plotin *Enneaden* VI, 9, 10.
17 Suzuki 2003 [1957]: 23.

rechtfertigen?[18] Dazu führen Verfechter der *common-core*-These eine Unterscheidung von *Interpretation* und *Erfahrung* ein: Die Vielfalt religiöser Erfahrung ist eine Vielfalt der Interpretationen, nicht der Inhalte. Die Interpretationen sind abhängig von der jeweiligen Kultur und den zur Verfügung stehenden Begriffen, doch die hinter den Interpretationen liegenden Erfahrungen selbst sind im Wesentlichen (d. h. ihrem phänomenalen und kognitiven Gehalt nach) identisch. Wenn christliche Mystiker die Realität, die ihnen in der mystischen Erfahrung begegnet, mit Gott identifizieren, Buddhisten hingegen als Leere oder Nirvana, dann sind dies Deutungen von Erfahrungen, nicht die Erfahrungen selbst. In den Erlebnissen selbst besteht kein Widerspruch; was sich widerspricht, sind nur die Attribute, die wir der (vermeintlich) erlebten Realität zuschreiben, wenn wir die Erfahrung im Nachhinein interpretieren. Walter

---

18 Ich will nicht unerwähnt lassen, dass abgesehen von theoretischen Begründungen, wie ich sie hier entwickle, auch deutliche empirische Belege für die Wahrheit der *common-core*-These vorliegen. (a) Der Religionspsychologe Ralph Hood hat – ausgehend von Walter Stace' Kriterien der mystischen Erfahrung (Stace 1961) – eine Skala entwickelt, die als Basis für zahlreiche Befragungen zu eigenen mystischen Erfahrungen dient. Diese besteht aus zwei Faktoren, einem auf die Erfahrungsqualität bezogenen und einem interpretativen, der die religiöse Deutung der Erfahrung abbilden soll. Gemessen wird die Zustimmung oder Ablehnung zu Aussagen wie „Ich habe eine Erfahrung gemacht, in der ich mich als eins mit allen Dingen gefühlt habe" oder „Ich habe etwas Göttliches erfahren." (Vgl. Hood 2001: 22ff.) Hood und seine Mitarbeiter haben zahlreiche Studien dieser Art über mehrere Jahrzehnte hinweg in unterschiedlichsten Kontexten durchgeführt, und das Ergebnis ist eindeutig: Die Zustimmungsrate zu den erfragten Aussagen ist relativ konstant, unabhängig davon, welche Terminologie gebraucht wird oder in welchem kulturellen Kontext die Befragung erfolgt. Personen, die angeben, eine mystische Erfahrung gemacht zu haben, beschreiben diese Erfahrung relativ konstant anhand der von Stace genannten Faktoren. So macht es weder einen signifikanten Unterschied, ob in der Skala eine neutrale Sprache gebraucht wird, die nur eine Erfahrung einer ultimativen Realität anspricht, oder ob die Erfahrung christlich gedeutet wird als Begegnung mit Gott oder Christus (Hood 2006: 129). Ebenso hat die Religion der Befragten keinen Einfluss. Die Ergebnisse für amerikanische Christen und für iranische Muslime fallen gleich aus, insofern die gleichen Faktoren miteinander korrelieren: Unabhängig von der Kultur werden die gleichen Charakteristika für die Beschreibung mystischer Erfahrungen angewandt (Vgl. Hood et al. 2001). (b) Weitere Belege kommen aus der Neurologie, insbesondere aus den Arbeiten Andrew Newbergs. Newberg (der als einer der Begründer des Gebiets der Neurotheologie bekannt geworden ist) stellt in seinen Untersuchungen der Hirnaktivität in mystischen bzw. meditativen Zuständen fest, dass diese Zustände mit einer erkennbaren Reduktion des Stoffwechsels in einer Region des Scheitellappens einhergehen, die er als „Orientierungsfeld" bezeichnet, und deren Aufgabe darin besteht, die Orientierung im physischen Raum zu ermöglichen. Bedingung für diese Orientierungsfunktion ist, dass das Gehirn innerhalb der Wahrnehmung eine klare Trennung von Ich und Nicht-Ich vornimmt. Eine Reduktion der Aktivität in diesem Bereich könnte zu einem Ausfall dieser Orientierungsfunktion führen und damit die neurologische Grundlage für das mystische Einheitserlebnis sein. Tatsächlich entwickelt Newberg ein Modell, das genau diesen Vorgang beschreibt und das die physiologische Erklärung der Phänomenologie mystischer Erfahrung darstellen soll. (Newberg/d'Aquili 1999: Kap. 6.) Auch hier haben kultur- und religionsübergreifende Forschungen zu dem Befund geführt, dass die physiologische Basis mystischer Erfahrungen stets die gleiche ist. Die neuronalen Zustände mystischer Versenkung sind für Christen und Buddhisten identisch (Newberg et al. 2003).

Stace, einer der prominentesten Vertreter der These, illustriert die Unterscheidung mit einem prägnanten Beispiel:

> On a dark night out of doors one may see something glimmering white. One person may think it is a ghost. A second person may take it for a sheet hung out on a chlothesline. A third person may suppose that it is a white-painted rock. Here we have a single experience with three different interpretations. The experience is genuine, but the interpretations may be either true or false.[19]

Die vermeintliche Vielfalt mystischer Erfahrung reduziert sich damit auf eine Vielfalt von Deutungen dieser Erfahrungen. Die mystische Erfahrung selbst ist stets ein und dieselbe, unabhängig von ihren kontingenten, kultur- und traditionsbestimmten Ausprägungen. Gegen den ersten Einwand lässt sich also erwidern, dass nur die Interpretationen einander widersprechen, die Erfahrungen aber nicht; der gemeinsame Kern der Einheitserfahrung mit ihrer spezifischen Qualität ist der gleiche. Gegen den zweiten Einwand: die Pluralität entstammt tatsächlich den kulturellen Randbedingungen, die aber nur beeinflussen, wie die Erfahrung interpretiert wird, während ihr Kerngehalt unverändert bleibt.

Der kritische Punkt ist natürlich die Legitimität der Unterscheidung von Interpretation und Erfahrung. Erst wenn wir zwischen der reinen Erfahrung und ihrer begrifflichen Interpretation unterscheiden können, ergibt sich die Möglichkeit eines gemeinsamen, vorinterpretativen Kerns. Aber lässt sich diese Trennung von Erfahrung und Interpretation tatsächlich rechtfertigen oder ist der Gedanke einer uninterpretierten Erfahrung bereits in sich widersprüchlich?

4. Der konstruktivistische Einwand

Gegen diese behauptete Trennung von Erfahrung und Interpretation, auf der die *common-core*-These beruht, richtet sich die Kritik des Konstruktivismus: Alle Erfahrung, so dessen These, ist ihrem Wesen nach interpretierte Erfahrung; die vermeintlich reine, uninterpretierte Erfahrung, die die *common-core*-These impliziert, ist eine Illusion, eine *contradictio in adiecto*. Der wichtigste Vertreter in der Debatte, Steven Katz (insbesondere in seinem Aufsatz *Language, Epistemology and Mysticism*), formuliert die konstruktivistische These so:

> There are NO pure (i.e. unmediated) experiences. [...] *all* experience is processed through, organized by, and makes itself available to us in extremely complex epistemological ways. The notion of unmediated experience seems, if not self-contradictory, at best empty.[20]

---

19 Stace 1960: 10.

20 Katz 1978: 26.

Katz behauptet also, dass alle Erfahrung immer schon vermittelt oder interpretiert ist. Was aber bedeutet es, dass Erfahrungen interpretiert sind? Eine Erfahrung zu interpretieren heißt, das, was ich sehe, *als etwas Bestimmtes* zu sehen. Ich sehe nicht einfach nur etwas Weißes vor einem blauen Hintergrund, sondern ich sehe Wolken am Himmel, weil ich das Weiße *als* Wolken und das Blaue *als* Himmel sehe. Meine Erfahrung wird unter einen bestimmten Begriff gebracht. Der Inhalt meiner Erfahrung ist also ein begrifflicher Inhalt, der nicht grundsätzlich anders ist als der Inhalt meiner Überzeugungen. Wir sollten also den konstruktivistischen Einwand am besten so verstehen, dass Erfahrung ihrem Wesen nach begrifflich ist, oder umgekehrt, dass die Idee einer nichtbegrifflichen Erfahrung widersprüchlich ist. Nennen wir diese Position *starken Konstruktivismus*: Erfahrung ist notwendigerweise begrifflich konstituiert. Wenn der starke Konstruktivismus sich als korrekt erweist, müsste in der Konsequenz die *common-core*-These als widersprüchlich verworfen werden. Doch gerade das möchte ich bestreiten.

Ein wesentliches Merkmal aller Erfahrungen ist, dass sie einen Inhalt haben. Erfahrungen repräsentieren die Realität, sie präsentieren uns Gegenstände und Tatsachen in der Wirklichkeit auf eine bestimmte Art und Weise. Nun gilt für die meisten unserer mentalen Inhalte, dass sie begrifflich strukturiert sind. Wenn ich denke, dass draußen die Sonne scheint, dann kann man den Inhalt dieser Erfahrung verstehen als eine Proposition, die aus den Begriffen „draußen" „Sonne" und „scheinen" zusammengesetzt ist. Auf diese Weise lässt sich auch die Idee des Sehens-als verstehen: Wenn ich die Wolken am Himmel sehe, dann sehe ich etwas als Wolken, weil ich es unter den Begriff der Wolke bringe. Der Begriff „Wolke" ist Teil des Inhalts meiner Erfahrung, insofern ich meine Erfahrung nicht korrekt beschreiben kann, ohne über den Begriff „Wolke" zu verfügen und ihn anzuwenden. Interpretation ist Konzeptualisierung. Viele Repräsentationen, in Form von Überzeugungen oder Wahrneh-mungen, sind in diesem Sinne begrifflich. So gesehen ist die These eigentlich unproblematisch. Der starke Konstruktivismus behauptet jedoch mehr, nämlich dass *alle* Erfahrungen begrifflich sind. Und diese deutlich stärkere These ist nicht ohne weiteres plausibel. Denn wo es keine Begriffe gibt, dürfte es laut starkem Konstruktivismus auch keine Erfahrung geben. Aber wir sind in vielen Fällen durchaus bereit, anzuerkennen, dass man Erfahrungen machen kann auch ohne über die entsprechenden Begriffe zu verfügen. Wir würden ja beispielsweise von einem Kleinkind, das noch nicht zu sprechen gelernt hat, nicht sagen, es sei unfähig, Erfahrungen zu machen. Das Kind, das noch keinen Begriff von einem Teddybären hat, kann trotzdem den Teddybär sehen oder anfassen oder haben wollen. Der Teddybär ist Gegenstand seiner Erfahrung. Aber es sieht den Teddybären nicht als Teddybären, da es keinen Begriff von Teddybären hat (es kann nicht eine Vielfalt einzelner Gegenstände unter den gemeinsamen Begriff des Teddybären bringen und sie als Instanzen eines identischen Konzepts erkennen; es kann also nicht verstehen, dass Freddy, Bobby und Bruno

Teddybären sind). Natürlich weiß das Kind dann auch nicht, dass es einen Teddybären sieht, aber nicht zu wissen, dass man etwas sieht, ist nicht das gleiche wie es nicht zu sehen. Die Erfahrung des Kindes hat also einen nicht-begrifflichen Inhalt.[21] Ein solcher Inhalt repräsentiert zwar die Wirklichkeit, denn er verfügt über Korrektheitsbedingungen, d. h. die Repräsentation kann den Tatsachen angemessen sein oder nicht, aber das Subjekt, das diesen Inhalt hat, verfügt nicht über die relevanten Begriffe, die wir zur theoretischen Beschreibung dieses Inhalts gebrauchen würden. Das Konzept nicht-begrifflicher Inhalte ist daher ein *subjektrelatives* Konzept. Ob ein Inhalt begrifflich ist oder nicht, liegt nicht im Inhalt selbst, sondern im Subjekt, dem dieser Inhalt gegeben ist: „[T]o say that a mental content is nonconceptual is to say that its subject need not possess any of the concepts that we, as theorists, exercise when we state the correctness conditions for that content."[22] Und diese Subjektabhängigkeit kann helfen zu erklären, weshalb die Unterscheidung von Erfahrung und Interpretation immer noch sinnvoll getroffen werden kann. Betrachten wir folgendes Beispiel: Zwei Personen, von denen eine Chinesisch lesen kann, die andere nicht, sehen folgenden Text: 道可道非常道. Beide sehen in einem wichtigen Sinne das Gleiche. Beide machen die gleiche Erfahrung, insofern als beide einen im Prinzip identischen visuellen Eindruck haben. Wer lesen kann, sieht nichts anderes als ein Analphabet. Doch während derjenige, der keine Schriftzeichen lesen kann, nur irgendwie strukturierte schwarze Striche auf weißem Hintergrund sieht, sieht der Lesekundige einen Text und versteht ihn, denn er verfügt über die entsprechenden Begriffe, um die Erfahrung zu strukturieren. Seine Erfahrung hat einen begrifflichen Gehalt, die der anderen Person nicht. In einem anderen, nicht weniger wichtigen Sinn sehen also beide *nicht* das Gleiche. Beide sehen zwar die gleichen Tatsachen – schwarze Spuren auf weißem Hintergrund – aber beide interpretieren diese Tatsachen unterschiedlich, denn ein Subjekt verfügt über die relevanten Begriffe zur Interpretation, das andere nicht. Hier haben wir also einen Fall, der eine plausible, alltägliche Analogie zur *common-core*-These darstellt: eine identische Erfahrung, die unterschiedlich interpretiert wird.

Aber widerlegt dieses Beispiel auch den starken Konstruktivismus? Ist es denn wirklich so, dass der Analphabet eine nicht-begriffliche und somit uninterpretierte Erfahrung macht? Könnte man nicht ebenso gut argumentieren, dass auch seine Erfahrung interpretiert ist, nur durch andere, vielleicht weniger passende Begriffe wie z. B. „schwarze Striche" oder „sechs komische Zeichen"? Betrachten wir dazu ein weiteres Beispiel, Wittgensteins berühmtes *duck-rabbit*. Hier lässt sich das gleiche Bild auf unterschiedliche Weise sehen, mal als Ente, mal als Hase. Diese unterschiedliche Wahrnehmung lässt sich sinnvoll verstehen als Wechsel in den Begriffen, durch die die Wahrnehmung

---

[21] Zu diesem Modell nonkonzeptueller Inhalte vgl. Crane 1992: 138ff.

[22] Tye 2000: 62.

interpretiert wird; ein identischer nonkonzeptueller Inhalt wird mal so, mal so konzeptualisiert. Aber, so könnte der Konstruktivist argumentieren, dieses Beispiel widerlegt noch nicht die These, dass alle Erfahrung interpretiert ist. Denn egal, ob ich einen Hasen oder eine Ente sehe, ich sehe immer *etwas Bestimmtes.* Und auch der Analphabet und der Lesekundige interpretieren ja ihre jeweiligen Erfahrungen, entweder als farbige Striche oder als Buchstaben – aber eine nicht interpretierte Erfahrung kommt gar nicht vor. Also können wir weiterhin an der These festhalten, dass alle Erfahrung interpretierte Erfahrung ist. Der Fehler dieser Argumentation liegt darin, dass hier konstante Verbindung mit einer begrifflichen Notwendigkeit verwechselt wird. Denn selbst wenn unsere Erfahrungen immer begrifflich wären, so würde daraus immer noch nicht folgen, dass Erfahrung notwendigerweise begrifflich verfasst ist. Eine konstante Verbindung von Erfahrung und Interpretation bedeutet noch nicht, dass es nicht einen logischen Unterschied zwischen beiden geben kann. Beispielsweise sind alle Dreiecke, denen wir begegnen, materiell verfasst (sie sind aus Tinte, Beton, Plastik etc.), und dennoch können wir den abstrakten Begriff des Dreiecks bilden, zu dem kein materielles Substrat gehört. Wir werden niemals auf ein Dreieck stoßen, das nicht in irgendeiner Weise materiell realisiert ist, aber das heißt noch lange nicht, dass es zum Wesen des Dreiecks gehört, materiell realisiert zu sein. Wir können ohne Probleme definieren, was ein Dreieck ist, ohne auf irgendeine materielle Grundlage Bezug nehmen zu müssen. Alle Dreiecke sind materiell realisiert, aber es gehört nicht zum Wesen des Dreiecks, materiell realisiert zu sein. Das Beispiel des *duck-rabbit* berechtigt den Konstruktivisten also bloß zu einer bedeutend schwächeren Schlussfolgerung (die ich als *schwachen Konstruktivismus* bezeichnen möchte): Erfahrungen sind *de facto* immer interpretierte Erfahrungen. Und dieser schwache Konstruktivismus ist problemlos mit der *common-core*-These vereinbar, denn sie besagt nur, dass mystische Erfahrungen einen gemeinsamen Kern haben, nicht, dass alle mystischen Erfahrungen identisch sind. Der gemeinsame Kern dieser Erfahrungen ist ein Abstraktum, das gar nicht an sich Gegenstand der mystischen Erfahrung sein muss. Es genügt, wenn wir ihn in der philosophischen Reflexion erschließen können. Wir sehen ja auch in Wittgensteins Bild immer einen Hasen oder eine Ente, aber trotzdem haben beide Erfahrungen einen gemeinsamen Kern: die schwarzen Linien auf dem weißen Hintergrund. Es wird uns vermutlich nie gelingen, *nur* diese Linien zu sehen – das Bild nicht mehr als Bild, sondern als reine Form zu sehen.[23] Aber das heißt nicht, dass es diesen gemeinsamen Kern nicht gibt. Der gemeinsame Kern von Hase und Ente ist eine Abstraktion, die wir als solche selbst niemals erfahren, aber deren Existenz wir aus den Erfahrungen extrapolieren können. Wir können also die These des schwachen Konstruktivismus, dass Erfahrungen immer interpretierte Erfahrungen sind, akzeptieren – aber sie widerlegt nicht die Möglichkeit eines

23 Ob das in der Mystik nicht doch möglich sein könnte, ist eine andere Frage.

gemeinsamen Kerns mystischer Erfahrungen, der immer verschieden interpretiert wird: Es ist schlichtweg der Kern, um den herum wir die Interpretationen bilden.

Daher ist es auch nicht weiter problematisch, dass reale mystische Erfahrungen immer geprägt sind durch die vorher bereits existierenden Begriffe und Überzeugungen, die die Mystikerinnen und Mystiker an die Erfahrung herantragen. Diese Begriffe prägen das gesamte religiöse Leben und Denken, und es wäre gar nicht anders zu erwarten, als dass sie auch diese Erfahrungen prägen. Doch daraus lässt sich nicht die Folgerung ableiten, dass mystische Erfahrungen nur vor dem Hintergrund der jeweiligen Tradition überhaupt verständlich sind. Die *common-core*-These behauptet nicht, dass unsere Hintergrundüberzeugungen und Begriffe keinerlei Einfluss auf unsere Erfahrung haben; sie sind nur nicht *konstitutiv* für diese Erfahrung. Sicher, die Begriffe und Überzeugungen spielen eine zentrale und bestimmende Rolle im Leben des Mystikers, doch das macht sie nicht zu notwendigen Bestandteilen seiner Erfahrung. Die Prägung mystischer Erfahrungen durch die eigene Tradition ist ein psychologisches oder kulturhistorisches Phänomen, kein erkenntnistheoretisches. Die faktische Pluralität innerhalb mystischer Erfahrungen stammt also tatsächlich aus den jeweiligen kulturellen Randbedingungen. Das aber spricht nicht gegen die Annahme, dass es einen von diesen Begriffen unbeeinflussten, reflexiv erschlossenen, nonkonzeptuellen (oder präkonzeptuellen) Inhalt gibt, dessen Interpretation mit diesen kulturellen Randbedingungen variiert.

5. Konsequenzen: Was folgt?

Wir haben gesehen, dass der konstruktivistische Einwand gegen die *common-core*-These nicht überzeugend ist. Die Unterscheidung von Erfahrung und Interpretation kann aufrechterhalten werden, ohne dass dies die Existenz reiner, uninterpretierter Erfahrungen implizieren müsste. Der gemeinsame Kern mystischer Erfahrungen ist eine Abstraktion, die selbst nicht direkt gegeben sein muss, sondern nur reflexiv erschlossen wird. Nehmen wir also an, dass es diesen gemeinsamen Kern mystischer Erfahrung tatsächlich gibt: Was folgt dann daraus?

Der erste Punkt betrifft die Frage nach dem epistemischen Status religiöser Erfahrung. Wir hatten eingangs gesehen, dass unsere Erfahrungen nur so lange glaubwürdig sind, wie wir keinen Grund haben, diese Glaubwürdigkeit in Zweifel zu ziehen. Die Widersprüchlichkeit religiöser Erfahrungen ist jedoch ein solcher Zweifelsgrund. Folgt nun aus der Wahrheit der *common-core*-These, dass religiöse Erfahrung doch glaubwürdig ist? Hier müssen wir vorsichtig sein, nicht naiv zu weitreichende Schlüsse zu ziehen. (1) Die Widersprüchlichkeit religiöser Erfahrungen ist nur einer von vielen möglichen Zweifelsgründen. Selbst wenn dieser Punkt ausgeräumt ist, hängt die Glaubwürdigkeit religiöser Erfahrungen immer noch davon ab, welche anderen potentiellen Zweifelsgründe gegeben sind. Es wäre naiv, unseren Erfahrungen allein deshalb zu trauen, weil sie konsistent sind – auch der Paranoiker nimmt konsistent wahr, dass die anderen hinter ihm her sind; aber deshalb ist es noch längst nicht wahr. In einer umfassenden Bewertung der epistemischen Qualität religiöser Erfahrungen müssen wir daher auch Faktoren jenseits der inhaltlichen Konsistenz der Erfahrungen berücksichtigen, z. B. wie wahrscheinlich die Existenz religiöser Entitäten überhaupt ist (hier ist der Platz für mehr oder weniger klassische Diskussionen über Argumente für und gegen die Existenz Gottes). Denn wenn wir bereits starke Gründe haben, die Existenz religiöser Realitäten aus anderen Gründen zu bezweifeln, sollte keine Erfahrung uns vom Gegenteil überzeugen können. (2) Die *common-core*-These betrifft nicht in gleicher Weise alle Arten von religiösen Erfahrungen, sondern nur den Spezialfall der mystischen Erfahrungen, nicht aber die große und religionsgeschichtlich bedeutsame Gruppe der Visionen und Erscheinungen. Erfahrungen, die mit spezifisch religiösen Gehalten aufgeladen sind, können demnach immer noch nicht als vertrauenswürdig gelten, und können daher auch nicht herangezogen werden als Begründung spezifischer religiöser Überzeugungen: Christus-Visionen sind kein Beweis für die Existenz eines dreifaltigen Gottes, Übereinstimmungsthese hin oder her. Die epistemischen Konsequenzen der *common-core*-These sind damit tatsächlich relativ gering. Alles, was wir zu folgern berechtigt sind, ist, dass es einen gemeinsamen Kern mystischer Erfahrung gibt, der im Erlebnis einer Einheit mit einer als heilig empfundenen, begrifflich nicht fassbaren Realität besteht. Darüber hinausgehende Schlüsse auf die Natur dieser Realität, insbesondere, ob dieser subjektiv vermeinten Realität etwas objektiv Wirkliches entspricht, sind nicht mehr durch die Erfahrung selbst gedeckt, denn all diese Schlüsse sind ja wieder Interpretationen, die über den nonkonzeptuellen Kern der Erfahrung hinausgehen. Die *common-core*-These kann damit nicht mehr leisten, als unser im Angesicht widersprüchlicher Erfahrungsberichte erschüttertes Vertrauen in die mystische Erfahrung wiederherzustellen – allerdings nur, wenn dieses Vertrauen nicht auch noch durch andere Fakten erschüttert ist, und auch nicht für alle Formen religiöser Erfahrung. Mystische Erfahrung allein kann also nicht die Rationalität religiöser Überzeugungen sichern.

Interessanter wird es, wenn wir nicht die epistemischen, sondern die metaphysischen Implikationen der *common-core*-These betrachten. Zwar ist es richtig, wie wir eben gesagt haben, dass aus der abstrakten Charakterisierung des gemeinsamen Kerns keine Schlüsse auf die Natur einer religiösen Realität gezogen werden können, doch umgekehrt lässt sich sehr wohl die Frage stellen, welche Konzeption einer religiösen Realität am ehesten mit dem Befund eines gemeinsamen Kerns vereinbar ist. Folgende Merkmale, die der religiösen Realität zukommen sollten, müssen wir dabei beachten: (1) die Einheit in der Pluralität, d. h. die Tatsache, dass es hinter einer Vielfalt diverser religiöser Interpretationen eine identische mystische Grunderfahrung gibt; (2) die Paradoxität und Unsagbarkeit der Erfahrung. In dieser Form weist die Übereinstimmungsthese eine bemerkenswerte Nähe zu Hicks Modell des religiösen Pluralismus auf. Hicks Grundidee ist, dass es eine transzendente religiöse Wirklichkeit gibt, die der gemeinsame Gegenstand aller Religionen ist. Diese Wirklichkeit ist jedoch an sich nicht erfahrbar, sondern nur durch die Kategorien, die uns unsere jeweilige Kultur und Tradition zur Verfügung stellen. In Anlehnung an Kant nennt er die religiöse Wirklichkeit ein *Noumenon*, das uns immer nur als Erscheinung in seiner kulturell geprägten Form präsent ist. Diese Realität ist dabei für uns an sich nicht konzeptualisierbar, sondern kann nur in ihren Erscheinungsformen erfahren werden, nicht aber als Ding an sich.

Ein wichtiger Aspekt bei der Bewertung der Wahrscheinlichkeit einer Hypothese ist ihre Erklärungskraft. Eine Hypothese hat dann Erklärungskraft, wenn bestimmte Phänomene, die wir tatsächlich beobachten, wahrscheinlicher oder eher zu erwarten sind, sofern die Hypothese wahr ist. Eine gute Hypothese erklärt Phänomene, die ansonsten rätselhaft bleiben müssten. Und in dieser Hinsicht erweist sich die pluralistische Hypothese als eine sehr gute Erklärung für die Existenz eines gemeinsamen Kerns mystischer Erfahrungen. Sie erklärt erstens, warum es überhaupt eine Pluralität mystischer Erfahrungen gibt: Weil verschiedene Traditionen existieren, die das eigentlich unbegreifliche Wirkliche zu erfassen versuchen. Und wenn das Wirkliche eigentlich unbegreiflich ist, dann kann sich auch nicht die eine richtige Deutung durchsetzen, da es keine richtige Deutung geben kann. Sie erklärt zweitens auch, warum es trotzdem innerhalb der Pluralität einen gemeinsamen Kern gibt: Weil alle verschiedenen Interpretationen Deutungen identischer Erfahrungen sind. Das Wirkliche ist eines und gleichartig, so dass eine gewisse Konstanz in der Pluralität ebenfalls zu erwarten ist. Und ebenso erklärt die Hypothese drittens den besonderen Charakter des gemeinsamen Kerns, insbesondere seine Paradoxität und Unsagbarkeit: weil das Wirkliche etwas ist, das nicht in den Kategorien unseres Denkens erfasst werden kann. Der gemeinsame Kern, wie wir ihn hier beschrieben haben, ist also genau das, was wir erwarten sollten, wenn die pluralistische Hypothese wahr ist. Damit ist die *common-core*-These aber auch von einem der folgenreichsten Einwände gegen Hicks Pluralismus betroffen: Sollte sie korrekt sein, bedeutet das, dass im Grunde alle religiösen Überzeugungen falsch sind.[24] Der christliche Glaube an den dreifaltigen Gott und den auferstandenen Christus ist dann nicht mehr einfach wahr (oder falsch), sondern nur wahr, insofern er eine mögliche Interpretation des Wirklichen ist. Was die *common-core*-These damit impliziert, ist nichts weniger als ein massiver

---

24 Plantinga 2000: 62.

Revisionismus bestehender religiöser Überzeugungen. Akzeptieren wir die Existenz eines gemeinsamen Kerns religiöser Erfahrungen, dann muss alles das, was mit diesem Kern unvereinbar ist, auf den Prüfstand (denn es ist nur eine Interpretation); es müssen unabhängige Gründe dafür gefunden werden, warum an diesem oder jenem Glaubenselement festgehalten werden sollte bzw. weshalb ein scheinbarer Widerspruch zum gemeinsamen Kern aufgelöst werden kann. Die mystische Erfahrung wird damit gleichsam zu einem cartesianischen Punkt der Religion: eine nackte, in der universalen Erfahrung begründete Gewissheit, die zum Ausgangspunkt der Religion wird. Karl Rahner sagte einmal in einem ganz anderen Kontext, der Gläubige der Zukunft müsse Mystiker sein oder gar nicht sein.[25] In ähnlicher Weise könnten wir sagen, die Religion der Zukunft müsse Mystik sein: Eine Religion, die fähig ist, im Angesicht real existierender Pluralität unzähliger Glaubensformen weiterzubestehen und die dem strengen Blick erfahrungsbasierter Wissenschaft standhalten kann, kann nur eine solche Religion sein, die im Kern mystischer Erfahrung verwurzelt ist.

Literatur

Alston, William: *Perceiving God. The epistemology of religious experience.* Ithaca: Cornell University Press, 1991.

Crane, Tim: The nonconceptual content of experience, in: Crane, Tim (Hg.): *The Contents of Experience. Essays in Perception.* Cambridge: Cambridge University Press, 1992, 136–157.

Davies, Brian: An Introduction to the philosophy of religion. Oxford: Oxford University Press, 1993.

Flew, Antony: *God and Philosophy.* Amherst: Prometheus Books, 2005.

Franks Davis, Caroline: *The evidential force of religious experience.* Oxford: Clarendon, 1989.

Hood, Ralph et al.: Dimensions of the mysticism M-scale: Confirming the three factor structure in the United States and Iran, in: *Journal for the Scientific Study of Religion* 40 (2001), 691–705.

Hood, Ralph: *Dimensions of mystical experience. Empirical studies and psychological links.* Amsterdam: Rodopi, 2001.

Hood, Ralph: The common core thesis in the study of mysticism, in: McNamara, Patrick (Hg.): *Where God and Science meet. Bd. III: The psychology of religious experience.* Westport: Praeger, 2006, 119–138.

James, William: *Die Vielfalt religiöser Erfahrung.* Frankfurt/Main: Insel, 1997.

Katz, Stephen: Language, epistemology, and mysticism, in: Katz, Stephen (Hg.): *Mysticism and philosophical analysis.* Oxford: Oxford University Press, 1978, 22–74.

Marshall, Paul: *Mystical encounters with the natural world. Experiences and Explanations.* Oxford: Oxford University Press, 2005.

Newberg, Andrew/d'Aquili, Eugene: *The mystical mind.* Minneapolis: Fortress Press, 1999.

Newberg, Andrew et al.: Cerebral Blood Flow during Meditative Prayer: Preliminary Findings and Methodological Issues, in: *Perceptual and Motor Skills* 97 (2003), 625–630.

Otto, Rudolf: *Das Heilige. Über das Irrationale in der Idee des Göttlichen und sein Verhältnis zum Rationalen.* München: c.h. beck, [1917] 2004.

Otto, Rudolf: *West-östliche Mystik.* Gotha: Leopold Klotz, 1926.

25 „Der Fromme der Zukunft wird ein ‚Mystiker' sein, einer, der etwas ‚erfahren' hat, oder er wird nicht mehr sein." (Rahner 1966: 335)

Plantinga, Alvin: *Warranted Christian belief.* Oxford: Oxford University Press, 2000.
Plotin: *Schriften.* Bd. 1. Hg. von Richard Harder, Hamburg: Meiner, 1956.
Rahner, Karl: Frömmigkeit heute und morgen, in: *Geist und Leben* 39 (1966), 326–342.
Russell, Bertrand: *Religion and Science.* Oxford: Oxford University Press, 1961.
Stace, Walter: *Mysticism and Philosophy.* London: Macmillan, 1961.
Stace, Walter: *The teachings of the mystics.* New York: New American Library, 1960.
Suzuki, Daisetz T.: *Mysticism: Christian and Buddhist.* London: Routledge [1957] 2003.
Swinburne, Richard: *The existence of God.* Oxford: Oxford University Press, [2]2004.
Tye, Michael: *Consciousness, Color, and Content.* Cambridge, MA: MIT Press, 2000.
Wainwright, William: *Mysticism.* Brighton: Harvester Press, 1981.
Yandell, Keith: *The epistemology of religious experience.* Cambridge: Cambridge University Press, 1993.

Autorinnen und Autoren

Christophe Bouriau ist Professor für Philosophie an der Université de Lorraine in Metz.

Katherine Dormandy ist Universitätsassistentin am Institut für christliche Philosophie der Karl-Franzens-Universität Innsbruck.

Sebastian Gäb ist Professor für Religionsphilosophie an der Philosophischen Fakultät der Ludwig-Maximilians-Universität München.

Georg Gasser ist Professor für Philosophie an der Fakultät für Katholische Theologie der Universität Augsburg.

Victoria S. Harrison ist Professorin für Philosophie an der Universität Macau.

Ana Honnacker ist wissenschaftliche Assistentin des Direktors am Forschungsinstitut für Philosophie Hannover.

Dennis Stammer ist wissenschaftlicher Mitarbeiter am Seminar für Fundamentaltheologie und Religionsphilosophie der Westfälischen Wilhelms-Universität Münster.

Oliver Wiertz ist Professor für Religionsphilosophie und Erkenntnistheorie an der Philosophisch-Theologischen Hochschule St. Georgen